一天一山

李博涵 著

中国科学技术出版社
·北 京·

耸立于喜马拉雅山脉中段的珠穆朗玛峰

图书在版编目（CIP）数据

一天一山 / 李博涵著. -- 北京：中国科学技术出版社，2025.1. -- ISBN 978-7-5236-1190-6

Ⅰ. K928.3-49

中国国家版本馆 CIP 数据核字第 2024XD5129 号

策划编辑	张耀方
责任编辑	徐世新　张耀方
封面设计	周伶俐
正文排版	中文天地
责任校对	吕传新
责任印制	李晓霖

出　　版	中国科学技术出版社
发　　行	中国科学技术出版社有限公司
地　　址	北京市海淀区中关村南大街 16 号
邮　　编	100081
发行电话	010-62173865
传　　真	010-62173081
网　　址	http://www.cspbooks.com.cn

开　　本	710mm×1000mm　1/16
字　　数	420 千字
印　　张	23.75
版　　次	2025 年 1 月第 1 版
印　　次	2025 年 1 月第 1 次印刷
印　　刷	北京瑞禾彩色印刷有限公司
书　　号	ISBN 978-7-5236-1190-6 / K・462
定　　价	128.00 元

（凡购买本社图书，如有缺页、倒页、脱页者，本社销售中心负责调换）

目 录

前言 ………………………… 6	8月 ………………………… 222
1月 ………………………… 9	9月 ………………………… 253
2月 ………………………… 40	10月 ………………………… 283
3月 ………………………… 69	11月 ………………………… 314
4月 ………………………… 100	12月 ………………………… 344
5月 ………………………… 130	索引 ………………………… 376
6月 ………………………… 161	后记 ………………………… 379
7月 ………………………… 191	

浙江杭州的大明山

前　言

　　山，或以险峻之姿傲立，或以壮美之态绵延，或孤峰岿然，或群峦起伏，或巍峨中尽显霸气，或精巧里藏着妩媚。历经亿万年的地壳变迁、板块间的激烈碰撞、火山的怒吼与风雨的无情吹打，大自然以其无尽的创造力，描绘出一幅幅令人叹为观止的山川画卷。

　　中国广袤的土地上，山川密布，蔚为壮观。山地、高原、丘陵占据了中国国土面积的69%，中国可以说是全球山地占比较高的国家。在这片美丽的土地上，东西与南北走向的山脉交织，构筑起中国独有的地形脉络。山地覆盖了中国广阔的土地，使其成为一个拥有丰富山地资源和地形多样性的国家。三山五岳、巍巍太行、莽莽昆仑，每一处都是自然之杰作，让人心驰神往，流连忘返。

　　自古以来，山与中国人的联系一直非常紧密，也孕育出了深厚的山岳文化。它们或是帝王封禅的圣地，承载着天命的庄严与神圣；或是宗教信徒心中的净土，寄托着对神灵的虔诚与向往；抑或是文人墨客避世求道的桃源，意味着超脱与宁静。于是，山林间书院林立，祠庙、寺观、道院错落有致，道场福地、洞窟石刻遍布，每一处都镌刻着人类与自然和谐共生的智慧与情怀。

　　历史上，无数先贤志士、文人墨客踏遍千山万水，留下了不计其数的珍贵足迹与墨宝。从汉代张道陵的寻仙问道，到东晋葛洪的采药游历，再到郦道元的《水经注》、李白的诗篇、徐霞客的游记、张大千的画作……他们不仅见证了山川的秀美，更赋予了山川以灵魂与生命，使之成为永恒的文化遗产。

　　时至今日，随着户外运动的兴起，越来越多的山岳成了攀登者的乐园。青藏高原上的座座高峰，更是吸引了无数勇士前来挑战自我，征服自然。然而，在享受攀登带来的刺激与成就感的同时，我们也应意识到，这些山脉对于维护生态平衡、保护生物多样性具有不可替代的作用。它们调节气候、涵养水源、庇护着无数珍稀动植物，是我们赖以生存的自然屏障。

陕西宝鸡的太白山

"山不向我走来，我便向山走去"，让我们怀着敬畏之心，去仰望山的巍峨、欣赏山的秀美、探索山的奥秘、尊敬山的伟大。

通过这本书，让我们一同走进中国山川的神奇世界，感受那份来自大自然的震撼与美丽，用心灵去丈量这片广袤而壮丽的国土。

江西上饶的三清山

1月1日

泰山
山东泰安

泰山十八盘是登泰山最险要的一段，有石阶 1600 余级，远远望去似天门云梯直挂山间，为泰山主要标志之一。

作为五岳之首，泰山位于山东省泰安市，是中华文化的象征。泰山山脉是山东群山中最大的一条山脉，而我们常说的泰山指的是主峰玉皇顶及周边。玉皇顶海拔 1532.7 米，为山东省最高峰。泰山海拔在全国看虽然不算高，但它高差很大，在平原之上拔地而起，所以仰望泰山，其雄伟程度不亚于青藏高原诸峰，这也是泰山海拔不高但极难攀登的原因。

泰山是中国历代王朝祈求国泰民安和举行封禅大典之地。两千余年来，包括秦皇汉武在内的数十位帝王曾在此设坛祭祀，封禅朝拜。时至今日，举行仪式的岱庙已成为中国四大古建筑群之一。古人认为，东方为万物交替、初春发生之地，这也是位于中国东部的泰山有"五岳之长""五岳独尊"称誉的原因。1987 年，泰山因其雄伟壮观的自然景观和深厚的历史文化底蕴被列入世界自然与文化遗产名录。

1月2日

嵩山
河南郑州

嵩山奇峰遍布，其中的少室山位于嵩山西侧，包含有三十六峰，地质特点鲜明，立壁千仞、险峻清秀。

作为五岳之中岳，嵩山古称"外方""崇山""嵩高"，位于河南省登封市境内，西邻洛阳，东临郑州，属秦岭山系东延的伏牛山系。嵩山有两条主要支脉：太室山和少室山，有七十二峰雄峙中原，其中太室山和少室山各占三十六峰。山中，两大武术门派——以拳脚功夫为主的少林派和以剑术著称的嵩山派并立，少林寺居少室山，嵩山派则在太室山。

嵩山有无数的人文景观，有被誉为"天下第一名刹"的禅宗祖庭少林寺，有中国现存规模最大、数量最多的塔林，有中国现存最早的石阙——少室阙，还有建于北魏、中国现存最早的密檐式砖塔——嵩岳寺塔。嵩山还是古代帝王的封禅之地，武则天曾亲临嵩山10次，并以女皇身份在嵩山封禅，成为中国历史上唯一在泰山之外举行的封禅大典。

1月3日

华山
陕西渭南

华山是道教主流教派全真派的圣地，山上有72个半悬空洞，道观20余座，观、院、亭、阁皆依山势而建，十分险峻。

作为五岳之西岳，华山又称"太华山"，位于陕西省渭南市。华山海拔2154.9米，是五岳中最高的一座。它北临渭河，南依秦岭，东边不远处是关中的"东大门"潼关，西边便是一望无际的八百里秦川。从地理位置上看，华山是秦岭支脉延伸出的一座完整的花岗岩山，山体洁白，四面如削，昂扬凌厉，白岩、翠林、云海，甚是好看。

华山被誉为"奇险天下第一山"，并有"自古华山一条路"之说。攀登华山，相当于攀登一座600多层的摩天高楼，而且高空栈道凌空架设，空悬而无护栏，唯一的保险措施便是与峭壁铁索相连的保险带，攀登者须紧紧抓住并小心通过，不然一阵大风都能把人吹到山下去。现在，华山景区已有索道缆车等便捷的交通方式载客运行，大大方便了游客登山观赏，但仍有许多游客坚持步行登山，以徒步登顶为荣。

1月4日

恒山
山西大同

悬空寺矗立在恒山脚下，金龙峡西侧翠屏峰的峭壁间，是恒山十八景中"第一胜景"。李白在岩壁上书写了"壮观"二字，徐霞客发出"天下巨观"的感叹。
摄影：Jerry Long

作为五岳之北岳，恒山又称"太恒山"，位于山西省大同市浑源县南部。广义的恒山山脉是太行山系北部的支脉，狭义的恒山则指北岳恒山。恒山被誉为"北国万山之宗主"，其主峰——天峰岭海拔2016.8米，叠嶂拔峙、气势雄伟，号称"绝塞名山"。徐霞客曾登临峰顶，举目四望，写下"峰峰陡峭，悉现岩岩本色"的美句。

恒山横亘于山西北部高原与冀中平原之间，北边是边塞重镇大同，南部是忻定盆地，为历代军事和交通要地，许多帝王和名将都在此打过仗。在恒山的垭口和沟谷处，有许多重要的关口，如平型关、雁门关、阳方口等，也有历代建造的烽火台、城堡关口等，其遗迹大多尚存。

1月5日

衡山

湖南衡阳

图为密林掩映中的南天门牌坊。南天门牌坊是衡山主峰祝融峰下的一座石牌坊，有"通天之门"的美称。

作为五岳之南岳，衡山又称"寿岳"，位于湖南省衡阳市南岳区。衡山山脉南起湖南衡阳市的回雁峰，北至长沙市的岳麓山，著名山峰有72座。衡山在南方诸山中拥有至尊无上的地位，其山神是民间崇拜的火神祝融，相传他被黄帝委任镇守衡山，教民用火，死后葬于衡山赤帝峰，被尊为南岳圣帝。

清代文人魏源在《衡岳吟》中有"恒山如行，岱山如坐。华山如立，嵩山如卧。惟有南岳独如飞"的诗句，形象地描绘了衡山的动态美。衡山的气候条件为五岳之最佳，处处是茂林修竹，终年翠绿。正因如此，南岳衡山是湖南最清凉的避暑胜地。每年12月至次年2月初，来此可观赏到著名的衡山雾凇。

1月6日

黄山

安徽黄山

奇松、怪石、云海、温泉、冬雪，被誉为"黄山五绝"。这里水雾充沛，云海被山峰分为了五片"海域"，登山观海，宛如仙境。

黄山古称"黟山"，因山色较黑而得名，位于安徽省黄山市。相传轩辕黄帝来到此地炼丹，后羽化升仙，所以唐代改称黄山，也被誉为"天下第一奇山"。亿万年来，海水和岩浆造就了黄山七十二群峰，之后的冰川、剥蚀塑造了黄山的怪石嶙峋，点缀在群峰之中蔚为壮观。明代地理学家、旅行家徐霞客曾有"薄海内外无如徽之黄山，登黄山天下无山，观止矣！"之赞，后人据此概括为"五岳归来不看山，黄山归来不看岳"。

在黄山，到处都能看到悬崖峭壁，像是天神用砍刀劈砍而成。悬崖之上生长着许多松树，形成了一道亮丽的风景。黄山松因为独特的生长环境和坚韧顽强的生命力，成为中国最具特色的松树之一，同时它也代表着中国人坚韧的品格。从古至今，众多文人、画家被黄山奇秀的景色所折服，留下了许多著名的诗文和画作，对中国传统山水画的影响尤为深远。1990年，黄山以其独特的自然风貌和丰富的文化底蕴被列入世界自然与文化遗产名录。

1月7日

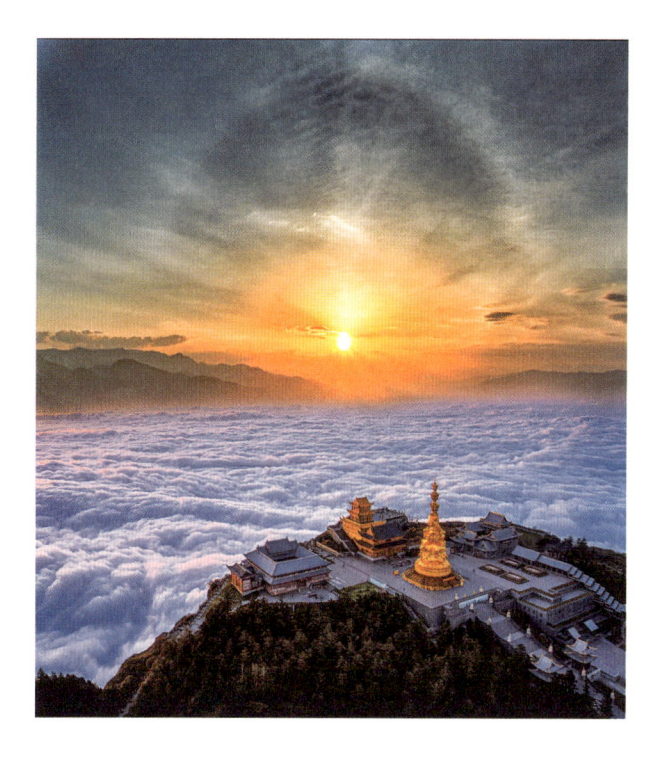

峨眉山
四川乐山

登上峨眉山金顶，宛如悬浮在云端。在金顶看日出，朝阳初升，天地间瞬间化作一片金色的海洋，璀璨夺目。而脚下的云海宛如一层厚厚的绒毯铺展在天边，令人心潮澎湃。

峨眉山位于四川省乐山市峨眉山市，属邛崃山脉支脉，地处中国四川盆地的西南边缘。"蜀国多仙山，峨眉邈难匹"，一生好入名山游的诗仙李白登临峨眉山时，写下了这样的诗句。峨眉山"雄秀西南"皆因地质构造的神来之笔，亿万年强烈的流水侵蚀像尖刀一样，把快速隆起的高原分割出纵横交错的切口，形成棋盘状的巨型岩块和密集的峡谷群。峨眉山的最高峰万佛顶海拔达到3099米，但在山顶一带却有4.8平方千米的连续的缓坡，因此它更像被切出来的巨大"桌山"，山顶为接近水平的坚硬岩层，四周则是陡崖绝壁。

峨眉山的生物种类非常丰富，最有名的当属猴子。据说早在明清之际，峨眉山就有"山猴成群来寺，见人不惊，相戏索食"的奇景。那时，寺庙里的和尚经常给猴子投喂食物，久而久之"爱猴"就成为当地的民风之一。不过现在峨眉山的猴子却因经常蛮横讨食被网友"口诛笔伐"，成为趣闻。1996年，峨眉山因其卓越的自然景观和人文价值被列入世界自然与文化遗产名录。

1月8日

庐山
江西九江

庐山位于江西省九江市，北濒长江，东接鄱阳湖。大约6000万年前的燕山运动中，江西北部基底古老岩石受力挤压，西边抬升为山体，东南边下陷为盆地。在随后的喜马拉雅运动中，山体不断抬升成为庐山，而盆地继续下沉使鄱阳湖初具雏形。千万年来，大自然的神奇雕画，塑造出了庐山的"秀甲天下"。

除了风光秀丽，庐山还是一座宗教和文化名山。山麓的东林寺是佛教净土宗的发源地，供奉有一尊中国乃至全球最高的阿弥陀佛像。庐山也备受诗人垂青，据说李白一生来过庐山五次，题诗十四首，为庐山瀑布写下"飞流直下三千尺，疑是银河落九天"的千古名句；白居易登庐山，时值山下桃花已谢，大林寺桃花正妍，于是写下"人间四月芳菲尽，山寺桃花始盛开"。改革开放后，在庐山拍摄的电影《庐山恋》成为中国电影史上的经典佳作，至今仍在庐山影院中放映。

"匡庐奇秀甲天下"，庐山群峰间散布冈岭、壑谷、岩洞、怪石。河流穿行其间，形成许多急流、瀑布、湖潭。

1月9日

五台山
山西忻州

图为五台山台怀镇寺庙群。在五台山，汉藏佛教寺院并存，300余座寺庙雄伟壮观，巧夺天工。

五台山位于山西省忻州市，矗立于太行山脉北部，五座山如五指向掌心微扣，远远望去形似一只拳头，峰顶平坦宽阔，有如垒土之台，"五台"之名由此而来。自25亿年前隆起后，五台山便再也没下陷过，是地球上最早露出水面的升迁陆地之一。北台叶斗峰海拔3061米，不仅是山西的最高点，也被誉为"华北屋脊"。

佛教传入中国后，五台山被认定为文殊菩萨道场。显通寺、塔院寺、菩萨顶、殊像寺和罗睺寺被列为"五台山五大禅处"。五台山拥有东亚乃至世界现存最庞大的佛教古建筑群，其中南台西麓的佛光寺东大殿，是现存最大的唐代木结构建筑遗存，被建筑学家梁思成誉为"中国第一国宝"。五台山不仅是中国四大佛教名山之首，还是世界五大佛教圣地之一。

1月10日

武当山
湖北十堰

山坳险崖间，灰瓦与绿树营造出道家秘境。武当山金殿俗称金顶，是我国现存最大的铜铸鎏金大殿；与金殿一墙之隔的太和宫，位于武当山最高峰天柱峰的顶端，是武当山的最高胜境。

武当山又称"太和山"，位于湖北省十堰市，东接襄阳、西靠十堰、南望神农架、北临南水北调中线源头丹江口水库。武当山雄峙于中国中部，被誉为"亘古无双胜境，天下第一仙山"。"武当"得名，按宋朝道经的说法，地轴指水精神龟，天关指火精圣蛇，武当山从大巴山蜿蜒而来，山势如蛇；天柱峰一带，又形似一只巨龟。中国古代四神兽里，玄武便是龟或龟蛇的形象，古人认为，武当山"非玄武不足以当之"，故以此命名。

因为独特的地理特征，明代皇帝痴情此山。明成祖朱棣将武当山升格为大岳太和山，作为真武大帝的道场，祭祀规格高于传统的五岳。真武大帝是明代皇帝眼中的"护国神"，因此明朝皇帝即位，要遣使到武当山祭告真武。武术大师也对武当山青睐有加。中华武术"北崇少林，南尊武当"，武当派是江湖上的第一等门派。《倚天屠龙记》中，那位百岁高龄、仙风道骨、一出手便让各门派臣服的张三丰，正是武当派创始人。

1月11日

长白山

吉林延边

长白山位于吉林省延边州安图县东南部,《山海经》里称"不咸山",似盐之白,无盐之咸;魏晋时期是"徒太山",隋唐时是"太白山"。此山常年白雪覆身、云雾升腾,如同身着白衣的长者,总是庄严肃穆。今天的长白山之名,人们还赋予了一个浪漫的解释:长相守,到白头。长白山是整个东北地区的制高点,东北众多民族的共同的圣地。

长白山虽然休眠多年,但仍是一座活火山。登上长白山峰顶,高耸的火山锥直刺天空,到处是崩塌下来的火山砾浮石,深谷沟壑则是冰川侵蚀的遗迹。火山口的岩壁上,灰、白、黄三色相间,状如锯齿。长白山地区至今还保存有丰富且完整的原始森林形态,对东北地区的生态气候起着重要的调节作用。这里拥有多达1588种野生动物、2806种野生植物,许多近乎绝迹的物种如中华秋沙鸭、野生东北虎等,在长白山也能很好地繁衍生息。

登上长白山山顶的一大乐趣,是俯瞰天池。长白山天池是中国最大的火山口湖,也是中国最深的湖泊。十六座山峰围成一圈,将天池托在2180米的高空。

1月12日

珠穆朗玛峰
中国－尼泊尔边界

喜马拉雅山脉是地球上最高、最年轻的山脉，它坐落于青藏高原南侧，全长2400千米，主脊山峰平均海拔6000米，珠穆朗玛峰就耸立在喜马拉雅山脉的中段。
摄影：舒小简

珠穆朗玛峰简称"珠峰"，位于中国与尼泊尔的边界上，北坡在中国青藏高原境内，南坡在尼泊尔境内。它是喜马拉雅山脉的主峰，也是"世界屋脊"之上的世界之巅。从珠峰往南走，下面是恒河平原，海拔接近零米。也就是说，直线距离仅两三百千米，海拔落差就超过了8000米。这里的动植物分布、生态系统变化相当于一个微缩的地球景观，这也是珠峰的最大魅力之一。

人类不断登上珠峰，但"珠峰有多高"这个看似简单的问题，答案却始终在变化，因为地壳板块在不停的运动中，科学测量的技术和手段也在不断进步。1975年测量的结果是8848.13米；2005年，在传统测量技术的基础上，首次采用卫星大地测量技术和雪深雷达测量技术，测得珠峰岩石面海拔高程为8844.43米。2020年，在中国人首次登顶珠峰60周年之际，中国国家测量登山队再次登顶，测量珠峰的雪面高程为8848.86米。

1月13日

梵净山

贵州铜仁

梵净山是一座以变质岩为主的山峰，周围则是一片"喀斯特汪洋"，梵净山在其中孤峰矗立，顾盼孤绝，恍若一位高僧独立高处。

梵净山位于贵州省铜仁市，是武陵山脉的主峰，海拔2572米。"天下之山，萃于云贵"，梵净山则是贵州这个"山的王国"里一颗璀璨的"明珠"。这里保存着完整的亚热带原生生态系统，神秘而珍稀的古生物也可在此繁衍生息。被称为"世界独生子"的黔金丝猴，唯一的栖息地便是梵净山。在这里可见植物界的"活化石"珙桐，它是距今6000万年前古热带植物区系的孑遗植物，又称"中国鸽子树"，被誉为"植物界大熊猫"。

梵净山也是一座具有2000多年历史的文化名山。秦汉时期，它是武陵地区少数民族崇拜的神山；唐代，佛教传入梵净山；明代，香火逐渐达到鼎盛，金顶上的释迦殿、弥勒殿，均始建于明朝。万历年间所立《敕赐碑》，将梵净山誉为"立天地而不毁，冠古今而独隆"的"天下众名岳之宗"。梵净山上的7000多级台阶，就像是"通往佛国的天梯"。在金顶至蘑菇石一带，如果运气好，能看到"佛光幻影"的奇异景观。

21

1月14日

鸡公山

河南信阳

经过长期的地质变化，鸡公山形成了独特的花岗岩山体，演变出众多奇峰。报晓峰是鸡公山的主要景观之一。

鸡公山位于河南省信阳市，地处桐柏山以东，大别山最西端，有"青分豫楚，气压嵩衡"之美誉。鸡公山处于亚热带向暖温带的过渡区，也就是南北气候的过渡带上，特殊的地理位置使它获得"北国江南"和"江南北国"两个美名，它也是中国近代四大避暑胜地之一。

20世纪初，平汉铁路直达鸡公山，美国传教士率先发现这一人间仙境。1908年，清政府与外国代表签订了《收回鸡公山地另议租屋避暑章程》。此后，鸡公山避暑之风日盛，中外政客、教士、商人纷纷上山圈地，建造别墅，至今留下哥特式、合掌式、罗马式、中西结合式等风格的建筑500余栋，鸡公山因此又有"万国建筑博物馆"之称。

1月15日

崆峒山
甘肃平凉

从高处俯瞰崆峒山，山中松柏掩映着众多寺院楼阁，香烟袅袅，雾气萦绕。

崆峒山位于甘肃省平凉市，东望关中平原，西接六盘山，南依关山，北峙萧关。崆峒山拥有典型、壮观的丹霞地貌，峰林耸峙、危崖突兀、沟壑纵横、岩洞幽静深邃。前峡有泾水倒映，后峡有胭脂河环绕，为雄壮的北国丹霞风光增添了一丝南方的灵动与秀美。

崆峒山是中国史志记载最早的名山之一。崆峒之名，在《尚书·禹贡》《尔雅》《庄子》《史记》等古籍中已出现，或作"空同""空桐"，唐代以后的史书则多作"崆峒"，沿袭至今。相传上古时代，广成子在这里修行。黄帝前来问道，第一次未果，第二次再去，广成子才被他的诚心所感动，传道于他。因为这个典故，崆峒山有了"中华道教第一山"的美誉，还成为历代帝王心中的圣山。相传秦始皇西巡边疆时曾攀上崆峒山，发出"西来第一山"的赞叹。除了秦始皇，汉武帝也曾在出巡时仿效黄帝登临崆峒，问道于高人。

1月16日

终南山
陕西西安

图为终南山南五台。终南山莽莽苍苍，隔天绝地。沿着山径向上走，两边的竹海、松林和飘拂在苍翠山岭上的几丝白云，让人有超然尘世的感觉。

终南山又名"太乙山""地肺山""中南山""周南山"，简称"南山"，位于古城长安（今西安）之南，陕西省境内秦岭山脉中段，是秦岭北麓最具代表的山峰。终南山周边是秦、汉、隋、唐王朝的京畿胜地，这里有大诗人王维的辋川别业，也曾吸引崔护流连忘返，留下千百首或吟咏终南，或怀古咏史的名篇佳作。唐代诗人卢藏用，求官未果，便隐居终南山以求高名，终被召为官。之后，此举成为士人眼中的"终南捷径"，即借隐居以求仕途发展。

终南山被誉为"天下道林张本之地"。传说老子出函谷关后，曾在终南山北麓的楼观台驻足，留下传世之作《道德经》。两千余载，诸多隐士高人纷纷结庐于此，修行求道，终南山因此成为一处令人瞩目的文化奇观，被誉为终南仙境。

1月17日

崂山
山东青岛

在崂山的山腰，一尊高大的老子像巍然矗立，一手指天，一手指地，俯瞰着山脚的太清宫。

崂山古称"牢山""劳山""鳌山"等，位于山东省青岛市，伫立于黄海之滨，一山镇海，奇峰竞秀，被誉为"海上名山第一"。崂山主峰"巨峰"，海拔1132.7米，又称"崂顶"，是中国大陆海岸线上的第一高峰。崂山很大，太清、九水、华楼、巨峰等，每一个景点都足够玩一天，无论去多少次，崂山都是看不尽、赏不完的。

登上崂山之巅，俯瞰黄海碧波，远望礁盘海岛如珠似玉，云霞变幻莫测。值得一提的是，在崂山观海上日出，令人叹为观止。崂山是道教发祥地，享有"道教全真天下第二丛林"之美誉，历史上曾有"九宫八观七十二庵"之盛。春秋至秦汉时期，就有方士名道在此修炼，传承道家智慧。

1月18日

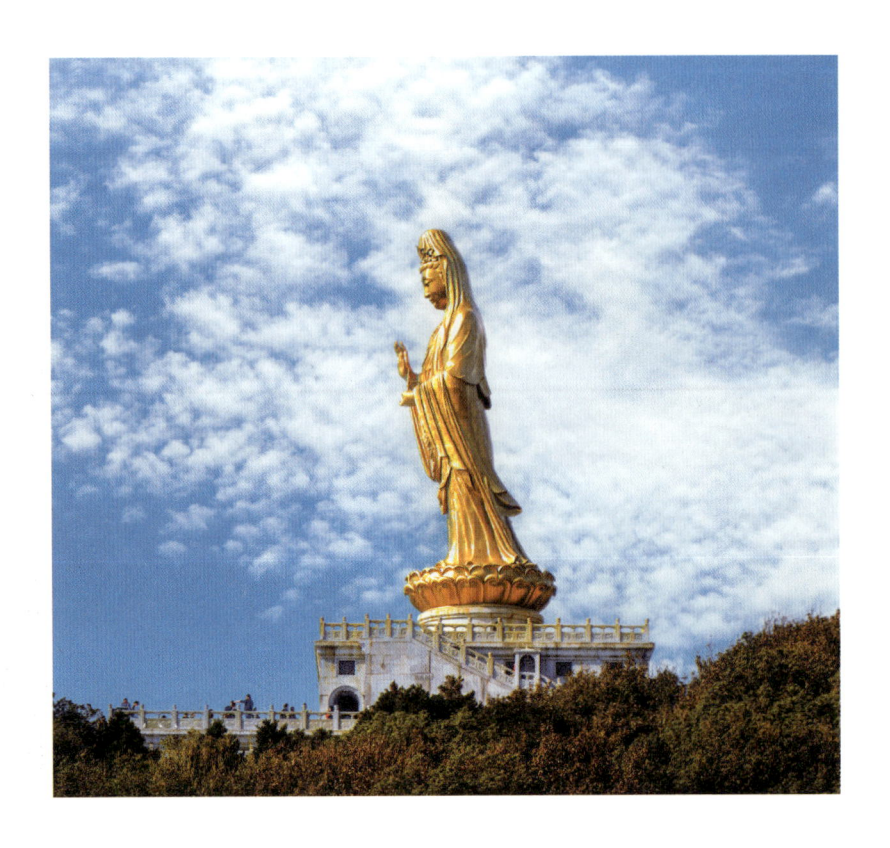

普陀山
浙江舟山

穿过紫竹林,能远远看到南海观音的立像。漫步山间,海潮声隐约传来,心中杂念瞬间消散,只留一片宁静。

普陀山位于浙江省舟山市,地处东海之滨,杭州湾口南缘,中国第一大群岛舟山群岛的东部海域,有"海天佛国"之誉。原名梅岑山,因西汉末年梅福在此修道而得名。南宋时期,被钦定为观音菩萨的道场,并更山名为普陀洛迦山,普陀山便是其简称。全山寺庙林立,香火鼎盛,开放有寺院40余座,最大的是普济寺、法雨寺、慧济寺和宝陀讲寺。

这里空气湿润,风景优美,春天看云涛,秋天观日出。登临山顶望台,普陀洋和莲花洋辽阔的山海景色尽在眼中。山上布满奇花异石、参天古木。几百年树龄的香樟、红楠、黄连木随处可见,树冠如盖,似虬的枝干爬满了苔藓。最高峰佛顶山上,还有一种叫普陀鹅耳枥的植物,现今全世界仅剩最后一棵母树,是全球最为珍稀的树种之一,被誉为普陀山的"镇山之宝"。

1月19日

武夷山

福建南平

乘一叶竹筏沿着九曲溪顺流而下，一幅自然天成的山水画卷便徐徐展开。两岸的武夷山层峦叠嶂，仿佛守护着这片古老而神秘的土地，让人不禁心生向往。

武夷山位于江西与福建西北部两省交界处，地处中国东南部的丘陵地带，绵延千里，碧水丹山，奇秀甲东南。武夷之美，在于山水交融，盈盈一水折为九曲，名曰九曲溪，"一溪贯群山，两岩列仙岫"，九曲溪连同其两岸周边的三十六峰、九十九岩、七十二洞，集中展示了武夷山的精华。无怪乎元朝学者杜本在遨游武夷山后，发出"天下名山此最奇"的感叹。

武夷山林海莽莽，拥有同纬度保存最完整、最典型、面积最大的中亚热带常绿阔叶林生态系统，且没有受第四纪冰川影响，因此成为大量古老、珍稀植物物种的天然避难所，许多物种为中国特有。这里也是中国单位面积野生动物种类、数量最为丰富的地区之一，拥有地球同纬度地区保护最好、物种最丰富的生态系统，被誉为"世界生物模式标本产地"。1999年，武夷山被列入世界自然与文化遗产名录。

1月20日

老君山

河南洛阳

穿过南天门,便是老君山的金顶道观群,栈道依壁盘悬,山顶殿宇依山势而建,采用明清皇家宫殿的建筑样式,气势恢宏。

老君山原名"景室山",位于古都洛阳的栾川县县城东南,是八百里伏牛山脉的主峰,峰顶玉皇顶海拔2217米。亿万年来,华北古陆块南缘复杂的地质构造演化,造就了老君山石林叠翠、奇峰灵秀的美景,加之山泉、涧溪、瀑布等美景,堪称"北国张家界"。云海也是老君山的一大奇观,云海出现时,放眼望去云遮千里、雾锁万峰,犹如站在碧波万顷的汪洋大海之中,翠峰隐现似动若静。

老君山是道教圣地,传说道教始祖老子在此地归隐修炼,明代诗人李衮在《咏老君山》一诗中就有"青牛老子幽关去,遗庙苍山万仞巅"的诗句。唐贞观年间,山顶修建铁顶老君庙,并被唐太宗易名为老君山,沿袭至今。如今,老君山的老子文化苑内有一尊高达59米的老子巨型铜像,是目前全球最高的露天老子铜像。

1月21日

香山

北京

香山寺依山势而建，建筑很壮观，特别是后苑部分。香山的红叶是北京秋天最具代表性的景致。

香山位于北京西北郊，地处小西山山系转折向东的节点位置，这里水源丰沛，山势秀丽，主峰香炉峰海拔575米。原本是皇家园林的一部分，清康熙年间在香山东麓修建香山行宫，乾隆年间又在此基础上建有"内垣""外垣""别垣"三部分，形成静宜园。

第二次鸦片战争期间，英法联军对香山进行焚掠，静宜园遭到严重破坏。内忧外患的清廷无力大规模修复，仅派少数人维护管理，香山日渐荒芜。1912年，清王室的善坤格格见静宜园颓败可惜，于是提出借此地创设女子学校。后在时任热河都统熊希龄的资助下，静宜园得以修缮，并开设静宜女子学校。后来，这里还开办了香山慈幼院等机构。

1月22日

莫干山

浙江湖州

莫干山别墅群有"万国建筑博览会"之美誉，其中既有欧洲城堡又有乡村别墅，风格各异，展现了不同的建筑特色。

莫干山位于浙江省湖州市德清县境内，系天目山余脉，东到杭嘉湖平原，西连天目山，北至浙、苏、皖边界，毗邻太湖。相传，春秋时期干将、莫邪曾在此建剑池铸剑，因而得名。有记载以来，这里的最高气温未超过36摄氏度，即使最炎热的七八月份，平均气温也在24摄氏度左右。从地理上看，莫干山最高峰塔山为圆锥形，其余几乎都是低山丘陵，杭州湾方向的东南风能径直入山，太湖方向的东北风也可徐缓爬坡而上，所以莫干山就能"时时皆有风，处处透凉意"。清末民初时，莫干山成为江南一带最具盛名的避暑佳地，众多中外名人来此建造别墅，隐居或避暑。

莫干山上还有弥天翠竹近19万亩，茂密如织，将山装点得郁郁葱葱，一片生机盎然。雨后云雾气象万千，大小峰峦尽被云海所掩，遮天蔽日。碧竹葱茏、云海浮动、泉水泠泠，自是清净幽凉之处。

1月23日

雁荡山

浙江温州

大龙湫飞瀑,与灵峰夜景、灵岩飞渡并称为"雁荡三绝"。

雁荡山简称"雁山""雁岩",因山顶有湖,芦苇茂密结草为荡,南归秋雁多宿于此,故名雁荡。位于浙江省温州市乐清市,素有"海上名山、寰中绝胜""东南第一山"之誉。雁荡山是一座大型火山,是亚洲大陆边缘巨型火山带上最具代表性的古火山之一,这里的山石记录了它爆发、塌陷、复活隆起的地质演化过程。强烈的地壳和火山活动,造就了如今雁荡山的奇峰叠嶂、怪石飞瀑、古洞奇穴、凝翠碧潭。

雁荡山的开发始于南北朝时期,梁昭明太子曾在芙蓉峰下建寺造塔。唐代,西域高僧诺矩罗因仰慕雁荡山"花村鸟山"之美名,率弟子三百来雁荡山弘扬佛教。谢灵运、沈括、徐霞客等文人墨客在雁荡山留下数千余首诗篇,这些名士在被大自然的神奇造化折服的同时也勒石留题,留下了许多摩崖碑刻,使雁荡山蕴含了更多的文化魅力。

1月24日

阴山
内蒙古自治区

"敕勒川,阴山下。天似穹庐,笼盖四野。天苍苍,野茫茫,风吹草低见牛羊",《敕勒歌》这首北朝民歌所描绘的景象是阴山南部河套平原的真实写照。

阴山位于内蒙古自治区中部,由大青山(狭义的阴山)、乌拉山和狼山组成,东西横亘,连绵1200多千米。最高峰为西端狼山的呼和巴什格,海拔为2364米。在蒙古语里,阴山名为"达兰喀喇",意为"70个黑山头"。阴山是我国一条重要的自然地理分界线:从水系来看,这里是黄河流域的北部界线;从气候上看,是季风与非季风气候的分界线。阴山北坡和缓,倾向内蒙古高原,南坡则以1000多米的落差直降到河套平原,犹如一座巨大的天然屏障,同时阻挡了南下的寒流与北上的湿气。

两千多年前,阴山一带是匈奴人最爱的故地。阴山南麓湿润的气候、丰富的物产对匈奴人来说犹如天堂。占有阴山,匈奴就会变得极为强盛,足以威胁中原。所以,中原王朝尤其以关中为首都的秦、汉两朝,都竭力控制阴山,唐代边塞诗人王昌龄也有"但使龙城飞将在,不教胡马度阴山"的千古名句。

1月25日

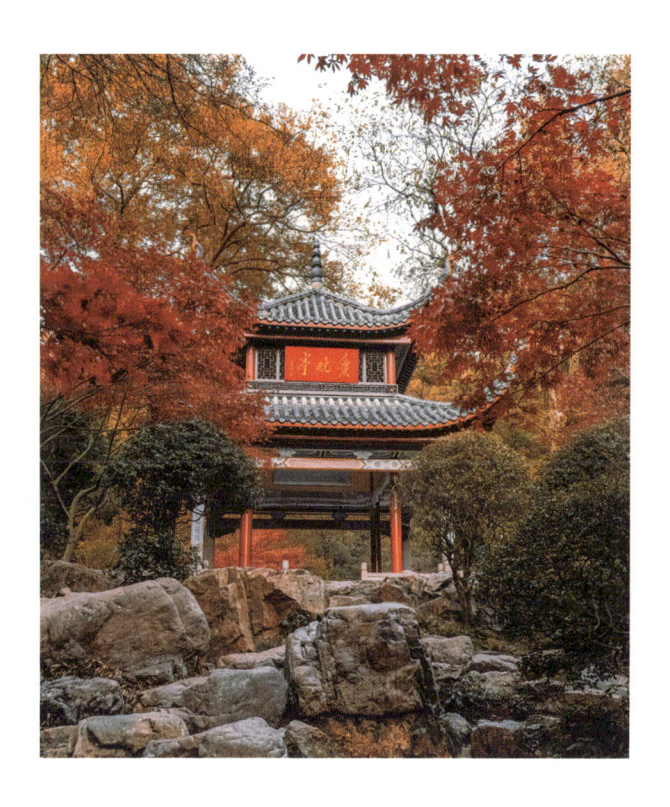

岳麓山
湖南长沙

图为掩映在秋叶间的爱晚亭。此亭为清乾隆年间所建，是中国四大名亭之一。

岳麓山位于湖南省长沙市，地处湘江西岸，文化底蕴深厚。岳麓山与南岳衡山有着十分有趣的联系，它是南岳七十二峰之尾峰，南北朝时的《南岳记》中有"南岳周围八百里，回雁为首，岳麓为足"。山下的岳麓书院，是中国古代四大书院之一，也是湖湘学派的发源地。岳麓书院门额两旁，有一副著名的对联："惟楚有材，于斯为盛"，可谓对岳麓书院千年来人才辈出的真实写照。

岳麓山是湖南人的精神摇篮，也见证了中国近代的风云变幻。以毛泽东、蔡和森为代表的红色文化在这里生根发芽，以"心忧天下、敢为人先、百折不挠、兼收并蓄"为精髓的湖湘精神从这里散播到全国各地。如今，岳麓山下聚集了湖南大学、中南大学、湖南师范大学三大名校。每至秋季，人们相约登上岳麓山顶，便能感受"万山红遍，层林尽染"的绚丽秋色。

1月26日

冈仁波齐峰

西藏阿里

冈仁波齐峰巍峨耸立，其形状犹如一座金字塔，四壁对称，雄伟壮观。整座山散发着辉煌而神圣的光芒，让人心生敬畏。
摄影：舒小简

冈仁波齐峰位于西藏自治区阿里地区，海拔6656米，是冈底斯山脉的主峰。冈仁波齐峰巍峨庄严，有"神山之王"的美称。在藏传佛教里，它是"四大神山"之一，也是苯教、印度教和耆那教共同的神山，还是南亚与青藏高原地区居民心中的"世界中心"。

在冈仁波齐峰附近，分别衍生出马泉河、孔雀河、象泉河、狮泉河四条河流。其中，马泉河是雅鲁藏布江之源，孔雀河是恒河之源，象泉河、狮泉河是印度河之源。一座雪山，成为三条重要河流的源头。在冈仁波齐峰脚下，有一座"圣湖"——玛旁雍错，是世界上高海拔地区淡水储量最大的高寒内流湖泊。善男信女们常在冈仁波齐峰与玛旁雍错湖之间转山拜湖，肃穆的神山与平静的圣湖，支撑起无数信众的精神世界。

1月27日

南迦巴瓦峰

西藏林芝

南迦巴瓦峰位于西藏自治区林芝市，海拔7782米，地处喜马拉雅山脉最东端、念青唐古拉山脉和横断山脉的交汇处，被誉为"西藏众山之父"。在《中国国家地理》杂志评选"中国最美十大山峰"时，南迦巴瓦雄踞第一。雅鲁藏布江在它脚下转了一个马蹄形的弯，绕出了世界上最大、最深的峡谷——雅鲁藏布大峡谷。

千百年来，无数向往南迦巴瓦峰的人乘兴而来，抱憾而归。因为巨大的三角形峰体终年积雪，云雾缭绕，从不轻易露出真面目，即使是晴天，人们也很难看到它的真容，所以它也被称为"羞女峰"。用当地人的话说，想看见南伽巴瓦峰的真颜，需要缘分、运气和神灵的眷顾。而每一个见到过它的人，无不为它直指苍穹的壮美而震撼。在阳光下显露真容的南迦巴瓦峰笔直地插入云霄，线条坚韧、英姿挺拔；黄昏的日光又为它涂抹出金子般的色彩，灿烂无比、瑰丽夺目。

南迦巴瓦峰垂直高差超过7000米，是中国森林植被垂直带谱最丰富的山峰，由8个垂直带构成，展现了多种森林植被类型的独特景观。
摄影：舒小简

1月28日

贡嘎山
四川甘孜

为了一睹"蜀山之王"的风采，无数摄影师背上行囊奔赴而来，看到日照金山的那一刻，所有的艰辛与等待都是值得的。

贡嘎山位于青藏高原东部边缘、四川省甘孜藏族自治州和雅安市之间，主峰海拔7508.9米。它被当地人称为木雅贡嘎，藏语的"贡"是冰雪之意，"嘎"为白色，意为白色冰山。贡嘎山是四川省最高的山峰、横断山系大雪山的主峰，它傲视群雄，独领风骚，被誉为"蜀山之王"。由于贡嘎山与邻近的四川盆地高低悬殊，因而成为世界上高差最大的山。在29千米的直线距离内垂直落差达6400米，山体呈一条直线陡然而立。从盆地到雪山，从平原到高原，其转变迅速而令人叹为观止。

高亢的山体、深幽的峡谷、茂密的森林、蜿蜒的冰川、碧莹的湖泊、滑润的温泉……在贡嘎山神奇地组合在一起。这里有地球上同纬度冰川中海拔最低的海螺沟冰川，冰川盆地边缘有我国已知最大的冰瀑布，高悬于崖壁，晶莹剔透，壮美无比；这里有青藏高原东部海拔最低、规模最大的海洋性冰川群，蜿蜒于丛林，形成"绿海银川"的奇景；这里还有离中国东部最近的地热资源富集区，温泉成群，蔚为壮观。

1月29日

千山
辽宁鞍山

图为千山上的弥勒宝塔。千山之上奇峰迭起，塔寺遍布，自古为辽东名胜，有"无峰不奇，无石不峭，无寺不古"之誉。

千山原名"千华山"，位于辽宁省鞍山市，东北三大名山之一。因相传有九百九十九座山峰，遥望如青莲接天，故又称"千朵莲花山"，简称"千山"。千山属长白山余脉，呈东北西南走向，南部进入渤海、黄海，构成辽东半岛的"脊梁"。千座奇峰或如狮虎雄踞，或如卧象盘龙。清代诗人姚元之曾写诗赞美："明霞为饰玉为容，山到辽阳峦嶂重，欲向青天花数朵，九百九十九芙蓉。"

除了峰峦奇秀，山中还有辽金以来的名胜古迹多处。其中最负盛名者为"祖越寺""龙泉寺""大安寺""中会寺""香岩寺"五大禅林，相传建于唐代，驰名于明代。其中，龙泉寺为五大禅林中最大的佛寺，它半依峭壁，半筑短垣，坐落在幽壑丛林中。寺中有山泉，常年流水潺潺，有如传说中的"龙涎吐水"，故名龙泉。寺中的"松门塔影""瓶峰晨翠"等十六景，素负盛名。

1月30日

五指山

海南

五指山山顶可观赏云霞变幻，看南海日出日落，感受大自然的壮丽与神奇。

五指山位于海南岛中部，是海南省第一高山，也是海南岛的象征。五指山山体相连，峰巅分立，状似五指向天，因此得名。五指山几乎集中了海南所有的动植物种类，是中国生态系统多样性、生物物种多样性、生物基因多样性最为丰富的地区。五指山还是中国热带雨林群落最为典型、热带雨林海拔最高和相对高差最大、热带植被类型最多、植被垂直带谱最完整的自然保护区。五指山也是海南三大河流——南渡江、万泉河、昌化江的发源地，控制着全岛的水系形态，也是涵养全岛的主要水源，称得上全岛生态平衡的核心。

历代诗人题咏五指山的诗甚多，以明朝大学士、诗人丘濬6岁所写的《五指山》最为著名："五峰如指翠相连，撑起炎荒半壁天。夜舆银河摘星斗，朝探碧落弄云烟。雨霁玉笋空中现，月出明珠掌上悬。岂是巨灵伸一臂，遥从海外数中原。"

1月31日

阿里山
台湾嘉义

图为阿里山中的乌龙茶种植园。阿里山林相丰富，景观多元，奇木异树在阿里山上汇成绿色的海洋。

阿里山位于中国台湾省嘉义市，海拔2216米，是宝岛台湾的象征。阿里山不是一座高山，而是阿里山系尖山、祝山、塔山等18座山的总称，最高峰大塔山海拔2663米。作为山脉的阿里山属于玉山山脉的支脉，位于台湾最高峰玉山西侧，群峰环绕，山峦叠翠。高山铁路、森林、云海、日出、晚霞，被誉为阿里山"五奇"；红松、铁杉、扁柏、台湾杉和小姬松，被称为阿里山的"五木"，其中最负盛名的是参天耸立的红桧"神木"，很多红桧树树龄超过了两千年。

"高山青，涧水蓝，阿里山的姑娘美如水呀，阿里山的少年壮如山……"《阿里山的姑娘》这首歌脍炙人口，广为传唱。而在阿里山上，确实有两处清澈见底的潭水，一处被亲切地称为姐潭，另一处则是妹潭，合称为姐妹潭。相传，有两姐妹同时爱上了一位少年，可两姐妹又手足情深，姐姐和妹妹都认为，与其三个人备感痛苦，不如牺牲自己成全对方，于是姐妹俩不约而同投潭殉情，姐妹潭由此得名。

2月1日

白云山
广东广州

登上白云山可遥望珠江，俯瞰广州最繁华的区域。

白云山被誉为"羊城第一秀"，位于广东省东北部，峰峦叠嶂，主峰摩星岭海拔382米。每当雨后天晴尤其是暮春时节，山间白云缭绕，蔚为奇观，以此得名。青山半入城，六脉皆通海，广州兼备山、水、城、田、湖、海等多种地形地貌，在中国的超大城市中较为少见。白云山与远处一带迤逦闪亮的珠江，共同组成广州人"云山珠水"的记忆。

"一座白云山，半部岭南史"。白云山有十分浓厚的文化积淀，最早可追溯到山北黄婆洞的新石器时代史前文化遗址；秦末高士郑安期隐居在白云山采药济世；东晋著名道士葛洪曾在白云山炼丹并写就道家名作《抱朴子》；唐宋以后，陆续有杜审言、李群玉、苏轼、韩愈等著名文人登山吟诗、寄情山水。佛教兴起后，白云山拥有蒲涧寺、九龙庵、龙王祠堂等香火旺盛的寺院，晨钟暮鼓不绝于耳，梵音弥弥。

2月2日

惠山

江苏无锡

惠山山麓有惠山古镇，包括寄畅园、惠山寺、惠山镇祠堂群等众多古迹。
摄影：舒小简

惠山位于江苏省无锡市，属天目山余脉，以泉著名，有泉水十余处，故俗称"惠泉山"。惠山自古以来就是江南名山，文物古迹汇集，景色宜人。山有九峰，蜿蜒若龙，又称"九龙山"。主要山峰为头茅峰、二茅峰、三茅峰。三茅峰海拔328米，是惠山最高峰，也是无锡市区最高点。相传，西汉时期，道教的三茅真君在此修炼，掌管惠山（时称历山）。长此以往，便有了头茅峰、二茅峰、三茅峰的名字。

山内水系复杂，是无锡"母亲河"梁溪河的发源地。山麓的惠山泉开凿于唐代，水质甘甜醇滑，唐人以其宜茶。相传唐代陆羽曾亲自品泉，还写诗赞其为"天下第二泉"。山脚下的惠山寺始建于南北朝，距今已有1500多年的历史。无数帝王名士都曾在惠山寺驻足，康熙南巡时曾6次到访，乾隆则7次到访。

2月3日

黔灵山
贵州贵阳

黔灵山位于贵阳市中心，湖光山色，古木名刹，幽潭甘泉，让人流连忘返。

黔灵山是一山、一岩、二岭、四峰连成的总称。一山是钵盂山，圆峰突起如钵盂；一岩是狮子岩，状如猛狮；二岭，是象王岭和大罗岭，象王岭与狮子岩对峙，为南北屏障，大罗岭宛若游龙，也是黔灵山第一高峰；四峰则是中峰、北峰、三台峰、锡杖峰。贵阳人爱登山，最常去的山是黔灵山。山在城中，灵山秀水自然安放于闹市，这在国内少见，也是贵阳人的福气。茶余饭后，贵阳人常去黔灵山上走一圈，仿佛成了贵阳人共同的默契。黔灵山上有成群的野生猕猴，来这里观猴的游人中还有一群"喂猴人"，只要他们一出现，山中的猕猴就会从山上各处汇聚而来，一时间玩耍、嬉戏，热闹非凡。

2月4日

飞来峰

浙江杭州

飞来峰集合了西湖山水之胜、林壑之美，登上飞来峰既可得山之秀，又可览湖之美，可以说是"占尽湖山秀"。

飞来峰又称"灵鹫峰"，位于浙江省杭州市，与灵隐寺隔冷泉溪相对，有"武林第一峰"之称。杭州西湖的北、西、南三面，群山紧紧拥抱，只有东面是一片平原，正可谓"三面云山一面城"。山为湖之屏，湖为山之镜，湖山相映，十分秀丽。去杭州西湖游览的人，都免不了要上一趟飞来峰。明代文人袁宏道在《飞来峰小记》的开篇中就有"湖上诸峰，当以飞来为第一"，飞来峰林木苍郁，溪流淙淙，怪石峥嵘，宛如泼墨山水画。沿着迂回的小径拾级攀登，但见嵯峨怪石如蹲狮、奔象、骏豹、伏虎，千姿百态。因为山石造型奇特，所以古人在此留下众多石刻雕像。飞来峰岩壁和石窟中分布着五代至元的造像470多尊，是西湖最大的石窟像群，也是我国石窟艺术的珍品。

2月5日

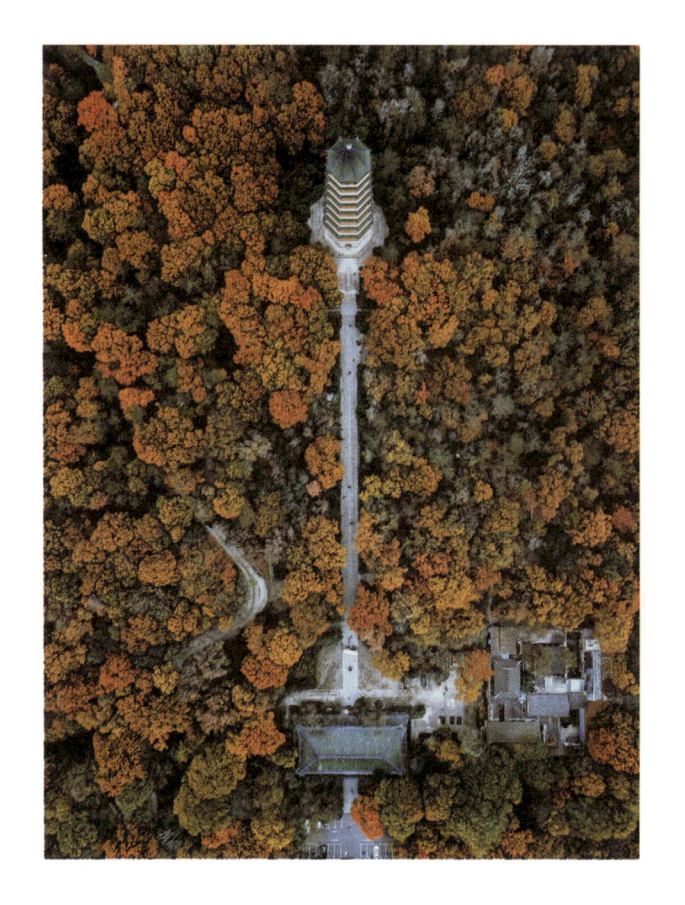

紫金山
江苏南京

中华人民共和国成立后，南京市政府从湖南运来2万株杉树和桐树种在山坡上，经过多年的培育和修整，现在的紫金山林木葱茏、盛冠金陵。
摄影：舒小简

  紫金山雄峙南京东郊，因山顶常有紫红色页岩在阳光下闪耀，东晋时得名紫金山，又称"钟山"。紫金山海拔448.8米，平地拔起，气势雄壮，是南京城的制高点，也是宁镇山脉最高峰。它大气而凝重，被誉为"南京的脊梁"。其中，北高峰、小茅山、天堡山三峰相连，与玄武湖、明城墙浑然一体，像一条长龙蜿蜒蟠伏在南京城外。

  "钟山龙盘，石头虎踞"，紫金山地势险要，向来为兵家必争之地。隋朝南征、元末明初农民起义、太平天国运动、辛亥革命、抗日战争等，这里都发生过残酷的战争。如今，这里积淀了代表南京人文精髓的200多处历史文化遗迹，比如明太祖朱元璋的陵墓明孝陵及明功臣墓、近代革命先行者孙中山的陵墓中山陵和国民革命军阵亡将士公墓等。

2月6日

千佛山
山东济南

弥勒圣境位于千佛山东麓大门不远处，主体造像是大家喜闻乐见的大肚弥勒佛。

千佛山位于济南老城南部，相传虞舜曾于山下开荒种田，故又称"舜耕山"。隋开皇年间，隋文帝为纪念母亲，便在此处依山势镌佛像数千，始称千佛山。山虽不高，但峰峦起伏，秀丽壮美，清朝著名文学家刘鹗曾在《老残游记》中描绘："仿佛宋人赵千里的一幅大画，作了一架数十里长的屏风。"

济南三大名胜为一湖、一泉、一山，湖是大明湖，泉是趵突泉，山就是千佛山。千佛山上名胜众多、古树葱茏，有佛山赏菊、历山览胜、南麓丹霞、慈云探幽等众多景点。山道西侧有个唐槐亭，亭旁有古槐一株，相传唐朝名将秦琼曾将马拴于此树。西道中段半山腰处还有彩绘的"齐烟九点"牌坊，其名取自唐代诗人李贺的《梦天》诗中"遥看齐州九点烟"的佳句。登上一览亭，凭栏北望，近处大明湖如镜，远处黄河如带，泉城景色一览无遗。

2月7日

象鼻山
广西桂林

象鼻山坐落于漓江与桃花江汇流处，山形酷似一头驻足漓江边，临流豪饮的巨象。

象鼻山位于广西壮族自治区的桂林市，原名"漓山"，是桂林市内的一处标志性景点。它坐落在桃花江与漓江的汇流处，因山形酷似一头巨象临江汲水而得名，被誉为桂林山水的象征。广西的喀斯特地貌一直闻名遐迩，而象鼻山堪称喀斯特地貌的典型代表。从地质上看，象鼻山由距今3.6亿年前的沉积石灰岩层组成，山体前部的水月洞是由岩溶作用形成的大洞，形如满月。当江水从洞中穿过时，波光洞影，构成"水底有明月，水上明月浮"的奇观，"象山水月"因而成为桂林山水一绝。

在象鼻山山顶的树丛中，有一尊像宝瓶一样的宝塔，那便是普贤塔。相传，天帝曾带领成群的巨兽南巡来到这里。离去时，随行的一头神象病倒，被弃在荒野。有位老人为神象治好了病，此后神象就帮助百姓建设家园。天帝知道后，下令神象归天，神象不从，便和天兵天将大战了三昼夜，最后被诱至江边一剑刺死。神象死后化为了象鼻山，而那把剑就变成了普贤塔。

2月8日

苍山
云南大理

苍山洱海是大理的标志。南北走向的苍山如一道绿色屏障，雄峙于洱海西岸。

苍山位于云南大理白族自治州大理市，是喜马拉雅山系的尾端，被誉为"世界屋脊的屋檐"，又名"点苍山"。历史上它曾被称为"熊苍山"，佛教传说中则称为"灵鹫山"。苍山作为欧亚大陆第四纪末次冰期冰川活动最南端的山地，海拔超过3600米，冰川侵蚀作用显著，形成了诸多冰川遗迹，如冰川槽谷、悬谷、冰蚀洼地等。

苍山不仅是古南诏国的发祥地，还是南诏王敕封的中岳。其山脚下拥有众多白族文化特色的景观，如崇圣寺三塔、佛图塔、无为寺、桃溪中和寺、七龙女池、清碧溪三潭、感通寺等。苍山以其巍峨秀美、苍莽幽深的自然风光著称，云、雪、林、泉、石、花等景色令人陶醉。

2月9日

鸣沙山
甘肃敦煌

在敦煌,数座上百米的沙山拔地而起,鸣沙山就是其中一座。它像金字塔一样雄伟地耸立于大漠中,自汉代起就成为敦煌的盛景。

鸣沙山位于敦煌城南约5千米处,是一座名副其实的"沙山"。月牙泉宛如一弯新月,静静躺在鸣沙山的环抱之中。在鸣沙山上走路,脚印很快会被黄沙掩盖。更为神奇的是,这里的沙子似乎能"唱歌"。这是由于沙粒中的石英经过溶蚀作用,形成了多种结构,相互摩擦碰撞时,会发出各种声响。再加上沙丘高大、地形复杂以及地下水的常年存在,就构建了一个天然的"共鸣箱"。据说天气晴朗时,人们甚至能听到"丝竹管弦"的声音。

公元366年,一位名叫乐僔的僧侣在行至鸣沙山尽头时,眼前豁然开朗,一条宽广的河谷映入眼帘。夕阳余晖下,对面的山闪烁着奇异的金光,宛如千佛显灵。乐僔深信此地为佛国圣地,于是四处化缘,最终在敦煌开凿了莫高窟的第一窟,开启了莫高窟的辉煌历史。

2月10日

狼山
江苏南通

狼山海拔仅有107米，但这座江畔小山却成了佛教圣地。山上的广教禅寺建于唐代，香客络绎不绝。
摄影：舒小简

江苏南通据江海之汇，扼南北之喉。南通人都知道"四大怪"，其中一怪便是"狼山没有狼"。狼山位于长江沿岸，山水相依。狼山得名有两种说法，一是相传曾有白狼居其上，二是因山形似狼。爬上山顶，朝东远视，只见"狼首"昂向北，"狼尾"垂落南，果然像一只正欲捕猎的狼。北宋淳化年间，州牧杨钧觉得狼山之名不雅，便改狼山为琅山；又因山上的岩石多呈紫色，后人称为紫琅山，南通因而也得了"紫琅"这个雅致的别称。

狼山位列中国佛教"八小名山"之首。随着净土宗的兴盛，"西方三圣"中的大势至菩萨的应化道场被定在狼山，山顶的圆通宝殿内供奉着高达4.5米的大势至菩萨跏趺坐像，堪称世间罕见。此外，狼山还见证了南通作为"近代第一城"的辉煌历程。清末民初，张謇先生在此创办的狼山盲哑学校，是中国第一所特殊教育学校，为南通乃至全国的教育事业贡献了力量。

2月11日

梧桐山

广东深圳

高耸入云的深圳电视塔是小梧桐峰上最具标志性的建筑物，到此参观的游客都喜欢与它合影留念。

梧桐山位于深圳中南部，是一颗镶嵌在鹏城的"绿宝石"，与南海大鹏湾山海辉映，与香港山脉相连、溪水相通。梧桐山自西向东有三峰：小梧桐、豆腐头、大梧桐，人称"三峰秀拔"。其中，大梧桐海拔944米，为深圳之巅，山上时而云雾缭绕、时而青烟淡抹、时而浓雾成盖。第二高峰豆腐头，因半圆的山头形似豆腐渣堆而得名。

梧桐山的植被类型复杂多样，自下而上依次分布着南亚热带季雨林、山地常绿阔叶林、山顶矮林与山顶灌草丛。山里溪涧幽邃、藤萝交错，生存着无数珍稀动植物，如刺桫椤、穗花杉、土沉香、穿山甲、小灵猫等。梧桐山拥有世界上纬度最南、海拔最低的原生乔木型高山杜鹃，同时也拥有国内最大规模的毛棉杜鹃种群。春天来到这里，你一定会被山谷里壮观的毛棉杜鹃花海所震撼。西北山麓的仙湖植物园，是华南乃至中国最主要的植物保育基地之一。

2月12日

珞珈山

湖北武汉

每至春季，烂漫樱花与近代建筑群相映成景，成为珞珈山上最引人入胜的画面。

武汉是江城，也是山城。磨山、珞珈山、洪山直至蛇山、龟山，这些山穿武汉主城而行，宛如一条"青龙"，蜿蜒在长江、汉水两条"白龙"之间。珞珈山位于武汉东湖西南岸边，由数个相连的小山组成，最高处海拔118.5米，为东湖南岸临湖最高峰，山顶可远眺东湖和武汉景色。原名"落袈山""罗家山"，因无甚美意，曾任教武汉大学的闻一多便用谐音改成"珞珈山"。"珞珈"原意是女子戴的坚硬美丽的头饰，用作山名，顿显山之清丽秀气。武汉大学坐落在珞珈山上，珞珈山也几乎成了这座名校的代名词。

珞珈山植被茂盛，最有名的当属樱花。抗日战争时期，武汉被日军占领，日军运来樱花苗木栽种于此。抗战胜利后，樱花被保留了下来，成为日本军国主义者侵华的历史见证。中日邦交正常化之后，樱花作为和平与友谊的象征再次来到珞珈山，栽植于北麓的半山庐前，但遗憾的是十多年后这批樱花便已绝迹。现在所见的樱花，多为武汉大学师生引种、驯化、栽培的成果。

2月13日

虞山
江苏常熟

虞山城墙沿着虞山修建，是苏南地区唯一依山而筑的城墙，素有"江南小长城"之称。

虞山古称"乌目山"，横卧于常熟城西北，北濒长江，南临尚湖，东南麓伸入古城，故有"十里青山半入城"之称。登上虞山极目四望，但见青山绿水、古城巷陌。

虞山，因商周之际江南先祖虞仲（即仲雍）死后葬于此山而得名。仲雍，乃周族部落首领古公亶父之子，也是文王姬昌的叔父。姬昌很有才气，古公亶父想把王位传给他，仲雍理解父亲的心意，于是和兄长泰伯以到南方采药为父亲治病为由，离开了部落，让父亲能顺理成章地传位给季历。兄弟俩来到当时还是蛮荒之地的江南，接受了当地习俗，也把黄河流域相对先进的农耕技术带到此地，受到当地民众的拥戴。仲雍死后被安葬于这座山上，百姓将山更名为虞山，以纪念虞仲之德。

2月14日

清源山

福建泉州

在清源山山顶可以远眺泉州市区全景。山顶还有泉州人最喜爱的大排档和茶档。夏天晚上，很多人在山顶吃饭、喝茶。

清源山亦名"北山"，与泉州市区三面接壤，山城相依，绵亘十余里。最高峰海拔498米，耸立在晋江平原之中，因山高入云称"齐云山"，因山上泉眼众多，又别称"泉山"，泉州之名亦从山而得。清源山是泉州的主山，唐宋时期泉州曾改名"清源军"，山也由此得名。山中林泉青翠、奇石嵯峨，自唐朝起已是闽南游览胜地，有"闽海蓬莱第一山"之誉。

清源山有三峰，中峰有清源洞、蜕岩、紫泽宫诸胜，左峰有瑞像岩、碧霄岩、龟岩、赐恩岩诸胜，右峰有南台岩、弥陀岩、老君岩诸胜。赐恩岩在清源山左峰，凭岩俯视，泉州古城遗址宛如鲤鱼之形，故泉州别名"鲤城"。

2月15日

南山
重庆

南山林木郁郁葱葱，宛如一道坚固的绿色屏障，守护着山城的安全与宁静。

南山位于长江南岸，古称"涂山"，北起铜锣峡，南至金竹沟，汪山、黄山、袁山、蒋山、岱山、老君山、文峰山、涂山等数十座山峰沿江列峙，平均海拔400余米，最高峰"春天岭"海拔681.5米。南山是组成四川盆地东部褶皱地形的其中一个背斜岭，和云雾山、缙云山、中梁山、明月山等其余几个背斜岭大致平行，它们共同构成了重庆的平行岭谷区。

南山是俯瞰渝中半岛、观赏重庆夜景的最佳之地。山上名胜众多，黄山路的蒋介石官邸云岫楼处于奇峰幽谷之间，遍山松柏簇拥。抗战期间，国民政府迁都重庆后，此楼成为蒋介石重要的寓居和办公场所。涂山上有涂山寺，是重庆现存最古老的寺院，因寺内供有尊武祖师，因此又称"尊武寺"。传说，涂山是大禹和涂山氏相遇之处，而山脚的"弹子石"（诞子石）则是启的诞生地。

2月16日

赭山

安徽芜湖

赭山山顶的"一览亭",建于明代,取杜甫"会当凌绝顶,一览众山小"之意。

赭山位于安徽芜湖市区,海拔86米,有大、小两个山头,山色丹赤,故名。赭山是芜湖的标志,也是江城文化的象征。"赭塔晴岚"为芜湖十景之首,久负盛名。相传,战国时代楚国的铸剑名匠干将,曾在离赭山不远处的赤铸山锻制宝剑,那锻剑的熊熊炉火竟把赭山的山石都烤成了赭色,至今山上还遍地可见殷红色的石头和泥土。

赭山不高,却是俯视江城芜湖的最佳之地。登顶俯瞰,大江滔滔奔流脚下,鸥鸟群集,帆樯云连,有"三楚风涛随袖底,六朝烟云落樽前"之胜。赭山安息着抗日民族英雄戴安澜将军。戴将军祖籍安徽无为,在北伐战争中屡建奇功,抗战时更是多次重创日军。1942年他远征缅甸,同年壮烈牺牲,年仅38岁。之后,戴将军的灵柩被运回故里,葬于赭山。

2月17日

海上云台山
江苏连云港

图为青翠欲滴的海上云台山，这里气候温润，植物类型南北兼具。

摄影：舒小简

海上云台山位于江苏连云港市，山清水秀，物华天宝，是名副其实的"海上仙山"。云台山其实是一个比较大的山系统称，在连云港境内此起彼伏，属鲁苏地质，与山东的泰山、崂山一脉相承。云台山可划分为南云台山、中云台山、北云台山等5条山系，海拔400米以上的山峰29座，主峰玉女峰海拔625.3米，为江苏省最高山峰。

海上云台山即北云台山，历史上它曾属海外孤岛。随着黄河泥沙的淤积，海岸线逐渐向东推移，清代时，北云台山已与大陆相连，成为今日的海上云台山。云台山地区流传着许多传说，其中最著名的便是唐僧家世的传说，唐僧的故乡也被认为在此。而云台山的花果山，则被认为是孙悟空的根据地。此外，考古学家还在云台山发现了40多处星象刻石，证明了华夏先民早已开始观测和记录天象。

2月18日

白塔山

甘肃兰州

白塔与黄河铁桥相互映衬的壮丽景象，已成为兰州最广为人知的标志性象征。

白塔山屹立于兰州市中心、黄河北岸，因山顶的元代白塔而得名。走过"黄河第一桥"中山桥，穿过"地天泰"牌坊，白塔山建筑群迎面耸立，飞檐红柱参差于绿树丛中。建筑群的迎面是白塔主峰，山顶的古建筑物有三星殿、迎旭客阁，登上白塔山，凭栏远眺，可俯瞰奔腾的黄河及对岸的兰州城。

古代时，白塔山是军事要冲，山下有气势雄伟的金城关、玉迭关、王保保城。山顶的白塔寺始建于蒙元时期。据记载，当时西藏的萨噶派法王派了一位著名喇嘛去拜见成吉思汗，喇嘛途经兰州时因病逝世，这座白塔就是为纪念他而建。现存的白塔为明景泰年间重建，立于塔下仰望，只见白塔巍峨耸立，沉静而庄严，尽显雄伟孤绝之姿。

2月19日

佘山

上海

佘山圣母大殿是佘山的标志性建筑，被誉为"远东第一大教堂"。它建于1935年，集多种建筑形式于一体，其无钉、无木、无钢、无梁的"四无"工艺堪称建筑奇观。

佘山位于上海市松江区境内，是上海的"后花园"，也是上海市民登高望远、拥抱森林的第一选择。上海地区最早的居民曾在佘山渔猎耕种、繁衍生息，因此这里被誉为"上海之根"。佘山系天目山余脉，虽高不过百米，却是一马平川的上海平原上少见的山林。自西南向东北，佘山有小昆山、横山、小机山、天马山、钟贾山、西佘山、东佘山、薛山、凤凰山、北竿山等12座大小不等的山丘，人称"九峰十二山"。其中，天马山是诸峰中山林面积最大、海拔最高的一座山，海拔99.8米。其山势陡峭，山体脊线近东西方向形如一匹展翅欲飞的天马，因而得名。佘山以竹为景，以竹为胜，生长着50多万株毛竹，竹树环绕、环境清幽，"佘山修篁"被评为上海新八景之一。

2月20日

仙姑顶
山东威海

仙姑顶以"玉文化"闻名遐迩，现有近千件大型玉雕艺术品，乾坤玉道被称为"天下第一玉道"。

仙姑顶位于威海城区中部，因山中有仙姑庙而得名，海拔375米。登顶可东瞰大海及刘公岛，北眺市区，西望群山丛林，令人心旷神怡。

威海民间流传"到威海，拜仙姑，成大愿"的民谚。相传，很久以前山下有一位姓田的老汉，勤劳善良，乐善好施。一天夜里，老汉梦见一身着道装的年轻女子前来合掌问安，求借老汉的枣红马帮助搬家。老汉欣然应允，随即从马厩里牵出马，还备好了马鞍。天亮醒来，老汉想起梦中之事忙到马厩查看，只见枣红马大汗淋漓，马鞍还在背上，而驮篓里则多了两个大元宝。田老汉将此事告诉了邻里，大家都觉得应该在山上修庙以求仙姑保佑。庙修好后，人们纷纷登山进香，自此香火终年不断。

2月21日

七星岩

广东肇庆

七星岩周围的湖水被蜿蜒交错的湖堤划分为5个大湖，银湖黛峰，绰约多姿。

七星岩位于广东肇庆市区，因有七座石灰岩峰排列如北斗七星，撒落在近600公顷的湖面上而得名。七星岩有"桂林的山、杭州的水"一说，早在晋代已有文字记载，唐代已负盛名。其中，石室岩被誉为"千年诗廊"，有历代文人墨客的诗词歌赋、题字、碑铭等，是我国南方保存最多、最集中的一处摩崖石刻群。

727年，唐代大文学家、大书法家李邕途经肇庆（古称端州），在饱览七星岩的秀美山色后，执笔挥毫写下了《端州石室记》，这是七星岩上历史最早、最著名的石刻，也是李邕唯一传世的正楷石刻。此后，历代名人来此寄情泼墨、题咏记游的不计其数。据统计，七星岩现存的摩崖石刻有500多幅，其中诗、词、歌、赋达217幅，游记、散文、题记等共192幅，瑰丽多姿、琳琅满目。

2月22日

于山

福建福州

于山西麓有定光塔,俗称白塔,初建于唐末。塔南还有定光塔寺,俗称"白塔寺"。

  于山位于福建省福州市,相传战国时"于越族"的一支居此而得名,汉代有临川何氏九兄弟在此炼丹修仙,故又名"九仙山"。于山是镶嵌在福州城市中心的一颗璀璨明珠,全山形如巨鳌,最高点"鳌顶峰"海拔58.6米。山顶建有大士殿,又称观音阁。辛亥革命时光复福州的战役就以于山作为总攻阵地,革命军的总指挥部也设在殿内。

  于山白塔寺东有戚公祠,是一座纪念明代杰出军事家戚继光的祠厅。嘉靖四十一年(1562年),戚继光率兵支援福建抗倭,在沿海打了三次大胜仗。戚继光班师回浙时,福州官绅在于山平远台设宴饯别并勒碑纪功,后人又于台旁建祠。于山上还有宋至近代的摩崖石刻100余处,散布在鳌顶峰、戚公祠、蓬莱峰、金粟台等处。

2月23日

大蜀山

安徽合肥

大蜀山上的塔是安徽广播电视台的发射塔，它曾经是合肥最高的建筑物。

　　大蜀山位于合肥市西郊，系大别山余脉，山峰孤兀，海拔284米，是合肥近郊唯一的一座大山。在长江中下游平原中，典型的火山地貌已不多见，而大蜀山的主体却属于溢出型死火山。它至今保存有完整的火山锥、火山瀑、火山岩、火山颈等火山遗迹，是中国唯一一座坐落于市区内的古火山。

　　大蜀山树茂林密，风光旖旎，自古就是庐州（合肥古称）的象征。无论是清明踏青还是冬季赏雪，这里都是好去处，其"蜀山春晓"和"蜀山雪霁"的景色闻名已久。登山环顾、极目千里，渠道纵横、田野如画，市区建筑宛如群星璀璨，巢湖之水碧波荡漾。如果夜晚登临大蜀山，城市里的万家灯火可尽收眼底，让人感叹城市的活力与美丽。

2月24日

北山
吉林

北山上建于清代的古寺庙群，静谧庄严，诉说着历史的沧桑与文化的厚重。

北山位于吉林省吉林市市中心，主峰海拔270米，是吉林市的游玩胜地。山上古建筑鳞次栉比，其中玉皇阁规模最大，它的两侧是钟鼓楼，中为牌楼，上有"天下第一江山"的匾额。关帝庙正殿悬挂有清乾隆帝东巡吉林时御笔亲题的匾额，院内还有依悬崖而建的观渡楼，登楼可眺望松花江，烟波浩渺，令人心旷神怡。山上的药王庙又名三皇庙，正殿供奉天皇、地皇、人皇及药王孙思邈，并附祀华佗、张仲景、李东垣、吴岐伯等名医。每年农历四月十八日的娘娘庙会和四月二十八日的药王庙会，山上香客云集、游人如织，清代便有"千山庙会甲东北，吉林庙会胜千山"之誉。

2月25日

西山

云南昆明

西山高出滇池水面约470米，起伏的山峦如睡佛卧于云中，故有"卧佛山"之称。

西山位于云南省昆明市西南，由高峣山、华亭山、太华山、太平山、罗汉山等群峰组成，卓立滇池西岸。关于西山还有一个凄美的传说：古时这里有位年轻的女子，其夫被酋长抓到边远地区当奴隶，她日日思念、夜夜悲啼，最终泪水积成滇池，她也仰面倒下化为了西山。西山除山石嶙峋的罗汉崖外，其余均被茂密的林木覆盖。名胜古迹如三清阁、太华寺等，分布在层林叠翠的山间。在太华寺与三清阁之间的山坡上，安葬着中国近代著名音乐家聂耳。聂耳生于昆明，自幼爱好音乐，作有《义勇军进行曲》《前进歌》《毕业歌》《大路歌》等作品。墓地呈琴状，二十四级石阶象征聂耳二十四岁的年轻生命，七座花圃象征音乐中的七声音阶，周围松柏苍翠，环境清幽。

2月26日

烟台山
山东烟台

烟台山上清末建筑的航海灯塔沿用至今。

烟台山在山东省烟台市北端，三面环海，与芝罘岛隔海相望，是烟台市的标志性景点。山上树木葱茏，红楼青舍参差隐现，山下礁石罗列，观海听涛别具情趣。明朝初年，因山巅上设烟墩（亦称烟燧）以防备倭寇，因名烟台山，此后城市亦由此得名。山上还有抗倭名将戚继光驻兵饮马的遗迹。

　　1861年，烟台被辟为通商口岸，成为中国北方最早开埠的城市之一，也是山东最早的通商口岸。此后，陆续有英国、美国、法国、德国等17个国家在烟台山及其周围修建了领事馆、洋行等办事机构及众多别墅。如今，烟台山保存有规模庞大的近代领事馆建筑群，建筑风格多样，充分展现了建筑艺术的魅力。

2月27日

红山
新疆乌鲁木齐

红山位于乌鲁木齐市中心的乌鲁木齐河东岸，海拔910米。红山巍然耸立，形似巨龙东西横卧，其高昂的龙头仿佛要探入河中。因其西端断崖呈现出的褐红色而得红山之名。山上"镇龙宝塔"的不远处，立有一尊林则徐雕像。林则徐曾被流放新疆，他路过红山时写下"为道玉壶春买尽，任狂歌，醉卧红山嘴。风劲处，酒鳞起"的苍劲诗句，彰显了他的豪放性格与不羁精神。红山也是博格达山的一部分，所以一直被人们视为圣地，当地人把它作为遥祭博格达山的地点。也正因为这一点，虽然红山的海拔不高，却是乌鲁木齐的标志和象征。

红山山顶的"镇龙宝塔"，高10.5米，为八角楼阁式九级灰色实心砖塔，古朴庄重，雄伟壮观，是当地的标志性建筑。

2月28日

药王山
西藏拉萨

图为药王山与山后的布达拉宫。药王山是拍摄布达拉宫全景的最佳位置之一。

药王山位于拉萨布达拉宫右侧，海拔 3725 米。药王山的藏名为"夹波日"，意思是"山角之山"，供有药王菩萨，为藏医学圣地。17 世纪后期，第巴桑结嘉措在山上创建医学利众院，选拔各寺喇嘛来此学习，并主持校注《四部医典》，绘制系列教学彩图，药王山遂成培养藏医药人才的最高学府。

药王山东侧陡峭的山腰上，有松赞干布下令修建的"查拉鲁普石窟庙"，庙中廊道岩壁上有数十尊石刻造像，包括藏王松赞干布、文成公主、赤尊公主等。山背面的悬崖绝壁刻满了大小佛像五千多尊，为西藏之最。每到重要的宗教节日，药王山的转经路上人潮涌动，善男信女携带着刻有六字真言的牛头、石块前来，恭敬置于山崖上，以表达自己的虔诚。

67

2月29日

狮子山
香港

香港大部分山由火山岩构成，而狮子山主要由花岗岩构成。狮子山北面坡度较为平缓，但南面十分陡峭，山顶更是一片悬崖峭壁。

香港有两座最出名的山，分别是狮子山和太平山。狮子山是九龙和新界的天然分界线。山的北面为大围，南面为乐富和黄大仙，东面为鸡胸山和慈云山，西面隔九龙坳与笔架山相对。山岭由东至西伸展，高而狭长。山如其名，经过千百年风化侵蚀，如今仍可清晰见到"狮子"的头、身及尾。

狮子山南麓的九龙地区，曾居住着香港较为贫困的居民，他们日日为生计奔波，用行动编写了一部港人的奋斗史。1972年，香港电台精心制作了系列电视剧《狮子山下》，生动地展现了香港人民的生活百态。这部电视剧的主题曲也以《狮子山下》命名，成为传唱至今的经典之作。现在，"狮子山下"已成为香港精神的象征，激励着一代又一代的香港人在挑战中勇往直前，不断为香港的繁荣与发展贡献力量。

3月1日

太白山

陕西宝鸡

"太白积雪六月天",太白积雪是著名的关中八景之一。

太白山位于陕西省宝鸡市眉县、太白县和西安市周至县的交汇处,因山顶终年积雪,银光四射,因而得名。太白山是秦岭山脉的主峰,也是青藏高原、横断山脉以东中国大陆的第一高峰,最高点"拔仙台"海拔3767米。太白山上,第四纪冰川活动所雕琢的各种地貌形态保留完整、清晰可见。拔仙台附近的大爷海,是第四纪冰川运动留下的冰斗湖,也是中国大陆东部海拔最高的高山湖泊;玉皇池则是目前太白山湖面最大的冰蚀湖。

太白山自下而上,依次具有暖温带、中温带、寒温带和寒带的特征,其复杂而丰富的生物类群也具有南北过渡的性质。海拔3200米以上的峰顶高山草甸区,气候寒冷,山体多陡峭岩壁,"秦岭四宝"中的羚牛以及金雕等耐寒动物常在此出没。太白山上有2000多种植物,进入药典的药材就超过了三分之二,居全国八大药山之首,难怪有"太白山上无闲草"之说。其中,灵芝、太白米、太白茶等都是太白山的特产。

3月2日

神农顶
湖北神农架

神农架峰峦叠嶂，云雾缭绕。相传，华夏始祖炎帝神农氏曾在这里架木为梯，遍尝百草，山由此而得名。

神农架位于中国地势第二阶梯东部边缘，海拔3000米以上山峰有6座，有"华中屋脊"之称。神农顶是神农架之巅，海拔3106.2米，是大巴山脉的最高峰，也是湖北乃至整个华中地区的最高峰，东西连巴楚，南北分江汉，被誉为"华中第一峰"。

神农架地处中国南北植物种类的过渡区域，神农顶拥有北半球中纬度内陆地区唯一保存完好的亚热带森林生态系统。登临神农顶，极目远眺，厚实的高山草甸之间蓬勃生长着一片片巴山冷杉、华山松、高山杜鹃和箭竹等，层次分明，赏心悦目。这里的杜鹃花科植物多达35种，常见的有粉红杜鹃、粉白杜鹃、四川杜鹃等。每年3月下旬至6月，各种杜鹃的花期长达3个多月。在神农顶海拔1500~3000米的区域内，到处有高山杜鹃的足迹，盛开时节灿若花海，蔚为壮观。

3月3日

小五台山

河北张家口

小五台山被视为业余登山爱好者的入门级山峰，因此吸引了络绎不绝的登山爱好者前来挑战。

小五台山位于河北省张家口市蔚县与涿鹿县交界处，地处太行山脉北端，是太行山的主峰，也是主脉之上的最高峰。和五台山一样，小五台山也有东、西、南、北、中五座山峰，东、西、南、北四座台顶皆自中台发脉，海拔在2600米以上，一山连属，势若游龙。其中，东台海拔2882米，高耸入云，气势磅礴，是河北的最高峰，有"河北屋脊"之称。小五台山的冰雪期长达半年以上，冬季时漫山大雪，狂风肆虐，加上刀刃般的山脊，攀登难度很大，所以它也是北京周边模拟攀登高原雪山的理想训练场地。

3月4日

念青唐古拉峰

西藏拉萨

念青唐古拉峰位于西藏自治区拉萨市当雄县,是念青唐古拉山脉的主峰,海拔7162米。念青唐古拉的藏语意为"灵应草原神",蕴含着藏民对它的崇敬之情。相对于喜马拉雅山、昆仑山,念青唐古拉山脉略显低调,因为它不是围出青藏高原的边缘山脉,而是高原的内部山脉。它与另一条内部山脉冈底斯山一道,为青藏高原划出了一条南北分界线。念青唐古拉峰有数百条大陆性冰川,雄阔壮美,冰川融化后汇而成溪又成为拉萨河的重要水源,滋润了当雄、羊八井、拉萨河谷等河谷盆地,成为拉萨的生命之源。

念青唐古拉峰南麓的羊八井谷地,处在一条巨大地质断裂带上,地热资源十分丰富,除分布有常见的温泉、喷泉外,还有喷气孔、热水河、热水湖、热水沼泽等,是地球上少见的"地热博物馆"。

念青唐古拉峰的西北山麓有中国第二大咸水湖纳木错,海拔4716米,为世界上最高的咸水湖,也是西藏三大圣湖之一。雪山、冰川倒映在湖面,朝霞夕晖,分外壮美。

3月5日

乔戈里峰

新疆喀什

乔戈里峰是地球上8000米以上山峰里垂直高差最大的，正如法国著名登山家皮埃尔·贝甘所说："对攀登乔戈里峰来说，你必须做好回不来的思想准备"。

乔戈里峰地处中国新疆维吾尔自治区塔什库尔干塔吉克自治县与巴基斯坦交界处，是喀喇昆仑山最高峰，也是世界第二高峰，又称"K2"峰（K指喀喇昆仑山，2代表第二座被考察的山峰）。"乔戈里"为塔吉克语，意为高大雄伟。

乔戈里峰为西北—东南走向，海拔8611米。世界8000米以上级别的高峰共有14座，大部分位于喜马拉雅山脉，只有零星几座位于别处，其中一座就是乔戈里峰。这里冰崖壁立，山势险峻，是世界上最难攀登的山峰，登顶死亡率是珠穆朗玛峰的3倍。1954年，意大利两位探险家最先登上乔戈里峰，此后乔戈里峰的攀登者就一直和死亡相伴。1986年夏天，有27人成功登顶乔戈里峰，但只有14人活着离开；2008年夏天，乔戈里峰夺去了10名攀登者的生命，有些人的遗体至今都没有找到。这些事件令人悲痛不已，但这并没有阻止后来者攀登的脚步。2021年1月，人类首次在冬季登顶这座山峰。

3月6日

托木尔峰
新疆阿克苏

托木尔峰发育了从暖温带的荒漠带到冰雪带的7个垂直自然带，峰顶终年白雪皑皑、云缠雾绕，山麓和河谷地区则是满山遍野的云杉和塔松。

托木尔峰位于阿克苏地区温宿县境内，在中国与吉尔吉斯斯坦国境线附近，海拔7443米，是天山的最高峰。天山山脉是亚洲最大的山系，也是世界七大山系之一，它的千峰万岭横亘西域，占新疆面积的1/3。天山山脉西高东低，并肩耸立着一座座海拔四五千米以上的雪岭冰峰，托木尔峰属中天山区。"托木尔"一词在维吾尔语中为"铁"的意思。

由于地处欧亚大陆中央，四周都距离海洋很远，于是天山也有"距离海洋最远的山系"和"全球干旱区最大山系"的称呼。不过天山并不缺水，反而白雪皑皑、冰川广布，孕育着众多密集厚实的高山草甸、亚高山草甸，山间还有郁郁葱葱的山地森林、碧绿如毯的山地草原和山间草原。

3月7日

公格尔峰
新疆阿克陶

"公格尔"在柯尔克孜语中意为"褐色的山",但实际上公格尔峰终年积雪,犹如冰雕玉琢。

公格尔峰位于新疆维吾尔自治区阿克陶县境内,西昆仑山脉西端的山脊线上。公格尔峰呈西北—东南走向,海拔7719米,是昆仑山脉的主峰。山峰呈金字塔形,峰体陡峭,几乎全由岩石和冰雪构成,岩石主要是层状变质岩。山坡浮雪深厚,有高差达300米左右的雪崩区,所以征服公格尔峰之难不亚于征服珠穆朗玛峰。与公格尔峰比肩屹立的是公格尔九别峰,也是国内外登山健儿想要征服的目标。慕士塔格峰、公格尔峰及公格尔九别峰,三峰耸立如同擎天玉柱,屹立在帕米尔高原上,号称"昆仑三雄",是帕米尔高原的标志,也是帕米尔高原上最迷人的景观。

3月8日

布喀达坂峰

青海海西

布喀达坂峰四周分布着数座海拔6000米以上的高峰，布喀达坂峰就高耸于群峰之上。

布喀达坂峰又称"新青峰"，位于青海省海西蒙古族藏族自治州格尔木市境内，为新疆、青海的界山，是昆仑山中段最高峰，海拔6860米。"布喀达坂"维吾尔族语意为"野牛岭"，高大的山脉贮藏了数百万年积累的冰川，海拔5500米以上的山峰四季冰川覆盖，53条冰川形成广阔的冰雪世界。其中，最大的布喀冰川平卧于东南坡，形成尾宽3000米的宽尾冰川，冰舌末端海拔4910米。在冰舌前缘平坦谷地2000米的范围内，融化的冰川形成塔状冰山，形态千奇百怪，犹如一座魔鬼城堡。那融化的雪水从雪峰的峭壁断崖上飞泻而下，闪耀着银光，在山前的草原上形成涓涓细流。

3月9日

玉珠峰

青海海西

由于高度适中、坡度平缓，玉珠峰被认为是登山初学者最理想的训练山峰。

玉珠峰位于青海格尔木南160千米的昆仑山口以东10千米处，是昆仑山东段的最高峰，海拔6178米，又称"可可赛极门峰"。玉珠峰峰顶常年被冰雪覆盖。其两侧矗立着众多5000米左右的山峰，南北坡均有现代冰川。

在登山者眼里，它是典型的6000米级别的入门雪山。南坡冰川末端海拔约5100米，山势平缓，无雪崩可能，一路多为雪坡，路线清楚明了，对于攀登技术要求较低。山脚是一望无际的草滩，海拔约4800米，平坦宽阔，植物茂密，野生动物亦多，山间河流密集，且有高原湖泊。北坡则相对复杂，冰川延伸至4400米，有冰裂缝、冰塔林、冰陡坡、刃形山脊等复杂地形。

3月10日

玉山

中国台湾

玉山周围包含台湾全岛三分之一的高山，号称"台湾屋脊"。十一峰峰峰相连，各具特色。

玉山坐落于中国台湾省的中部、北回归线以北 2.3 千米处。玉山是玉山山脉的主峰，海拔 3952 米，是中国台湾的最高峰，也是中国东部地区的最高峰。从海拔 300 米的溪谷，上达玉山峰顶，有六大间隔分明的植物带，分别为热带雨林、暖温带雨林、暖温带针叶林、冷温带针叶林、高山针叶林、高山寒原。

海拔 3600 米左右是玉山的森林线，界线以上，玉山圆柏因受强风吹袭，匍匐生长于山坡岩缝中形成大片矮盘丛林，与高山箭竹、玉山杜鹃、玉山小檗、川上氏忍冬、玉山蔷薇等灌木共生。以"玉山"冠名的植物众多，如玉山龙胆、玉山杜鹃、玉山箭竹、玉山石竹、玉山圆柏等，有些并非只分布在玉山，而是初次发现的地点为玉山，所以以此命名。

3月11日

团结峰
青海、甘肃

祁连山用冰雪融水滋养着山下的土地，这些冰雪融水从山前渗入地下，又从巨大冲积扇扇缘地带涌出，渐渐汇集成浩荡的河湖。

团结峰又名"岗则吾结"，地处青藏高原边缘，青海、甘肃两省交界处，海拔5937米，是祁连山脉的最高峰。团结峰地表由冰雪覆盖，雪线位置高达4400米以上，有较大面积的现代冰川。祁连山脉的平均海拔在4000米以上，高大的山体拦截并贮存了暖湿气流中的水汽，犹如伸向荒漠的一座湿岛。祁连山域内共有冰川3066条，储水1320亿立方米，超过三个三峡水库。身处一片荒原包围之中的河西走廊，不仅因此得以避免被干旱吞噬，还发育出大片富饶的绿洲和草原。河西走廊的灌溉农业区，是西北地区主要的商品粮和经济作物产区。沿着祁连山脉依次分布着六座城市，其中有四座是汉代设立，这便是绿洲之上著名的河西四郡：武威、张掖、酒泉、敦煌。

3月12日

各拉丹冬峰
青海海西

各拉丹冬峰位于青海省海西蒙古族藏族自治州格尔木市与西藏自治区安多县交会处，是唐古拉山脉的主峰，海拔6621米。各拉丹冬峰高高屹立在唐古拉山脉之中，南北长50余千米，东西宽达30千米。"各拉丹冬"取自藏语，意为"高而尖的山峰"。山间发育有规模较大的冷性大陆性冰川，冰川覆盖面积约790平方千米（2021年），现代冰川130余条。随着气候变化，冰川退化已十分明显，冰川融水在雪山以北进入长江水系的沱沱河与尕尔曲等外流区，雪山以南流入赤布张湖与西藏色林错等内流区。长江源头的第一滴水，就来自各拉丹冬西南侧的姜根迪如冰川。

唐古拉山脉有超过20座海拔6000米以上的雪山，连成南北50多千米、东西20多千米的雪山群。雪山脚下冰岩上的纹路，是亿万年岁月雕琢出来的年轮。

3月13日

冷布岗日峰
西藏日喀则

冷布岗日峰是冈底斯山脉的最高峰，也是冈底斯山脉唯一一座超7000米的山峰。

冷布岗日峰位于西藏日喀则市萨嘎县，地处冈底斯山脉中部，海拔7095米，是冈底斯山脉的最高峰。"岗日"在藏语中是雪山的意思，又名"罗波岗日"，意为"大臣雪山"。冈底斯山脉位于青藏高原西南部，与喜马拉雅山脉平行，呈西北—东南走向。山脉长约1100千米，平均海拔约6000米。它是内陆水系和印度洋水系的分水岭，北为高寒的藏北高原，南为温凉的藏南谷地。研究表明，冈底斯山脉是比喜马拉雅山脉更早的西藏山脉，在5500万年前已隆升到4500米，大大早于喜马拉雅达到这一高度的时间。值得一提的是，海拔6656米的冈仁波齐峰，是冈底斯山脉西段的最高峰，虽没有冷布岗日峰高，却被公认为冈底斯山脉的主峰。

3月14日

岗扎日峰
西藏那曲

可可西里山脉相对于周边平地的平均落差只有200～300米，从卫星地图上看是一条淡褐色的浅丘和突起地势。

岗扎日峰位于西藏自治区那曲市的可可西里核心区，海拔6305米，是可可西里山的最高峰，终年积雪。可可西里山处于青藏高原腹地，为昆仑山脉南支，一般海拔在5000米以上，山体平缓，气候寒冷，发育着各种类型的冰川。岗扎日峰和青藏高原其他山峰的情况类似，相对高差也仅仅几百米，虽然算不上壮观，但是地处整片无人区深处，常年被冰雪覆盖的山体显得神秘感十足。令人称奇的是，科研人员在岗扎日峰的冰雪下发现了大量亿万年前的贝类和藻类化石。我们现在看到的岗扎日峰，在亿万年前其实是一片汪洋的海底，是不是很难想象？

3月15日

阿尔金山

新疆

阿尔金山由于经过多次强大的构造运动,形成了独特的地质构造形态,因而储有较为丰富的矿产资源。

阿尔金山脉的主体在新疆,一般海拔3500~4000米,最高峰为新疆境内的肃拉穆塔格峰,海拔6295米。阿尔金山地处阿尔金山脉的中段,海拔约为4000米,面积约为4.5万平方千米,是中国最大的高山自然保护区。阿尔金山终年白雪皑皑,在阳光的照射下晶莹的冰雪闪着金光,而"阿尔金"在蒙古语和突厥语中就有"金色的山"的意思。阿尔金山汉代称为"龙勒山",唐代称为"金鞍山",曾有《白雀歌》赞叹阿尔金山:"金鞍山上白牦牛,白寒霜毛始举头……嵯峨万丈耸金山,白雪凝霜古圣坛。"阿尔金山因黄金储量非常丰富,被哈萨克族人民称为"金银山",当地还有俗语称:"阿尔金山七十二条沟,沟沟有黄金。"

3月16日

年保玉则

青海果洛

年保玉则位于青海省果洛藏族自治州久治县索呼日麻乡境内，又称"果洛山"。"年保玉则"藏语意为"圣洁的松耳石峰"，由多座海拔在4000米以上的山峰组成，主峰海拔5369米，是巴颜喀拉山的最高峰。它与许多雪山不一样，其顶部由三座常年积雪的山峰组成，直立陡峭，峰峦之间有大面积高山冰川。2005年，年保玉则被正式批准为国家地质公园。

年保玉则是当地人心中的一座神山，也是青海的藏族部落三果洛的发祥地。在它的主峰下有三座湖：西姆措、鄂姆措与日干措。西姆措湖又称"仙女湖"，是传说中年保玉则山神三女儿的化身，湖泊面积约17平方千米，是由巨大冰川的剖蚀作用形成的冰川湖。

山顶雪岭泛银，山下绿草如茵。在山峰和草原间，湖泊、海子密布，大至10多平方千米，小的仅数百平方米，如同绣于山川之间的锦缎，美丽多姿。

3月17日

雪宝顶
四川阿坝

雪宝顶山势雄伟，峰体挺拔。山上崖壁陡峭，终年积雪，冰川倒悬，雪崩频繁，攀登难度很高。

雪宝顶位于四川阿坝藏族羌族自治州松潘县境内，处在青藏高原东缘、岷山山脉中段，是青藏高原向四川盆地陡跌的过渡地带。雪宝顶是岷山山脉的主峰，最高海拔5588米。主峰大雪宝顶（藏语称"东日"）被众多山峰簇拥，周围聚集有10座海拔5000米以上的高峰。《松潘县志》上有诗云："岩悬势天穹，精莹凝太空，高凌世界外，寒亘群山中。""晴空森玉笋，瘦动插天根，倘毓中原秀，应居五岳尊。"

雪宝顶的山顶云海茫茫，10座覆盖积雪的山峰争相钻出云层。山腰岩石嶙峋，沟壑纵横，湖泊星罗棋布。山中较大的海子有108个，尤为著名的是四海：东南圆海、西南方海、西北半圆海、东北三角海。登山路上经过的黄龙沟，内有成百上千的大小梯湖，鳞次栉比、五彩缤纷。山上还有瀑布流水，巉岩溶洞，美不胜收。

85

3月18日

友谊峰
新疆阿勒泰

受西伯利亚冷湿气流影响，友谊峰周围降水丰沛、牧草繁茂，林区密布、景色迷人。

友谊峰位于新疆北部阿勒泰地区，海拔4374米，是阿尔泰山脉的主峰。友谊峰距离蒙古国、俄罗斯联邦、哈萨克斯坦共和国和中国四国交界处很近，耸立于中、蒙两国的界峰奎屯峰南面3000米处。友谊峰比奎屯山更高、更雄伟，在中国的地图上也大都标有友谊峰的位置，因此在中国友谊峰的知名度远超奎屯峰。

友谊峰南坡发育的哈纳斯冰川，长10.8千米，面积30.13平方千米，是阿尔泰山最大的山谷冰川，也是中国境内海拔最低的山谷冰川。源自友谊峰冰川的雪水，在喀纳斯汇聚成湖，即著名的喀纳斯湖，湖水最深处达196米，是中国最深的高山冷水湖。

3月19日

黄岗梁

内蒙古赤峰

黄岗梁沿地势分布着白桦林、山杨林、云杉林、阔叶松等植物群落，是塞北地区罕见的天然林群落。

黄岗梁位于内蒙古自治区赤峰市，海拔2029米，是大兴安岭山脉的最高峰。黄岗梁在大兴安岭山脉南麓，由27座山峰组成，主峰大鹅头海拔2029米，周围群山环绕，岭岭相连。山顶为典型的高山草甸，每到夏季，山上草地遍布五颜六色的野花。登上山顶可以纵览滔滔林海，又可极目远眺达里湖的浩渺烟波。

黄岗梁以北属于中国地形第二台阶的内蒙古高原，以南则属于中国地形第三台阶，是松辽平原西端的浅山丘陵地带，可谓"一山分两界"。在几十平方千米的范围内，集中了山地、丘陵、沙地、河谷、湖泊、草原、丛林、疏林草地等多种地形地貌，植被类型丰富多样。黄岗梁还保存了完整的第四纪冰川遗迹，被称为"冰谷林海"。

3月20日

神农峰

湖南株洲

神农峰原名"酃峰",又名"斗笠顶",海拔约 2115.2 米,为罗霄山脉中部万阳山主峰,也是湖南省第一高峰。它与江西省遂川县境内罗霄山脉最高峰"南风面"(海拔 2120.46 米)一体相连,隔谷相望。神农峰所在的万阳山层峦叠嶂,山岭高大,溪谷纵横。万阳山以神农峰和南风面为标杆,向西北、西南倾斜,在炎陵县境内矗立起数百座海拔千米以上的山峰。由于山高,神农峰沿山脊的两边经常出现两种截然不同的天气景象:山这边阴雨绵绵,山那边却艳阳高照,形成"东边日出西边雨"的景观。神农峰附近流传着炎帝神农氏到此采药的传说,有"神州第一陵"之誉的炎帝陵就坐落在山下不远处的鹿原陂西麓、斜濑河东岸。

神农峰是目前中国境内发现的亚热带中山针叶林群落分布最集中、保存最完好的区域,有银杉、资源冷杉、福建柏、黄杉等多种针叶植物,它们共同构成了神农峰独特的生态景观。

3月21日

东猴顶

河北张家口

东猴顶的山顶拥有一片广袤的大草甸，那里生长着各种鲜花野草，有"空中花园""百花草甸"之誉，是塞北地区面积最大、保存最完好的亚高山草甸。

东猴顶位于河北省张家口市赤城县境内，海拔2292米，是燕山山脉的最高峰，号称"京北第一峰"。东猴顶山势雄伟平缓，生长着高山草甸，像是浑圆的猴头顶，因而得名。这里一年四季三季有雪，一季有雾。站在山顶极目远眺，北可观坝上草原，南望燕山群峰，两大地貌景观尽收眼底。在山顶如茵绿草中有一泉眼，称"绿泉"，泉水呈绿色，汩汩而出，泉眼深不可测，泉旁有无数石块垒起的座座小石山，苔痕点点，这便是游人垒成的"玛尼塔林"。

3月22日

石坑崆峰
广东清远

石坑崆峰是北回归线上的一片大绿洲，保存着中国乃至世界亚热带地区面积最大、保护最完好的原始森林。

石坑崆峰位于广东省清远市阳山县的群山中，海拔1902米，是广东省的最高峰。又称"莽山峰"，古有"天南第一峰"之称。这里动植物种类繁多，其中珍贵稀有的树种有广东松、华南铁杉、珍珠黄杨等，还有灵芝、天麻、杜仲等名贵药材。珍贵动物有华南虎、豹、华南元冠鹿、苏门羚、金猫、黑熊、短尾猴等10多种，还有很多鸟类。峰顶有一整块巨型花岗岩，东南边是近90°的绝壁，西北边也是近80°的陡坡，参观花岗岩里的坑道群，是登峰之旅中的一项精彩体验。

3月23日

老鸦岔垴

河南三门峡

老鸦岔垴位于河南省三门峡市西部,又名"神鹰峰"。老鸦岔垴是小秦岭主峰,海拔2413.8米,是河南省最高峰,被誉为"中原之巅"。它西临西岳华山,比华山主峰还要高200多米。这里保存有大面积的原生植被,华北、西北、西南与华中几大植物区交汇,植物类型多样。在海拔2000米以上的地方,可以看到成片的灵宝杜鹃、秦岭冷杉和高山柏,树龄均在百年以上。这里也是河南省境内动物资源最为丰富的地区,国家重点保护的动物有28种,如金钱豹、林麝、金猫、黄喉貂、水獭、斑羚、金雕、黑鹳、红腹锦鸡、长耳鸮、大鲵等。

老鸦岔垴群峰相拥,海拔多在1200~2400米。登临峰顶,可西望汉中、东眺中原、北视三晋,连绵的林海可尽收眼底。

3月24日

猫儿山
广西桂林

猫儿山山体狭长，山峰巍峨高峻，气势雄伟。

猫儿山位于广西壮族自治区桂林市兴安和资源两县境内，因峰顶有一巨型花岗岩形似卧猫，故称"猫儿山"。主峰"神猫顶"海拔2142米，是南岭山脉乃至华南地区的最高峰，也是三江源头，孕育出三条南北流向的江——资江、浔江、漓江，并连接了长江与珠江两大水系。猫儿山还被认为是《山海经》中记载的第一座山"招摇山"，因此也被称为"山海经第一山"。这里有丰富的野生动植物资源，孑遗植物南方铁杉是镇山之宝，鹅掌楸在西北沟谷中也保存有一定的数量。

1996年，猫儿山附近的居民意外发现了一架坠毁的飞机，经鉴定是第二次世界大战时期美国"飞虎队"的战斗机。1944年8月31日，这架飞机在将日军"永野"号巡洋舰炸沉后，返程途中不幸坠毁，10名机组人员全部遇难。中方深入大山之中，克服重重困难，将收集的遗骸移交美方，使英雄们得以回归故里。

3月25日

阴条岭
重庆

阴条岭附近的兰英大峡谷平均深度1500余米,最深处达2400余米,有"亚洲第一深谷"之誉。

　　阴条岭位于重庆,是重庆市的最高峰。阴条岭属神农架的余脉,东接大巴山,南连巫山,海拔2796.8米。它也是重庆唯一的原始森林区,大片森林基本保持原生状态,以常绿阔叶林和常绿落叶、阔叶混交林为主。良好的原始森林生态孕育和保护了丰富的物种,生长有珍稀濒危和国家级保护植物45种,如水杉、山白树、喜树、青檀、金钱槭、银鹊树、光叶珙桐、香果树、独花兰等。有"中国鸽子树""植物界的活化石"之称的珙桐,在阴条岭自然保护区有大面积分布,是这里保护得很好的自然群落。

3月26日

东灵山

北京

东灵山草甸是华北最大的空中草甸，它以独特的风光吸引着众多游客前来探访。

东灵山位于北京市门头沟区清水镇，属于太行山脉。东灵山海拔2303米，是北京最高峰，被誉为京西的"珠穆朗玛峰"。其地貌是以构造侵蚀为成因的高山地貌，山峰峻峭、谷深坡陡、山势雄伟、怪石嶙峋。常年生活在此的野生动物有700多种，包括国家稀有珍禽褐马鸡等。东灵山的植被随海拔增高呈梯度变化，如海拔1000米上下的辽东栎，海拔1500米上下的白桦，还有海拔1700米以上山花烂漫而不见大树的亚高山草甸。历史上，东灵山一带还曾是古战场，如今这里仍有古长城遗址，石砌的城墙、烽火台等依稀可见。

3月27日

黄茅尖

浙江丽水

由于地势高峻，黄茅尖经常笼罩在云雾之中，难得一睹山巅的真实面貌。

黄茅尖位于浙江省丽水市、龙泉市，海拔1929米，是武夷山系洞宫山脉的主峰，江浙沪第一高峰。黄茅尖其实并不"尖"，而是一座浑圆的山峰。植被的垂直变化在这里非常典型，从山麓的亚热带常绿阔叶林，到山腰的温带针叶、阔叶混交林，再到山顶的山地矮林、山地草丛，层层过渡交替，自然而有规律。其中最能体现垂直变化的要数松树和竹子。山麓是参天古松和修长毛竹；在海拔1700米左右的陡崖巨岩附近，则能看见宽大绿叶的云锦杜鹃与高仅1米的野竹构成的高山矮林；将到山顶时，是漫山遍野酷似草丛的"袖珍式"野竹林，还有伏地而长的低矮老松，十分罕见。

3月28日

清凉峰

浙江杭州

清凉峰是华东地区仅次于黄山的另一座高峰，有"浙西屋脊"之称。

清凉峰位于浙江省杭州市，是天目山主峰，海拔1784.4米。这里保存着世界上最大的野生华南梅花鹿种群，它们多在海拔较高、坡度较缓的草甸和灌木丛中活动。除了梅花鹿，在清凉峰还能看到黑麂、鬣羚、小麂、猪獾、松鼠、野猪等。清凉峰有丰富的植物资源，珍稀植物有30余种，被列为国家重点保护的植物有20余种。其中，被列为国家重点保护的一类树种"华东黄杉"，是白垩纪或更早时期留存下来的孑遗树种，已濒临灭绝。还有被称为"高山矮汉子"的黄山松、"千年不大"的珍珠黄杨以及天目杜鹃、黄山花楸、天目琼花等，它们共同构成了清凉峰的独特生态环境。

3月29日

大秃顶子山

黑龙江哈尔滨

大秃顶子山山顶"六月戴雪帽,十月飘雪花",是著名的观雪胜地。

大秃顶子山位于黑龙江省哈尔滨市和五常市东南,与牡丹江市、海林市接壤。大秃顶子山主峰海拔1690米,是黑龙江省境内最高峰,也是五常境内两条主要河流之一的牤牛河的发源地。大秃顶子山名副其实,其形状如"馒头",山顶是一片平地,几乎没有树,都是低矮的花草,这里是高山植物的宝库和野生动物的乐园。每到冬季,登顶远眺时经常会看到这样的景象:风烟俱静之时,在阳光的照射下,远处山峦清幽、云雾笼罩,近处雾凇绽放、挂雪凝霜。雪色银光的氛围,令人恍如隔离尘世;晶莹剔透的枝头,恰似天然冰雪珊瑚。

3月30日

韭菜坪
贵州毕节

韭菜坪的韭菜不同于普通家庭食用的叶细长、开白花的韭菜，这里的韭菜叶厚秆挺、紫色花蕾如网球般大，而且茂盛如林。在海拔2500米的高山分界线以下韭菜花为白色，以上韭菜花则为紫色。

贵州多山，山连山、山靠山、山叠山，山与山之间绝无平原，就连坝子也十分逼仄，人称"地无三尺平"。这个"山的王国"中，最高峰就是韭菜坪。韭菜坪位于毕节市赫章县，海拔2900.6米，有"贵州屋脊"之称，它也是东列乌蒙山脉的最高峰。广义的韭菜坪分两座山峰，分别是"大韭菜坪"和"小韭菜坪"，两山遥相呼应。当地民间流传着一个传说：大、小坪本是一对恋人，小韭菜坪代表男性，而大韭菜坪则代表女性。韭菜坪的坡岭并不陡峭，它的山势也不险峻，但绵延在层层坡岭之上的野生韭菜随风摇曳时却十分壮观。每到秋天，大韭菜坪的野韭菜开花，紫色的花朵蔓延在云霞之中，有如天上花海，这里也是世界最大面积的韭菜花海。

3月31日

大帽山
香港

大帽山位于香港新界中部，在荃湾、元朗和大埔三区交界处，海拔957米，是香港最高山。据说，大帽山因山顶似一顶帽子而得名。这里位置靠海，地势陡峭，春夏时节，海拔五六百米以上常云雾缭绕，不易见顶，故又称"大雾山"。大帽山的山顶和南坡较为平缓，偏北的中山地段包括梧桐寨等十分陡峭。近山麓之处，湿度较高但温度较低，是种茶的好地方。十七、十八世纪或更早时，大帽山海拔600米以上的地方曾有茶园，如今仍可见遗迹。

香港有几条著名的郊游路线，其中一条是麦理浩径，该径的第八段（铅矿凹至荃锦公路）便贯穿大帽山，是登高望远的好去处。

4月1日

九华山

安徽池州

图为九华山地藏王菩萨雕像，此山以"香火甲天下"闻名。

九华山位于安徽省池州市青阳县西南，中国四大佛教名山之一。因高出云层的山峰有九座而得名，又称"九子山"。其中，天台峰凝聚了九华山之精华，站在"非人间"三字的巨大石刻面前，人们仿佛误入蓬莱仙境。一道险峻的"天梯"通向天台禅寺，与其并行的"青龙背"，是天台峰最大的怪石。诗人李白也赞叹过九华山的钟灵毓秀，"昔在九江上，遥望九华峰。天河挂绿水，秀出九芙蓉"。

九华山是地藏菩萨的道场。相传唐代开元年间，地藏菩萨降诞为新罗国王族金乔觉，他来到中国，栖止于九华山。当地百姓集资建化城寺，金乔觉于此潜心苦修、宣扬佛法，直到圆寂。九华山香火传承已逾千载，至今依旧繁盛。

4月2日

雪窦山

浙江宁波

2008年落成开光的雪窦寺露天弥勒大佛高56.7米，是中国最高的铜制弥勒大佛。

雪窦山位于浙江省宁波市奉化区溪口镇西北，是四明山支脉的最高峰。雪窦山绵亘数十里，幽谷飞瀑，秀甲东南。这里雄奇壮观的千丈岩瀑布，落差达186米，站在飞雪亭上观瀑布，只见瀑布碰撞岩壁中间突出的巨石时水花四溅、洒如雪飞。如在晴天，由阳光折射而呈现出的七色彩虹，也会令人叹为观止。

宋仁宗曾受弥勒感应梦游雪窦，于是赐名"应梦名山"。千百年来，作为弥勒佛的道场，雪窦山香火旺盛，高僧辈出。雪窦古寺在南宋被敕封为"五山十刹"之一，明代列入"天下禅宗十刹五院"之一。越南的草堂禅宗、韩国的曹溪宗、日本的临济、曹洞宗等皆相承于雪窦一脉。民国四大高僧之一的太虚大师，曾住持雪窦寺十多年，一生崇奉弥勒。正是因他倡议，于原有的佛教四大名山外，加雪窦山为中国佛教五大名山。2014年，浙江佛学院也在雪窦山脚下创立。

4月3日

齐云山

安徽黄山

齐云山道教宫观星罗棋布，有"九宫八殿七十二道院"之说，形成以桃源洞天、真仙洞府、太素宫、玉虚宫为核心的四大建筑群。

齐云山位于安徽省黄山市休宁县，道教四大名山之一。齐云山与黄山南北对峙，被称为"黄山姊妹山"。它因"一石插天，直入霄汉，与云并齐"而得名，古称"白岳"。三十六峰，峰峰皆景，最奇的要数齐云山北部的香炉峰，孤峰卓立，青秀挺拔，俨如一座古色古香的大香炉。每当晨曦初露或雨后新霁，香炉峰沉浮于茫茫云海之中，若隐若现，宛如仙境。徐霞客曾两次游览齐云山，著有《游白岳日记》；乾隆皇帝巡游江南时来到齐云山，赞叹"天下无双胜境，江南第一名山"。

齐云山与道教结缘始于唐代，明清时期迅速发展，成为江南地区玄武信仰的中心地。这里的宫殿建筑、道规道制多仿效武当山，又被称为"江南小武当"。自古以来，无数文人雅士来到齐云山赋诗题词，勒石树碑。这里的摩崖石刻多如繁星，随处可见各种书体的碑文石刻、摩崖题字，与自然景观浑然一体，形成一条引人入胜的书法长廊。

4月4日

青城山
四川成都

青城山自古以环境清幽著称，有"青城天下幽"之美誉。山中林木葱茏、古树参天、溪涧纵横、流泉长年不断。

青城山位于四川省成都市西北方的都江堰市，最高峰老君阁海拔1260米。青城山诸峰环绕，层峦叠嶂，青山四合，山形似城，"青城"之名确实形象。青城山又分前山和后山，前山宫观古迹甚多，后山则神秘原始如世外桃源。青城山是道教发源地之一，主庙天师洞有"天师"张道陵及其三十代孙虚靖天师像。相传东汉年间，道教创始人张道陵在此修炼传道，此后道教香火不断，各路道教大师都曾或长或短地栖居于此，延续至今。

不少文人雅士也与青城山有不解之缘，张大千就是其中一位。他曾先后在青城山寓居三四年，这里的美景不断激发张大千的灵感。如今的青城山是成都人的后花园，每逢空闲时来此爬山、喝茶，令人精神焕发。

4月5日

龙虎山

江西鹰潭

龙虎山仙岩兜率宫,相传老子曾在此处向张道陵授道法玄机。

龙虎山位于江西省鹰潭市,以丹霞地貌为主体,兼有火山岩地貌、构造地质地貌和典型地层剖面等多种地质遗迹,2015年被联合国教科文组织认定为世界地质公园。龙虎山奇山怪石、群峰如簇,神猴迎宾峰、蜡烛峰、雄狮回首峰、大刀切峰等丹霞地貌景观让人浮想联翩。

"一山藏四境,一道传千年",龙虎山道脉源远流长。第一代天师张道陵在龙虎山炼丹传道时创建天师道,世袭相传长达六十多代,迄今延续近两千年。宋朝时,阁皂宗、龙虎宗、茅山宗鼎足而立,合称三山符箓;元朝时,龙虎宗为"正一教主,主领三山符箓",南方道教的三大宗坛,交由龙虎山天师统领;明朝时,朱元璋推崇道教,龙虎山因此成为全国道教活动中心之一。

三清山
江西上饶

三清山位于江西省上饶市，又名"少华山""丫山"，被誉为中国最美的道教仙山。三座挺拔的山峰——玉京、玉虚、玉华，由高到低依次排列在众山之间，宛如玉清元始天尊、上清灵宝天尊、太清道德天尊三位道教尊神列坐山巅，这就是三清山之名的由来。三清山东险西奇，北秀南绝。玉京峰是三清山的最高峰，"不登玉京峰，难得三清妙"，这里有虚无缥缈的蓬莱三峰、一落千丈的飞仙谷，还有云海、迷雾、日出等奇观。

三清山有1600余年的道教发展史，按八卦布局的三清宫古建筑群被称为"中国古代道教建筑的露天博物馆"。其中，三清宫背靠玉京峰，为明代所建，站在三清宫的紫烟台上，可以环顾群山。西海岸又称"西海栈道"，它南起梯云岭，北至三清宫，在海拔约1600米的高山悬崖绝壁上，横空向外悬出长约3700米，宽2米的栈道，是三清山最为惊险、视野最为开阔的地段。

4月6日

三清山有举世无双的花岗岩峰林地貌，类型多样、种类齐全，举世罕见。各类花岗岩地貌中，以造型石景观最为奇绝。
摄影：陈志远

4月7日

缙云山
重庆

缙云山香炉峰有一座瞭望塔，名为香炉塔。从空中看，它如同山林之中的一位隐士在俯视群山。

缙云山位于重庆市北碚区嘉陵江温塘峡畔。俗话说"不负蜀中好山水，大峨眉又小峨眉"，其中的"小峨眉"指的就是重庆缙云山，它与四川青城山、峨眉山并称为"蜀中三大宗教名山"。缙云山从北到南，九峰横亘，有朝日峰、香炉峰、狮子峰、聚云峰、猿啸峰、莲花峰、宝塔峰、玉尖峰、夕照峰，其中玉尖峰最高，海拔1050米。

自南北朝时期，慈应禅师开山创建缙云寺和温泉寺算起，缙云山成为佛教圣山已有1600年历史。缙云寺是国内唯一的迦叶古佛道场，后曾受到历代帝王封赐。民国时期，太虚大师创办世界佛学苑，分汉藏、华日、华梵、华欧四院作教理研究。1930年，缙云寺被定为汉藏教理院院址，并在1932年正式开学，太虚大师出任院长。汉藏教理院随即成为中国近代佛教史上第一座汉藏并设、显密兼习的新型佛学院。

4月8日

杨岐山

江西萍乡

杨岐山普通禅寺是中国佛教五家七宗之一禅宗临济宗杨岐派的发祥地。
摄影：刘薇

杨岐山位于江西省萍乡市上栗县杨岐乡，古称"翁陵山""漉山"，海拔约1000米，这里肃穆空灵，禅意深远。相传，战国时著名的思想家杨朱来到此地，因面临歧路而迷向哭泣，故此山得名"杨岐山"。

唐开元年间，有禅师来到杨岐山开山创建广利寺。北宋仁宗时，临济宗八世宗匠方会禅师受邀至杨岐山弘法，改广利寺为普通禅寺，于此开创杨岐宗派。当临济宗衰微时，杨岐宗取而代之，后虽复称临济宗，但今之临济宗多出于杨岐宗派，因此，杨岐山普通禅寺是临济宗的又一祖山祖庭。南宋初年，杨岐宗传入日本，至2021年成为日本佛教大宗之一。东亚、东南亚等许多国家，也有传人和信徒。

4月9日

王屋山

河南济源

唐开元年间，唐玄宗在王屋山为高道司马承祯敕建阳台观。司马承祯把天下名山分为十大洞天、三十六小洞天、七十二福地，其中王屋山被列为"天下第一洞天"。

王屋山位于河南省济源市西北部，中国九大古代名山之一。中国最早的地理志《禹贡》记载，"以其山形若王者之屋"，因此得名。王屋山主峰天坛山，相传是中华始祖轩辕黄帝祭天之所。提到王屋山，很多人都会想到《愚公移山》这则故事。愚公要移的山，便是一条从王屋山主峰延伸下来的南北走向的大山梁。山梁西面是愚公村，东面是小有河。愚公村的人每天要翻越大山梁到小有河取水，非常不便，所以愚公带领子孙要移走它。

王屋山是道教主流全真派圣地，位居十大洞天之首。道教早期的著名人物，如"升仙太子"王子晋、"清虚真人"王褒、著名方士于吉、南岳夫人魏华存、道教理论家葛洪等都曾修道于王屋山。

4月10日

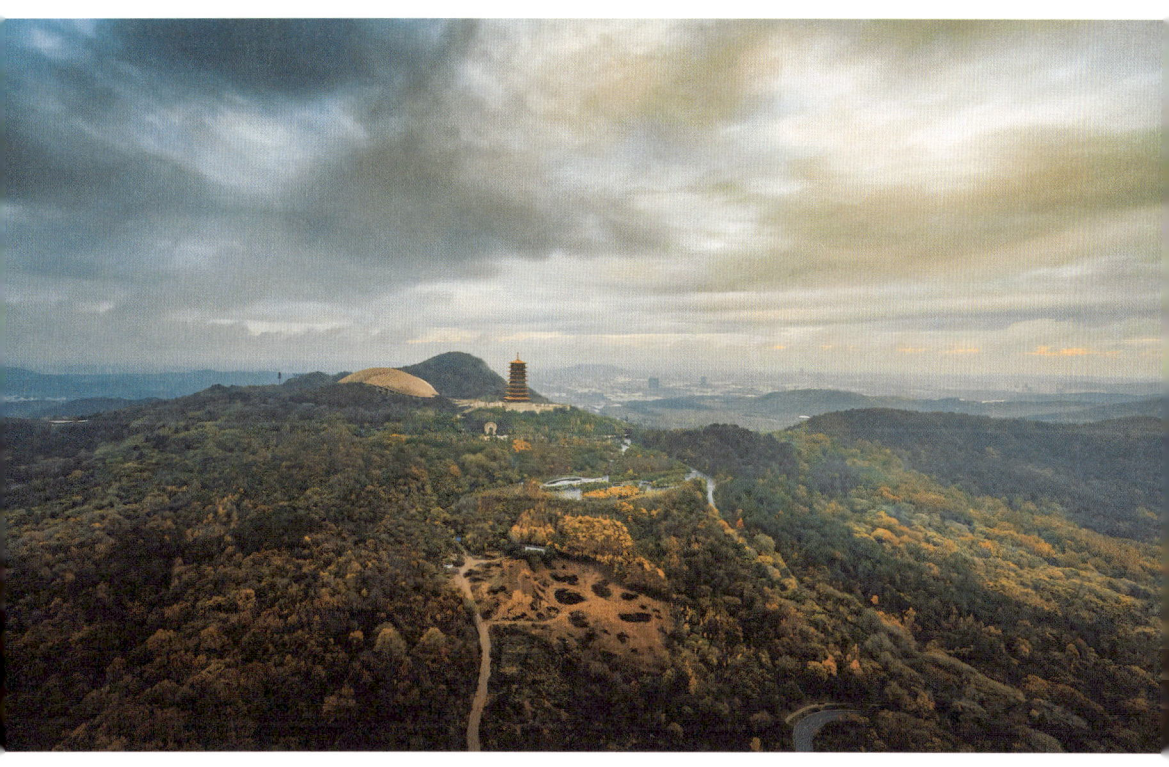

牛首山

江苏南京

牛首山山水秀美，"春牛首"自古被列为南京四时景序之首。

牛首山位于南京市城南中华门外，北连翠屏山，南接祖堂山，属于宁镇丘陵西段南支的低山丘陵，主峰海拔242.9米，因山顶有南北两峰对峙，状如牛头双犄而得名，与秦淮河、玄武湖、紫金山并列，同为金陵四大名胜。

牛首山是中国佛教名山，有寺院始于南朝，是"南朝四百八十寺"最集中之地，也是唐代最负盛名的三大道场之一。千百年间数次毁于战乱，又数次复兴。唐贞观年间，被誉为"东夏之达摩"的法融禅师受禅宗四祖道信的点拨，在幽栖寺北岩创立茅茨禅室，授徒传法，创立牛头禅宗。牛头禅是印度禅真正中国化的开始，牛首山也成为中国禅宗的重要起源地之一。2015年，这里举行了隆重的释迦牟尼佛顶骨舍利供奉大典，全世界唯一一枚佛顶骨舍利被迎请到牛首山，并永久供奉在佛顶宫。

4月11日

凤凰山

辽宁朝阳

辽宁省朝阳市佛教文化源远流长，自魏晋至辽代的700多年里，一直是东北亚佛教文化的传播中心，凤凰山就是这里的"佛教圣山"。早在1600多年前，前燕皇帝在这里修建了东北最早的佛教寺院——龙翔佛寺，号称"东北佛教文化祖庭"。从那时起，凤凰山的佛事活动昌兴不衰，佛教文化也得以不断传承，成为东北地区最重要的佛教道场。龙翔佛寺住持高僧昙无竭，曾率沙门弟子赴天竺取经，成为中国历史上最早西行求法僧人之一，早于唐玄奘207年。凤凰山还供奉着释迦佛与锭光佛两佛真身舍利，分别出土于朝阳北塔和朝阳南塔。

经过历代累建，凤凰山逐渐形成了三塔四寺的佛教建筑群落，三塔即摩云塔、凌霄塔和大宝塔，四寺为延寿寺、天庆寺、云接寺和华严寺。

4月12日

北武当山
山西吕梁

北武当山山间奇石林立，主峰四周几乎都是悬崖峭壁，只有一条人造天梯可以攀登。

湖北武当山闻名天下，在中国北方也有一座武当山——北武当山，位于山西省吕梁市方山县境内，是著名的道教圣地。北武当坐落于吕梁山脉中段，群峰耸峙，因形状像巨龙，故古称"龙王山"。唐朝时，真武显灵开始建庙，明代据"非玄武不足以当之"之意，更名为武当山，称北武当山，俗称"真武山"。

真武信仰盛行于明代。永乐年间，明成祖朱棣崇奉真武，将其封为北极镇天真武玄天上帝，并到处大兴土木、建造道观，在北武当修建造了玄天大殿等。至今，每逢真武大帝的诞辰日，朝山进香的男女老少都徒步拜谒，络绎不绝。北武当山附近还流传一段民谣：山西好风光，美景北武当；拜真武大帝，求一生平安；拜佛五台山，问道北武当；来到山西要登山，登山就到北武当……

4月13日

鸡足山

云南大理

位于鸡足山山顶的楞严塔，是一座十三层密檐式空心方塔，通体灰白，外形秀丽。

鸡足山位于云南省大理白族自治州宾川县，又名"九曲山""青巅山"，佛教八小名山之一，享誉东南亚和南亚地区，被称为"迦叶道场""光明世界"。鸡足山是一座多教派的佛教圣地，汉传密教、藏传佛教、藏传密宗、南传上座部和汉地禅宗融于一山，香客有来自国内汉族、白族、藏族、纳西族、普米族、傣族、傈僳族、彝族等各族和东南亚、南亚各国的信众。

明代以来，迦叶尊者入定鸡足山的说法开始在大理流传。嘉靖年间的《大理府志》这样描述鸡足山："岗峦奇诡，三峰偃仆，如鸡足然，顶有石门，俨如城阙之状，世传佛大弟子迦叶尊者守佛衣于此山，以待弥勒。"摩诃迦叶在佛教里具有重要地位，他是佛陀的十大弟子之一，禅宗第一代祖师。佛教典故中著名的"拈花一笑"就与迦叶有关。

4月14日

昆嵛山
山东烟台

神清观位于昆嵛山主峰泰礴顶之北，始建于金代。
摄影：十七

　　昆嵛山横亘于胶东半岛东部，原名"姑余山"，相传是寿仙娘娘麻姑得道飞升的地方。最高峰"泰礴顶"海拔923米，向东便是茫茫大海，千百年来烟霞缭绕，被誉为"海上诸山之祖"。作为胶东半岛东部地区面积最大、山势最雄伟的山系，昆嵛山不仅群峰绵延、风光俊美，而且历史悠久、文化灿烂。元代地理学家于钦编纂的《齐乘》称："南岱东沂之外，沂（沂水）之蒙山，密（诸城）之九仙，即墨之大小劳（崂），宁海之姑余（昆嵛山），般阳（淄川）之长白，皆三齐之高大名山也。"

　　昆嵛山是道教全真道的创派之所。金代，王重阳来到山东传道，率其七弟子在昆嵛山烟霞洞设坛讲道，由此创立了全真道，烟霞洞也成为全真道的"洞天福地"。烟霞洞在一片山岭环绕之中，是一块突兀而出的岩石形成的天然洞室。今人来到烟霞洞，仍能看见供奉于洞内的"全真七子"像，洞外是幽邃的山谷，每当遇着阴雨天气，山间云雾如浪，恍如仙境。

4月15日

九宫山

湖北咸宁

"庐山天下秀，钟灵数九宫"，九宫山佛教、道教文化兼具，无量寿禅寺作为阿弥陀佛的道场在国际上享有盛誉。

摄影：观星

九宫山位于湖北省东南部的咸宁市通山县境内，主峰海拔1656米，为幕阜山脉最高峰。作为中国道教名山之一，在历史上与华山、崂山、武当山齐名，属五大道场之一。《湖广通志》载："九宫山有九宫观，崇奉九真，以应九宫之名。"今天，在九宫山上依然能见到众多的道教遗址遗物，石匾、石象、石龙头、铁塔顶、金印、志书犹在。南宋时期，张道清被皇帝封为九宫山道派开山祖，他在九宫山建起三宫十二院，使九宫山成为历代朝野顶礼膜拜的香火圣地。供奉张道清的石殿称为"真君石殿"，始建于南宋，俗称"祖爷殿"。该殿曾得到六位皇帝的敕封，保存的张道清肉身六百多年不腐，可惜在太平天国时被战火所毁。九宫山虽屡遭兵火之灾，几度兴衰，但至今仍香火不断。

4月16日

瓦屋山
四川眉山

瓦屋山是中国第一、世界第二的平顶桌山。它的形状呈矩形，像一座大瓦屋，因而得名。

瓦屋山位于眉山市洪雅县西南部，与峨眉山并称"蜀中二绝"。相传，蜀国的开国之君蚕丛就葬在瓦屋山东岩，与他的家乡青神县遥遥相望。蚕丛死后被蜀人奉为青衣神，有"青羌之祀"的祭祀遗风，瓦屋山上也遗留了众多祭祀蚕丛的庙堂建筑群。

瓦屋山是道教发源地，相传太上老君在此升天。东汉年间，张道陵在此山下隐居、传道，并立天师道正式创立的宣言书《张道陵碑》于瓦屋山附近的竹箐关。至今，瓦屋山地区的许多居民仍供奉张天师的画像和符灵，这里还流传着许多神奇的传说故事。

4月17日

霍山
山西临汾

图为霍山南麓的广胜寺。

霍山位于山西省临汾市，又称"霍太山"，古称"太岳"。霍山是太岳山的主峰正脉，海拔2348米。它属于五镇之一的"中镇"，作为一方镇山来镇守地方、护佑国家，因而历代朝廷均遣官致祭，祭祀活动主要集中于霍山主峰老爷顶一带。自唐代以来，随着对佛教、道教的尊崇，中镇霍山境域的寺宇不断增多。史传唐高祖李渊父子起兵太原，师至霍州遭隋将阻拦，进退不能。关键时刻，幸得一位白发老翁指点迷津，因而获胜。唐太宗深信这位白发老者为观世音化身，登基后便在老爷顶山麓敕建了兴唐寺，以表达感激之情。

4月18日

香山
陕西铜川

香山上的大香山寺为南北朝苻秦时所建,盛于姚秦,因妙善公主的传说而成为佛教名寺。

香山位于陕西省铜川市耀州区,分为东、西、中三峰,三峰依次排列形似一座笔架,横置空中,故又名"三石山"。西峰海拔1430.6米,在三峰中最高、最美。登上山顶,但见松柏茂密,山势险峻,气象万千。铜川香山寺创建于南北朝时期,龟兹高僧鸠摩罗什曾在此翻译梵经。唐代时,武则天曾为香山寺题匾,唐太宗也曾在此山避暑。

当地传说,香山寺是妙庄王三女儿妙善公主的修行之地。昔日妙善公主因不满婚姻,毅然出家。初入四川遂宁白雀寺,庄王下诏召回,公主未曾归返。后白雀寺遭遇火灾,她依然坚守修行之路。庄王患病,需以亲人手眼为药,两位姐姐皆犹豫,唯妙善公主奉献一手一眼,疗愈了庄王。后庄王至香山还愿,妙善也被封为"千手千眼活菩萨",供奉于香山寺。民间尚有《香山还愿》一剧,传唱这一佳话。

4月19日

青虚山
河北保定

青虚山最高峰海拔998米,三座主峰和十几座峰林构成独特的地貌景观。

青虚山位于河北省保定市唐县,是华北著名的道教圣地。《唐县志》记载,此山"取四时之气清而煦,界入虚空,超然物外"而名,历经辽、元、明、清四个朝代,观庙星罗棋布多达100多处。相传,东晋著名道学家葛洪曾在此隐居修道,因此又名"葛洪山"。葛洪"幼年慕道,壮而出仕,老而归真"。他历游全国诸大名山,后被青虚山的景色吸引,隐于此山采药行医,炼丹治病。人们为了纪念他,为此山和附近的村庄取名"葛洪山""葛洪村"。青虚山中部叫上青虚,以玉皇阁为中心,两旁有很多跟葛洪有关的历史古迹,如浴丹井、洗心泉、晒艾台、仙人石等。山的下部叫下青虚,以留云院葛洪殿为中心。

4月20日

铁刹山

辽宁本溪

铁刹山是东北道教龙门派的发祥地,被誉为"东北道教第一山"。

铁刹山位于辽宁省本溪市,从东、南、北三面仰视均可望见三个顶峰,三三合而为九,故又名"九顶铁刹山"。铁刹山延袤数十里,太子河环流其北,八盘岭拱卫其南,主峰海拔912.9米。山势峥嵘突兀,绝顶凌空,诸峰如列笏朝天。中峰元始顶、北峰真武顶、南峰灵宝顶、东峰玉皇顶、本峰太上顶,奇峰峭拔、林木葱郁、古树参天。山中洞穴幽深,以云光洞为最大,传说,长眉李大仙曾在此修炼,杨金豹也曾在此投师学艺。明崇祯年间,道士郭守真入山居于云光洞内清修十余载,又收徒传教,开东北道教之始,后被尊称为东北道教始祖。

4月21日

兴隆山

甘肃兰州

兴隆山是距兰州最近的国家级森林公园，素有"陇右第一山"之誉。

兴隆山距甘肃省兰州市60千米，系祁连山山系东延部分。古代因该山"常有白云浩渺无际"而取名"栖云山"，清康熙年间取复兴之意，改名"兴隆山"。此山由东山和西山组成，东山被参天青松覆盖，坡急幽深；西山气势雄伟，峻峰高拔，山间云遮雾绕，缥缈如仙境，有"小蓬莱"之美誉。西山主峰"栖云峰"顶部的楼宇，就是著名的"栖云阁"。两峰之间为"兴隆峡"，有云龙桥横空飞架峡谷，山泉潺潺而下。

兴隆山自古是佛、道并存的宗教名山。据史料记载，西周时期，便有方士在兴隆山中隐居修炼；东汉末，山上始有庙宇建筑；唐贞观年间，山间曾大兴土木营建道观；宋代，山中宫观庙宇已星罗棋布，四时香火旺盛，被誉为"甘肃名山，兰郡胜境"；元代又有重修，因而成为西北道教名山之一。

4月22日

桃源山
湖南常德

沅江沿岸的桃源山一带，风景奇秀，吸引众多诗人登临，留下许多珍贵墨迹。

桃源山位于湖南省常德市沅江南岸，又称"黄闻山"。自东晋起便是沅澧流域道教文化的中心，洞天福地兼具。山中有水府阁、桃川万寿宫、桃川书院三大建筑群落。水府阁始建于明末，高踞桃源山之巅，有"潇湘第一阁"之美称；它下瞰沅江，东望洞庭，西顾壶头，江天辽阔。桃川万寿宫始建于晋代，原名桃源观，在唐宋时期香火极盛，有"四十八重庵，七十二座观，走马关山门"之盛况；北宋年间，宋徽宗钦题"桃川万寿宫"匾额，后牌匾毁于明清战乱；1992年，在原址上修复了桃川万寿宫上宫，主供三清道祖。深秋日落之时，桃源山前，白鳞洲横分沅江，落日映照江水，分外壮丽。

4月23日

鹿门山
湖北襄阳

千百年来，无数海内外香客云集于鹿门山，这里佛光高照，常有名僧在此主持佛事。

鹿门山位于湖北省襄阳市东南，北临汉水，南接坝山。旧名"苏岭山"，有"诗山""隐山""佛山"之称，峭壁苍苍，烟树茏荫，景色幽丽。坐落于鹿门山半山腰的鹿门寺是有名的佛教圣地，始建于东汉时期，山亦随寺名。西晋时鹿门寺改称万寿寺，唐代仍名鹿门，北宋政和年间最为兴盛，有佛殿、僧寮、斋堂等500多间。汉末名士庞德公，唐代著名诗人孟浩然、皮日休、唐彦谦相继在此隐居。庞德公不受刺史刘表数次宴请，携家登鹿门山采药不返；孟浩然官场失意幽居鹿门山，吟咏山水自得其趣；皮日休也曾忿栖鹿门山，可谓是"鹿门高士傲帝王"。

4月24日

莲花山
甘肃临夏

莲花山也是道教圣地，被称为"西崆峒"，是黄帝时的广成子修真地之一。

莲花山位于甘肃省临夏回族自治州康乐县境内，主峰海拔3578米。莲花山层峦叠嶂，状如万顷碧波，主峰石崖色淡红，宛如莲花出水，因而得名。这里是藏传佛教和汉传佛教圣地，唐初就是弘扬佛教的名山，文成公主进藏时，曾在峰顶修建文殊殿。藏传佛教的莲花生大士曾到莲花山弘扬佛法并加持该山，故还有一说认为莲花山的名字与这位藏传佛教的始祖有关。因莲花生大士亦称白玛噶拉尊，因此莲花山又叫"白玛山"。

莲花山也是民间歌曲"花儿"的故乡。每年6月，当地人会在此举行6天的歌会，"临夏花儿""洮岷花儿"与带拖腔的"莲花山令"均会在歌会上演唱。关于"莲花山令"，当地流传着这样的传说：有两位仙女手持莲花、彩扇上山赴会，忽然山风骤起吹落了莲花，仙女感到惋惜，每到歌后必唱"莲花呀、莲叶呀"，此后便成为"花儿"的一种特色歌令。

4月25日

阳明山

湖南永州

千百年来，阳明山一直是著名的佛教圣地，曾建有寺庵27处之多。

阳明山位于湖南省永州市市郊，属五岭山脉。阳明山犹如一道天然屏障，横亘于湘南与湘中之间，最高点"望佛台"海拔1624.6米。千百年来，这里一直是佛教圣地，位于阳明山腰的万寿寺，原名阳明山寺，始建于宋朝，重修于明朝。明嘉靖年间，秀峰禅师居于阳明山寺中，圆寂后其身不坏，供在寺内尊称"七祖"。此后这里便成了参禅拜佛的胜地。

阳明山地处华南、华东、华中三大植物区系的交汇点，分布有华南最大的华东黄杉和红豆杉群落。这里还有28类高山杜鹃，如满山红、鹿角杜鹃、云锦杜鹃等，还有阳明山特有的阳明山杜鹃。每逢5月前后，满山杜鹃尽情绽放，来此可观"天下第一杜鹃红"的盛景。

4月26日

委羽山

浙江台州

现在看到的委羽山大有宫修建于清代中叶，宫门两旁古柏成荫、参天蔽日。

委羽山位于浙江省台州市黄岩城南，为北雁荡之余脉，是道教名山。委羽山海拔只有87米，山形如龟状，故又称"龟兹山"，分金、木、水、火、土五峰。相传汉高祖刘邦第三子刘奉林在此修行，得道后驾鹤飞升，鹤掉落羽毛而得名"委羽"。据说委羽山是东王公修炼的岛屿，东王公是道教神仙体系里的男仙之首。唐代诗人顾况的《委羽山》古诗中有"昔人乘鹤玉京游，翾遗仙洞何悠悠。"这里有被道家称为"第二洞天"的"羽山洞"，号"大有空明洞天"的胜景，洞深不可测。始建于晋代的"大有宫"背依委羽山，千年间数度劫难，又多次修复重建。

历史上有不少名人为委羽山题写诗词，南北朝时期的谢灵运有"山头方石静，洞口花自开。鹤背人不见，满地空绿苔。"南宋杜范有"莫讶青山小，山因洞得名。仙人骑鹤去，留迹在空明。"古人称委羽山为"两晋无双地，南国第一宫"，正所谓山不在高，有仙则灵。

4月27日

西山

江西南昌

西山万寿宫是道教历史上的著名庙观，宋元时期"净明宗"在这里发源。

西山位于江西省南昌市新建区，古称"散原山"，又称"逍遥山"。初唐诗人王勃的《滕王阁序》有"画栋朝飞南浦云，珠帘暮卷西山雨。"其中的"西山"即为此地。西山是道教名山，为"三十六小洞天"之中的第十二小洞天，"七十二福地"之中的第三十八福地。据《西山万寿宫通志》载，晋代南昌人许逊曾入仕担任县令，居官清廉、除害兴利、造福于民。后弃官东归，在此修身、炼丹，创"太上灵宝净明法"，后飞升成仙，被尊为许真君。后人为纪念许逊，立"许仙祠"，后改名"万寿宫"。宫内有三棵植于晋代的参天古柏，其中正殿前右侧的一株相传为许逊手植，至今苍劲葱茏。

4月28日

麻姑山
江西抚州

麻姑仙踪遍天下，麻姑山是麻姑文化的中心。

麻姑山位于江西省抚州市南城县，道教名山，为道教第二十八洞天、第十福地。因道教女仙麻姑在此得道升仙而得名。在道教庞大而神秘的女仙谱系中，麻姑被尊奉为麻姑元君，地位非常崇高。"麻姑献寿"是中华寿文化的标志性符号之一，"沧海桑田"的传说则造就了不胜枚举的文艺作品。

唐代大书法家颜真卿曾任抚州刺史，深结道缘。神奇瑰丽的麻姑传说和麻姑山碧水丹山的景色激发了颜真卿的创作热情，使他写出了流芳千古的《麻姑仙坛记》，"非夫地气殊异，江山炳灵，则曷由篡懿流光，若斯之盛者矣！真卿幸承余烈，敢刻金石而志之"。这不仅是书法史上的经典作品，还是一篇重要的道教历史和麻姑文化的文献。

4月29日

天台山
四川成都

天台山山体由西南向东北倾斜成U字形，山势亦由低到高成三级台地，故有"天台天台，登天之台"之说。

天台山位于四川省成都市西南的邛崃市，处于成都市与雅安市交界处，属邛崃山脉。相传大禹治水时曾选此山为台登高祭天，故得"天台"之美名。汉代，道家在此相山凿洞，筑坛祭神。南北朝时期，西游僧人普达舍耶云游到此，创建了天台佛寺。初唐时当地官员尊崇道教，因而天台山以道家势力为大。五代时，天台山又修了一座规模宏大的城隍庙。宋朝，天台山出现儒、佛、道三教并存的局面，三教争山夺林、各营院园，道观、佛寺、官房多达百余处，出现了州通判驻山主政之事。天台山还保留着国内唯一的宗教法庭——和尚衙门，南宋诗人陆游就曾执掌参与和尚衙门的调解工作，处理各宗派纷争。

邛崃天台山还是亚洲最大的萤火虫观赏基地、全球八大萤火虫观赏基地之一，这得益于清新的空气、洁净的水质和茂密的森林。

4月30日

云居山
江西九江

云居山的真如禅寺自建寺以来秉承"一日不作，一日不食"的农禅家风，使得千年丛林仍然古风犹存，成为佛教"三大样板丛林"之一。

云居山位于江西省九江市永修县，属庐山余脉，是佛教名山。云居山处在南来北往高僧行脚的必经之路上，原名"欧山"，因山上常常云蒸霞蔚、宛若天境，遂名"云居"。唐朝中期，道容禅师开山立寺，晚唐时南禅鼎盛，道膺禅师入山弘法近30年，承曹洞禅风，授徒千余人。"曹洞宗"是中国佛教禅宗五宗之一，而云居山真如禅寺被认为是曹洞宗的祖庭。明清以来，云居道场几经衰落，所幸有高僧虚云大师整顿云居禅林，复兴云居道场。

历代文人墨客也相继前来，参礼云居山，登临游览，留有咏题。北宋著名高僧佛印，一生四度驻锡云居山，宣扬禅法，苏轼、黄庭坚、王安石等友人也相继来此造访。其中，苏东坡与佛印禅师的真挚友情尤为后世传颂，不仅见于趣闻轶事中，还体现在云居山的景点间，如"碧溪桥""谈心石"等。

5月1日

武功山
江西萍乡

武功山上海拔1600米以上的高山草甸绵延不绝，5～9月是绿草甸，其他的几个月是金草甸，如果下雪，还会是白草甸。

武功山位于江西省萍乡、吉安、宜春三市的交界处，主峰白鹤峰（金顶）海拔 1918.3 米。"衡首庐尾武功中"，说起江南三大名山，人们多知衡山、庐山，而鲜有人知武功山。武功山最独特的景色是云中草原，同时它还汇聚峰、洞、瀑、石、云、松、寺七大景观于一体。秋冬季节，在天晴、水汽充足且温度低的气候条件下，能同时看到壮丽的日出和云海——日出日落"如金在冶"，蒸腾云海"浓勃奔驰"。武功山的星空也是一绝，白天鲜花遍野，晴空万里，夜晚星空璀璨，近若咫尺。

除了自然美景，武功山还有深厚的人文底蕴。主峰白鹤峰上，有 1700 余年历史的江南古祭坛群，堪称江南古代祭祀文化的"活化石"。它们沿山势而建，采本地花岗岩堆积而成，气势磅礴，仿佛以一种神秘的威严注视着芸芸众生。

5月2日

天柱山
安徽安庆

在广阔的江汉、江淮平原交会处，天柱山陡然兀起，地质学家给天柱山起了一个很酷的别名——世界最美花岗岩之山。

安徽的简称"皖"，最初是一座山的名字，这座山就是天柱山。天柱山位于安徽省安庆市和潜山市西部，又称"皖山""皖公山""潜山""古南岳"等，是大别山的东部余脉。白垩纪时期，地质构造运动导致岩浆喷发，大量花岗质岩浆入侵，形成天柱山广泛分布的花岗岩体，再经过大自然的长期雕琢，形成了今日雄伟奇特的山势。天柱山的主峰为天柱峰，海拔1488.4米。它突兀于群峰之上，如天柱般拔起500余米，雄居云间、嶙峋峭绝。天柱峰周围千峰竞奇，雄奇灵秀，古松苍劲，云来雾往时胜似仙境。

由于地质构造活动及长期的风化剥蚀作用，造成了花岗岩峰林的崩塌脱落，形成了这里星罗棋布、形态各异的奇石和奇峰。人们根据这些石峰独特的形状，富有想象力地赋予它们飞虎、天狮、麟角、覆盆、五指、仙鼓、仙拳等形象化的名称。这些便是天柱山石韵的展现，独特而神奇，充满了自然的魅力和无尽的遐想空间。

5月3日

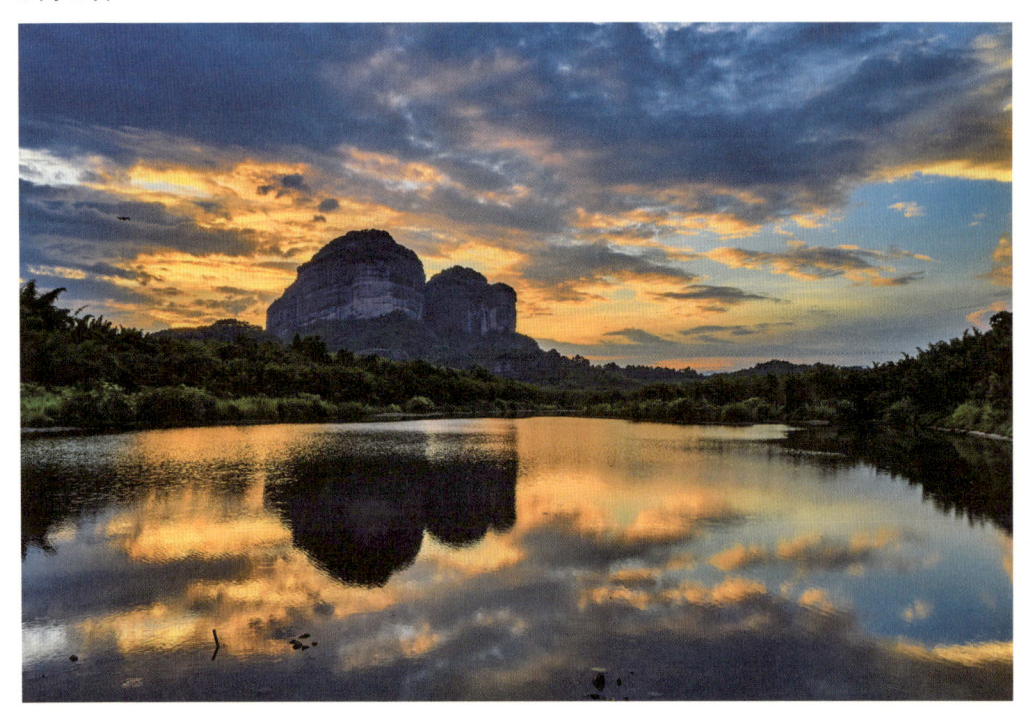

丹霞山
广东韶关

丹霞地貌是一种独特的红层地貌和景观,"色如渥丹,灿若明霞"。

丹霞山位于广东省韶关市仁化县,为广东四大名山之首。在世界已发现的1200多处丹霞地貌中,丹霞山是发育最典型、类型最齐全、造型最丰富的丹霞地貌集中分布区。丹霞山的地貌中,赤壁丹崖特色突出,由680多座顶平、身陡、麓缓的红色砂砾岩石构成,形状有石峰、石墙、石柱、天生桥等,山石错落有致,群峰如林岿然兀立。如果遇到连绵阴雨,云海如同丝带缭绕在僧帽峰、天柱石、姊妹峰、观音石周围,气象万千,变幻无穷。

丹霞山也是"丹霞地貌"的命名地。1928年,地质学家冯景兰对丹霞山一带的红色地层考察后,首次将其命名为"丹霞层"。后来,地质学家陈国达多次考察丹霞山,于1938年提出"丹霞山地形"概念。1939年,陈国达把与丹霞山性质相同的地貌命名为"丹霞地形"(即丹霞地貌)。2010年,广东丹霞山连同贵州赤水、江西龙虎山、福建泰宁、湖南崀山、浙江江郎山共同组成"中国丹霞"系列,成功入选《世界遗产名录》。

5月4日

白石山
河北保定

白石山奇峰如簇、峭崖险峻，山上奇石百态、光怪陆离，有华北面积最大的落叶松林和红桦树林。

白石山位于河北省保定市涞源县，属于太行山脉的一部分，海拔2096米。白石山由100余座山峰组成峰林地貌，错落有致，因山体通显白色而得名。白石山被誉为"北方第一奇山"，是中国唯一一处由白色大理岩形成的石质峰林。它的山体高大、少曲线、多棱角、高差大、岩石密度大，有"三顶、六台、九谷、八十一峰"，主脊线长7000余米。独特的地理位置和长期的地质构造运动，形成了白色大理岩的"双层结构"，遗留有最古老的叠层岩化石、古地震遗迹和水文地质遗迹。白石山常有壮美的云海，时而聚拢成团，时而如丝滑动，有时还能看到"佛光"式的天象景观。山中还有超长的悬空玻璃栈道，将白石晴云、姜太公钓鱼、双雄守山等"白石十二景"串联起来，移步换景、美不胜收。

5月5日

天子山
湖南张家界

天子山的大部分景区都是由石英石构成的砂岩峰林地貌，风光原始自然，全无人工雕琢痕迹，被誉为"峰林之王"。

天子山位于湖南省张家界市武陵源区东北部，因明初土家族领袖向大坤自号"向王天子"而得名，是武陵源区四大风景之一。最高峰为昆仑峰，海拔最高为1262.5米。御笔峰峰高100余米，数峰参差并列，靠右的石峰像倒插的御笔，靠左的石峰似搁笔的"江山"，错落有致。石峰最密集的区域是"神堂湾"，这是一个天然的半圆形天坑，三面悬崖峭壁，仅有一面缺口可供人俯瞰。湾内深不见底，神秘莫测，有时霞光万道，有时又雾雨绵绵。更令人称奇的是，只要靠近潭边，耳边便隐隐约约响起一片鸣锣击鼓、人喊马嘶的声音，似有千军万马在鏖战，被称为"神堂湾的回声"。

5月6日

云台山
河南焦作

云台山最绝的是瀑布。高山在地壳运动的作用下被一掰两半,形成深邃的裂谷,为水流创造了极佳的"跳台"。

云台山位于河南与山西交界处,属太行山余脉,因险峻山势和常年云雾缭绕而得名"太行明珠"。云台山主峰茱萸峰仅1304米,海拔虽不高却有独特的魅力。在这里,丹霞地貌塑造出奇山峻峰,红石峡更是中国北方罕见的丹霞地貌峡谷。山间充沛的水源与独特的地形,形成"三步一泉,五步一瀑,十步一潭"的水景,或气势磅礴,或宛若锦缎。老潭沟的"天瀑"是名副其实的百丈高瀑,被誉为"华夏第一高瀑",一级落差高达314米。瀑上云雾升腾,瀑侧彩虹横空,大雨时它便以"银河落九天"的磅礴气势凌空而下,极为壮观。

5月7日

四姑娘山
四川阿坝

四姑娘山常年被冰雪覆盖，从远处看就像四位美丽的白衣仙女。

我们都知道"蜀山之王"是贡嘎山，那么"蜀山皇后"是谁呢？它就是四川第二高峰四姑娘山。此山位于四川省阿坝藏族羌族自治州小金县，属邛崃山脉。山如其名，四座连绵的山峰分别是幺妹峰、三姑娘山、二姑娘山、大姑娘山，主峰幺妹峰海拔 6250 米。这里风光秀丽，不仅有雪山草甸、冰川湖泊、原始森林和珍稀的野生动植物，还是登山爱好者的"梦中情人"，1982 年被列为中国首批对外开放的十大登山名山之一。除了四座山，四姑娘山还包括三条沟，分别为双桥沟、长坪沟、海子沟。沟内曲折幽深，草木相间，清澈的溪流潺潺不绝，云雾缭绕，宛如仙境。

5月8日

白云山

河南洛阳

白云山重峦叠嶂，云雾缭绕。山上的玉皇阁，是中国海拔最高的道教圣地，至今香火旺盛。

白云山位于河南省洛阳市嵩县南部，属伏牛山脉腹地。白云山拥有数十座海拔超1500米的奇峰，突兀险峻，常年白云萦绕，因此得名。主峰"玉皇顶"海拔2216米，是中原地区观赏云海和日出的好去处。白云山七峰中的"白云峰"，相传为白蛇修炼之所，仙山灵气犹存。"鸡角曼"位于白云山东南，峰岭峻峭，藏有"锣鼓洞"，据说若闻洞中锣鼓铿锵、琴声悠扬，则是年丰时稔的好兆头。白云山与黑云山相对，两山一经乌云笼罩必有倾盆大雨，当地民谣有"白云山白云飘，清风细雨润禾苗；黑云山黑云罩，狂风暴雨必来到"，就是对这一现象的形象描述。

5月9日

海坨山

北京

海坨山的冬、春、秋季可观"海坨戴雪",夏季可观"海坨飞雨"。

海坨山位于北京西北部的八达岭之外,呈西南—东北走向,是北京与河北的自然分界。主峰小海坨海拔2241米,是北京地区的第二高峰。海坨山不仅是地理的界标,更是自然生态的宝库。这里拥有北京周边地区最完整的自然生态系统,山高林密,古木参天。原始次生油松林保存完好,成为华北地区唯一的大片天然油松林,为这片土地增添了独特的韵味。此外,茂密的核桃楸、椴树、白蜡、榆树、桦木等树种交错生长,共同构成了华北地区典型的天然次生阔叶林,为野生动植物提供了丰富的生存空间。

海坨山有一个平缓的大草甸山顶,夏季时,金莲花、黄花菜、手掌参、地榆、拳参、山丹等争奇斗艳,铺满原野,宛如一幅生动的自然画卷。登上主峰,极目远眺,山下村镇尽收眼底。无论是远足登山,还是静心赏景,海坨山都能给人无尽的惊喜。

5月10日

芦芽山

山西忻州

在芦芽山顶部约6平方米的石坪上,有一座正方体石砌建筑"太子殿",因其位居群山之巅,故数十里外都可看见。

芦芽山位于山西省忻州市宁武县,吕梁山北端,晋西北腹地,因山形似芦芽而得名。芦芽山是管涔山主峰,险崖丛生,一座座危岩拔地而起,如刀砍斧削。山脚下是以白杆为主的针叶树、阔叶树混交林,伟岸的云杉、苍劲的五针松、挺拔的山杨、秀丽的冷杉、端庄的白桦,错落有致地点缀在山间。

芦芽山上的"万年冰洞"是一个晶莹剔透的冰雪世界,它形成于新生代第四纪冰川期,距今已有300多万年的历史。洞中的冰都附着在石灰岩上,长年不化,在已开发的近百米冰洞中,冰帘、冰针、冰花、冰葡萄等让人目不暇接,冰钟乳石、冰结晶片等让人眼花缭乱。

"万年冰洞"是中国目前发现的最大冰洞,也是在永久冻土层以外发现的巨大冰洞,它为地质学和冰川学研究提供了宝贵的实物资料,也吸引了众多游客前来探索和观赏。

5月11日

天桂山
河北石家庄

天桂山地质体为古老的寒武纪泥质条带灰岩、竹叶状灰岩等，是典型的喀斯特地貌。

天桂山位于河北省石家庄市平山县西南，主峰海拔1270米，有"皇家道院""北方桂林"之称。天桂山南坡缓和，北坡为百丈深崖。山势俊秀，奇峰突起，怪石林立，洞泉遍布。诸峰奇姿异态，有利剑峰直插云际，挺拔孤高；有母子岩绝壁天堑，形若母子相偎，惟妙惟肖。

崖壁间多天然石洞，其中"藏风洞"四壁石乳如花，怪石酷似人、兽、鱼、禽，栩栩如生；"三眼洞"内清邃幽深，绮丽奇特，颇为引人入胜。登临山顶，东为岗南水库，西望太行诸峰苍茫无际。山麓有座"青龙观"，规模宏伟，掩翳于林丛雾海之中，为明崇祯时官员林清德出家之所。最高峰"玄武峰"上有全国五大金顶之一的"天桂金顶"。

5月12日

小武当山

江西赣州

江西拥有中国数量最多的丹霞地貌。小武当山的数十座丹霞奇峰突兀挺拔、岩壁陡峭,犹如一幅美妙的画卷。

小武当山位于江西省最南端赣粤交界处的龙南市,又称"南武当山"。小武当山主峰海拔864米,九十九座奇峰平地突兀而起,绵延十数千米,形成丹霞峰林长廊。小武当山自然风光独特,有典型的丹霞石林奇峰地貌景观,景色壮丽。"武当峰"与"将军峰"并列而立,两座山峰与周边平地相对高差达380米。从山下仰视,两峰如空中飞来的两头巨象,故名"双象凌空"。由一大五小六座山峰构成"五女拜寿",宛若五位身披云羽霓裳的美丽仙女,正向王母娘娘叩拜祝寿,惟妙惟肖。小武当山的佛教文化历史悠久,峰顶的"武当圣庙"始建于明代崇祯年间。该庙的开山祖师映莲和尚佛法高深,佛、医、武皆精,其传奇故事为小武当山增添了几分神秘色彩。

5月13日

江郎山

浙江衢州

这三块挨得很近却互不相连的大石头就是江郎山上著名的"三爿石"。

江郎山位于浙江省衢州市西南的江山市，地处浙江、福建、江西三省要冲，古称"玉郎山""金纯山"。江郎山的老年期高位孤峰型丹霞地貌世界罕见，由"三爿石"组成的"川"状奇山拔地如笋，摩云插天，远远就能望见它们高大挺拔的身影。这里的"一线天"，高312米，长298米，最窄处不足4米，为中国之最。此外，惊险陡峻的郎峰天游、千年古刹开明禅寺、千年学府江郎书院，以及霞客游踪、洞岩钟鼓、仙居剑瀑等诸景亦各有风姿。

明代徐霞客曾三游江郎山，留下游记2600余字，称赞江郎山"移步换形，与云同幻矣"。2010年，江郎山作为最古老的丹霞地貌之一，与广东丹霞山等六处丹霞地貌共同入选《世界自然遗产名录》，代表了中国丹霞地貌的杰出地位。

5月14日

万佛山
湖南怀化

万佛山广布着尖锥状丹霞峰林、丹霞峰丛、丹霞赤壁、风化洞穴、石墙、峡谷、崩积岩群等地质遗迹。

万佛山位于湖南省怀化市通道侗族自治县,地处湖南、广西、贵州三省交界处,主峰海拔597.9米。万佛山群峰挺立,植被丰茂,象形景观众多,是中国大型的丹霞峰林地貌之一。其中,"独岩挺秀""七星古庵""福地洞天""雄狮望月""擎天一柱""美女望夫""神州海螺""金龟觅食""天生鹊桥""三十六弯森林迷宫",被誉为万佛山的"十大绝景"。登至山顶,临峰俯瞰,万座丹峰层峦叠嶂,环绕于万佛山四周,正如万佛朝圣一般,蔚为壮观。此景也更能让人领会到万佛山其名之深意:心中有佛,满眼皆佛。

5月15日

海子山
四川甘孜

图为海子山的姊妹湖。

海子山位于四川省甘孜藏族自治州理塘与稻城两县之间。海子山平均海拔4500米，最高峰"果银日则"海拔5020米。"海子"是藏族民众的一个常用词，用于指高海拔地区景色秀美、水质清澈的湖泊。据统计，海子山共有1145个大小海子，其规模与密度为中国之最，海子山之名也因此而来。海子山上最大的海子为"兴伊措"，海拔4420米，是藏族民众心中的圣湖。海子山上还遍布有石河、石海，是喜马拉雅造山运动与冰川作用的结果。这里保存了青藏高原上最大的古冰体遗迹，大小不同的石头和形态各异的海子都是大自然的杰作。

5月16日

伏波山
广西桂林

图为伏波山下的伏波将军马援铜像。

伏波山位于广西壮族自治区桂林市漓江之滨，是一座傍水的孤峰。伏波山孤峰挺秀，西着陆地，东枕漓江，遏阻江流，形成深潭，古人称"伏波胜境"。每年春夏，江水暴涨，山麓遏阻急浪狂澜，使江水倒转回旋，似有降伏波涛之力，故得名伏波山；另有一说认为，是因汉代伏波将军马援南征时途经此地而得名。山的东面有临江回廊和依崖而建的"听涛阁"，西面有登山石阶，可达半山亭和山顶，登高眺望可观桂林清秀如画的水光山色。伏波山东麓，还有著名的"还珠洞"摩崖造像。唐代称"东岩"，洞门面江，古人渡舟出入游览。宋时开凿西洞口，现今又在南麓增辟出入口。还珠洞玲珑通透，临江的试剑石尤为奇特，离地空隙如用剑砍成，古人形容它"悬空而下，状若浮柱"。洞中还有刻于石壁上的米芾自画像，像高 1.2 米，神态自若，风度潇洒。值得一提的是，米芾是最早画桂林山水的人，遗憾的是他所画的《阳朔山图》在明代前便已遗失。

5月17日

崀山

湖南邵阳

崀山的丹霞地貌色彩艳丽、气势恢宏，著名地质学家陈国达评价崀山为"丹霞之魂，国之瑰宝"。

崀山位于湖南省邵阳市新宁县崀山镇，地处南岭山系的低山丘陵河谷区，被誉为"山之良者"，古人特创"崀"字命名。崀山拥有完整的丹霞地貌遗迹，涵盖所有26种类型，以壮年期峰丛地貌最为典型，老年期地貌沿扶夷江两岸分布。崀山的象形地貌丰富，包括象形峰林（如鲸鱼闹海、十八罗汉）、象形峰丛（如骆驼峰、紫薇山）、象形孤峰（如辣椒峰、蜡烛峰）、象形石柱（如将军石、拇指石）等。其中，"将军石"宛若真人，为世界最大、最逼真的自然石像；"鲸鱼闹海"则气势磅礴，为全球最壮观的象形丹霞峰林。崀山的丹霞山峰形态多样，数量庞大，象形度极高，极为罕见。

5月18日

螺髻山
四川凉山

螺髻山位于四川西部的凉山彝族自治州普格县，因酷似古代少女青螺式的发髻而得名，被誉为"第四纪古冰川天然博物馆"。螺髻山上的冰川湖泊尤为独特，当地人亲切地称为"海子"或"天池"。其中，"牵手湖"最为有趣，随季节和水量变化，两湖时而相连，时而分离。螺髻山保存有丰富的第四纪古冰川遗迹，如清水沟北壁的古冰刻槽，所见长度达35米，是迄今世界规模最大的巨型刻槽。槽中有古冰川作螺旋式推进碾磨岩壁的清晰擦痕，是冰川运动留下的壮观印记，也是螺髻山的绝景之一。山中随处可见高达百米的古冰坎、光滑洁净的羊背石、如刃脊锯齿的冰碛、形态万千的角峰等，都展现着当年冰川运动的磅礴气势。

螺髻山的海子共有33个，大多沿主山脊东、西两侧呈群状分布，如珍珠般镶嵌在山中，波光粼粼、温婉静美。图为水草湖。

5月19日

牛背山
四川雅安

牛背山视野开阔，四周群山连绵不断，错落有致，被誉为"360度全方位的中国最大观景平台"。

牛背山位于四川省雅安市，属于二郎山南延山岭，海拔3666米。因山顶悬崖有巨石凸出，酷似牛头，山脊细长又似牛背，因而得名。山岭总体为南北走向，是青衣江、大渡河的分水岭，荥河的发源地。站在牛背山山顶向四周望去，可饱览贡嘎雪山、峨眉山、四姑娘山等群山峻岭。因山高谷深、林木茂盛，大气层结稳定，水汽不易蒸发，故云海亦为这里的一大奇观，尤其是在春、秋两季。在夜幕下，一望无际的云海如瀑布般倾泻翻腾，美不胜收，仿佛置身于人间仙境。然而，夏季的牛背山虽山花烂漫，却因铁矿丰富、导电性强，成为雷暴高发区，游览时需特别小心。

5月20日

白云山
福建宁德

壶穴这一奇特的地貌现象，在宁德白云山得到完美的展现。

白云山位于福建省宁德市，因白云常绕而得名，主峰海拔1450米。宁德白云山被誉为"壶穴博物馆"，壶穴是一种晶洞碱长花岗岩河床侵蚀地貌。在白云山，发育于蟾溪河谷基岩河床上的石臼尤为引人注目。这些由跌水冲蚀、流水底蚀、漩涡流侵蚀形成的数千个大小不一的石臼，有的坦露于基岩河床、有的散落于河床基岩阶地、有的高居于河床岸壁、还有的深藏于河床巨大滚石堆下，数量之丰、个体之大、形态之多为世间罕见。

在白云山九龙洞区域，河道上遍布着形态各异的石臼，它们或像缸、或像盆、或如柱、或似壶，犹如现代派雕塑的艺术殿堂。曼妙的水和奇崛的石完美结合，不禁让人感叹造化的神奇。相传，这里是缪仙公收服九龙之地，留下了"宝甲石""龙爪石"等带有神奇色彩的遗迹，令人遐想无限。

5月21日

五大连池火山群

黑龙江黑河

图为五大连池火山遗址风光。这里原本是一片苍茫无际的荒野，160万年前第四纪火山活动开始后，一座座火山锥拔地而起，打破了荒原的寂静。

五大连池火山群位于黑龙江省黑河市，坐落于五大连池市北部，毗邻讷谟尔河畔。这里汇聚了世界上最完整、分布最集中、种类最齐全、状貌最典型的新老期火山地质地貌，被誉为"天然火山博物馆"。火山喷发的滚滚熔岩把讷谟尔河的支流白河拦腰截断，形成五座彼此相连、宛如串珠般的火山堰塞湖，人们称之为五大连池。它们点缀在14座火山之间，与广袤的玄武岩台地融合在一起，构成一幅奇特的山、水、石画卷。

14座火山里，较年轻的"老黑山"最受游客喜爱。它因火山喷发时，炽热的岩浆将原本植被茂密的山峰化为焦炭状而得名。老黑山上，满山散落的黑焦色火山浮石和生机勃勃的苍翠火山杨，共同构成一道独特的火山风景。老黑山下的"石海"也蔚为壮观，那黑黑的熔岩以波涛汹涌的气势向前流动，当遭遇倾盆暴雨时，熔岩便瞬间凝固，形成大小不一的岩石，宛若被时间封印的浪花，静静诉说着火山的故事。

5月22日

望天鹅山

吉林白山

望天鹅山峡谷汇集各类奇石瀑布。黝黑的岩壁表面遍布的流水,恰似繁星纷纷坠落。狰狞的岩石,曲折的岩面,使得流水数十次地坠落和弹起,跌宕起伏,跳跳荡荡,一路坠入岩下。

望天鹅山位于吉林省白山市长白朝鲜族自治县,地处长白山腹地南侧,距离天池仅 32 千米。望天鹅山主峰海拔 2051.4 米,是东北第二高峰。从远处眺望,它的山形宛若一只昂首向天的天鹅,因而得名。这座山是一座巨大的中心式喷发和溢流的玄武质火山锥,火山地质遗迹和景观非常独特。橄榄玄武岩、粗晶玄武岩、气孔玄武岩、黑色致密块状玄武岩、灰色板状鞍山玄武岩和普通玄武岩,在火山活动后的急剧冷凝的过程中,形成了石壁、柱峰等各种柱状节理发育,造就出"千柱峰""千钧一发"等十大石景,吸引成千上万的游客前来探秘。

5月23日

翠华山
陕西西安

翠华山是中国山崩地质作用发育显著的地区之一，其山崩地貌类型包括堰塞湖、堰塞坝、崩塌石海等，同时还有滚石带和临空面等特征性地貌。

翠华山位于陕西省西安市长安区太乙宫镇，系终南山的一个支峰，位于秦岭北麓，距西安市区20千米，主峰海拔2604米。因汉武帝曾在这里祭祀过太乙神，故又名"太乙山"。山腰有"翠华庙"，内供翠华姑娘塑像。民间传说翠华姑娘为争取自由婚姻，逃奔于此，后成仙而去，此山因此得名。

翠华山的山崩地貌类型丰富、结构典型、规模巨大、保存完整，被称为"中国山崩奇观""地质地貌博物馆"。山崩造就了风洞、冰洞、一线天、石墙和"太乙真人""天堑石海""卧驼""卧虎守台""双鱼闹海""金蝉脱壳""银蟾负子"等奇石异洞景观。其中，"太乙真人"这一景观，是由山崩形成的独特残峰，它孤立于其他山峰之外，昂然矗立，面向群山。这个名称来源于民间传说，相传有仙人太乙真人曾在此处驻足，久久不愿离去，故得此名。

5月24日

大明山

浙江杭州

大明山距黄山仅70千米，气候条件及地质条件与黄山十分相似。它山色黛然若黛，宛如国画中的泼墨山水。

大明山位于浙江省杭州市临安区西南部，被誉为"小黄山"。相传，大明山原本叫"日月山"，因地势险要、易守难攻，朱元璋选择在此屯兵驻扎、图谋大业，此后便改名"大明山"。大明山山形平缓，林木葱郁。山的南侧有几座海拔1400米以上的高峰和三处1100米以上的高山盆地，均由变质砂页岩及变质火山岩组成。溪水在高山盆地中慢慢流淌，一旦进入花岗岩区便飞流直下，形成千姿百态的飞瀑。山中还有一处地形平缓、群山环抱的小型山间河谷盆地，土层深厚，水草丰盛，因曾开垦出良田千亩而得名"千亩田"。如今山坡上草深林茂，野花遍地。在嵯峨挺拔的万仞崇山之间，还隐藏着质朴幽静的山谷盆地风光，令人叹为观止。

5月25日

腾冲地热火山群

云南腾冲

云南腾冲的地热火山群称得上是中国最为"热辣滚烫"的山。

腾冲地热火山群位于云南西部，地处欧亚与印度板块的碰撞带。腾冲地热火山群拥有68座新生代火山和139处温泉，其中10余处温泉的水温超过90℃，是中国西南最典型的第四纪火山，也是世界上火山与温泉分布最密集的地区之一。这里是中国西部著名的地震活动区，火山、地热、温泉和地震活动并存，构成独特的自然景观。游客可以登上高100米的大空山火山锥，俯瞰其他火山，领略火山地貌，也可下至火山口底部捡拾火山浮石。在热海地区，沸喷泉、喷气孔等地热景象令人惊叹。其中一处形如蛤蟆嘴的沸喷泉，出水温度高达95.5℃。沸水斜射，仿佛几只蛤蟆在喷云吐雾。明代地理学家徐霞客曾描述此地"遥望峡中蒸腾之气，东西数处，郁然勃之，如浓烟卷雾"。碳酸和硫黄泉区生机盎然，而硫酸泉区则热气腾腾，地表裸露、寸草不生，成为天然的"禁区"。

154

5月26日

仙华山

浙江金华

仙华山上的奇峰皆灵秀动人，斑斓的峭岩间常有云雾升腾缭绕，缥缈若蓬莱。

仙华山位于浙江省金华市浦江县北部，又名"仙姑山"。主峰"少女峰"，海拔728米，相传轩辕黄帝的幼女修真得道于此，有江南"第一仙峰"之称。仙华山山势如五笔朝天，芝掌浮空，有奇峰二十余座，森列峭拔，四面成形，千姿百态。山体又可分为东、西两部分：西部十一峰以"华柱峰"为主，粗壮稳健，尽显雄浑之势；东部十峰以"少女峰"为首，峰高而形奇，以奇险见长。其中，"少女峰"极为险削，有蹬道铁链可供攀登。顶有坪台，晴光灿烂时，四周是苍翠的绿波，而峰顶却红光闪烁，此即仙华八景之一的"华柱丹光"。

5月27日

碧罗雪山
云南怒江

怒江在碧罗雪山和高黎贡山夹峙下奔腾而过,形成300多千米长的大峡谷。

碧罗雪山东临澜沧江,西止怒江,与高黎贡山隔怒江相望,属怒山山脉的一部分。金沙江、澜沧江、怒江从青藏高原一路向南,并行奔流十数千米,担当力卡山、高黎贡山、碧罗雪山、云岭纵贯排列,形成罕见的"四山夹三江""三江并流"的世界自然奇观。怒江东岸碧罗雪山的峡谷高差达4000多米,平均高差3000多米,山谷幽深,危崖耸立,水流在谷底咆哮怒吼,"怒江"之称名不虚传。

碧罗雪山腹地有无数的高山冰湖。这些湖大都分布在海拔3500米以上的地带,最高的接近4000米,人迹罕至,美如仙境。其中,"七莲湖"的七座小湖如七朵盛开的雪莲,散落在巍峨的群山之间。湖水来自消融的冰雪,水质清澈,当地人又称它"迷人湖"。由于地势险峻,碧罗雪山中还有许多尚未被发现和命名的高山湖泊。

5月28日

黛眉山
河南洛阳

在黛眉山，地质遗迹随处可见，波痕石是历经亿万年的磨炼而形成的。

黛眉山位于河南省洛阳市新安县，地处秦岭与太行山之间，被黄河三面环绕，山势险峻，景色奇特。这里拥有红岩嶂谷、交错层理、波痕沉积、泥裂构造、崩塌地貌、碧水峡湾等地质遗迹，记录了数亿年的沧桑巨变，也呈现了古海洋潮涨潮落、山崩地裂的壮观场面，是华北古海洋沉积特征的"天然博物馆"。其中，"天使之吻"和"草原神门"等景点独具特色，吸引了众多游客前来游览。黛眉山有16座山峰，虽山体陡峭，但顶部却平坦开阔、林木茂密、花卉繁盛，形成了中原独有的云顶花园"黛眉奇观"。从山顶俯瞰，黄河一改汹涌奔腾的气势，安澜息涛，尽显温柔的风姿。

5月29日

云雾山

湖北武汉

每至春季,云雾山满目怒放的杜鹃,一簇簇、一片片,或雍容大方,或妖娆多姿,迎风摇曳。

云雾山位于湖北省武汉市,属大别山余脉,是武汉市最长的山脉,主峰海拔709米,为武汉之巅。云雾山是著名的杜鹃花研究基地。暮春时节,山上的杜鹃花竞相绽放,形成了一面繁花似锦、一面较为稀疏的独特景观,吸引了众多游客前来观赏。

云雾山有一处名为"八里柳溪"的幽深峡谷,全长约4千米。清澈的山溪从大山深处潺潺流出,在落差较大的地方形成了小巧的瀑布。瀑下的水潭名为"思源潭",取饮水思源之意,据说旧时这里是人们祈雨的圣地。峡谷内奇石众多,形态各异,有的似八戒背媳妇、有的似长蛇盘苍松,还有两块巨石相互叠靠的"相拥石",感叹大自然的鬼斧神工。

5月30日

玉华山

江西宜春

玉华山峻峭挺拔、气势雄伟，周围有升华山、昭明山、千岁丘等12座海拔千米的山峰拱卫，玉屏环矗、奇峰竞秀。

玉华山位于江西省中部的宜春市东部的丰城市，属于武夷山脉，海拔1169米，是赣中最高的山峰。玉华山上众多石景千姿百态，妙趣横生，石浪翻腾，有"奇石博物馆"之美誉。传说，八仙过海前曾在玉华山走棋赏月，由于月光消散而无法看清棋局，张果老一气之下将仙拂往石棋盘上一掸，满盘棋子便散落在山间，变成了匍匐的"朝仙龟"、栖息的"玉兔石"、挺立的"将军石"、相互支撑的"合掌石"等。玉华山还是一座道教名山，相传晋代浮丘、王凝之、郭璞三人曾对弈于此，并一同升仙。后来，当地人便在山顶用条石垒建"玉华仙祠"和"紫玄洞天宫"，以示纪念。

5月31日

八仙山
天津

八仙山地处京、津、唐、承四市之腹心，东临清东陵，西接黄崖关长城，南濒翠屏湖，北依雾灵山，有"津门第一山"的美誉。

八仙山位于天津北部，主峰海拔1052米，为天津市第二高峰。相传，铁拐李等八仙遨游东海时路经此地，被这里云遮雾罩的奇峰、峡谷、幽林、秀水所吸引，便降下祥云，在一块巨石旁小憩。后来人们把这块巨石称为"八仙桌子"，山也因此得名"八仙山"。清代，这里被划定为清东陵的"风水禁地"，封禁达280多年。因此，这里的天然次生林仍保持原始面貌，是暖温带落叶阔叶林的典型代表。这里自然生态的完整性在中国华北地区，甚至全世界的同纬度地区都是罕见的。

八仙山还有丰富多样的地质遗迹，最具特点的是石英岩峰林峡谷地貌。这里有栩栩如生的动物形奇石、如刀劈斧砍般陡峭的天梯、峡谷中河流形成的高阶地、宛如万卷天书的地层结构、美丽壮观的石瀑布等。山灵水秀的八仙山，是人们追求心灵宁静和享受自然之美的绝佳之地。

6月1日

高黎贡山

云南怒江

高黎贡山是中国约17%的高等植物种类、约30%的哺乳动物种类以及超过35%的鸟类种类的自然栖息地。

高黎贡山位于云南省怒江傈僳族自治州和保山市西部，矗立于怒江西岸，不仅是怒江与伊洛瓦底江的分水岭，更是连接青藏高原与中南半岛的重要纽带。在全球34个生物多样性热点地区中，高黎贡山连接着其中三个关键区域：中国西南山地、东喜马拉雅山地和印缅地区。这一独特的地理优势使高黎贡山拥有中国最完整的生物气候垂直带谱、最多样的山地垂直植被类型、最丰富的生物多样性、最多的特有物种，同时还分布有世界上海拔最高的热带雨林。

高黎贡山也是中国发现新物种最多的地区，1980年以来在此发现近600个动植物新种。世界上最大的杜鹃科植物——被誉为"杜鹃王"的大树杜鹃，仅在此地生长，成为其独有的生态标志。此外，古老且珍贵的云南红豆杉也在此崇山峻岭间展现勃勃生机，为这片土地增添了无尽的魅力。

6月2日

雷公山

贵州黔东南

巍峨的苗岭绵延在贵州东南部，是苗族人的"母亲山"。雷公山是苗岭的主峰，山脚下有著名的西江千户苗寨。

雷公山位于贵州省黔东南苗族侗族自治州东南部，海拔2178.8米，是一座生物多样性的宝库。雷公山因未遭受第四纪冰川的严寒洗劫，加之千百年来人迹罕至，因此留下大片的原始丛林，成为众多古老动植物的避难所。红豆杉、南方红豆杉、钟萼木等珍稀植物，云豹、金钱豹、林麝等珍稀动物，在雷公山繁衍生息。雷公山还是贵州天然秃杉的主要分布地，也是全世界秃杉天然分布最集中的地区。秃杉是第三纪古热带植物区系孑遗植物，曾广泛分布于欧洲和亚洲东部，由于第四纪冰期的影响，现仅存于中国南部地区。雷公山上每年都会有新物种被发现，2006~2021年自然保护区内的生物种类从5084种增加到5159种。2021年雷公山发现新的昆虫"胸大须姬蜂"，2023年发现新的两栖动物"雷山琴蛙"，以山为名的还有雷山髭蟾等，均是此地的独有物种。

6月3日

尖峰岭
海南乐东

尖峰岭森林连绵起伏，蔚为壮观。其生物多样性指数比印度、缅甸等南亚地区的热带雨林群落略高，与东南亚、南美等地的热带雨林相当。

海南岛的热带雨林是充满生命力的地方，尖峰岭就是其中的代表。它位于海南岛西南部，乐东黎族自治县和东方市交界处，拥有中国最南端、面积最大、垂直系统最为完整、保存最完好的热带原始雨林。这里是中国生物多样性最高的地区之一，也是全球40个具有世界意义的生态单元之一。尖峰岭一带分布着8个植被类型：滨海有刺灌丛、热带稀树灌丛、热带半落叶季雨林、热带常绿季雨林、热带北缘沟谷雨林、热带山地雨林、热带山地常绿阔叶林和山顶苔藓矮林，形成了完整的植被带类型。这里有维管植物2800多种，动物4300多种（含昆虫），被誉为"热带北缘生物物种基因库"。令人瞩目的是，这里还生活着449种五彩斑斓的蝴蝶。

6月4日

哀牢山
云南

哀牢山地区降雨频繁、树木高大、枝叶茂密，有"温带雨林"的美誉。

哀牢山横亘在云南中部，属云岭余脉，是滇东高原和横断山地的分界线。哀牢山因古代哀牢部落在此繁衍生息而得名，它逶迤绵延约400千米，成为云贵高原的天然屏障，与元江共同构成了神秘、原始、富饶的云南"腹地"。它保存了世界同纬度最大、最稳定的亚热带中山湿性常绿阔叶林生态系统，是名副其实的"温带雨林"。山林中，箭竹和蕨类生长繁盛，藤本植物在枝干间缠绕，苔藓附生植物布满树干。哀牢山上的国家重点保护野生动植物种类繁多，如伯乐树、云南红豆杉、长蕊木兰和西黑冠长臂猿、云豹、黑熊等。这里也是中国原生绿孔雀的最大栖息地，绿孔雀高亢的鸣叫声常在空山密林间回荡。同时，这里还是国际候鸟迁徙的必经之地。

6月5日

金佛山

重庆

金佛山保存了大面积的中亚热带常绿阔叶林。

　　金佛山属于大娄山东段支脉，主峰"风吹岭"海拔2251米，是大娄山山脉的最高峰。它与峨眉山、青城山、缙云山一起被誉为"巴蜀四大名山"。金佛山属于喀斯特地貌，发育有独特的悬崖峭壁和巨大的亚高山溶洞群。俯瞰壮观的石灰岩峭壁，仿佛是完整的山体被刀斧纵向切割过一般。走在绝壁栈道上，可以近距离观赏金佛山"金龟朝阳"的绝壁景观以及"灵官洞""燕子洞"等巨大溶洞。

　　这里保存了大面积的中亚热带常绿阔叶林，发现并命名的植物新种有100多种，且多为该区域的特有物种。银杉和水青树是金佛山的明星植物，作为古老的孑遗植物，它们在这里成功躲过了第四纪冰川的袭击而幸存。金佛山也是杜鹃花的家园，有超过40种的杜鹃花生长在这里，其中阔柄杜鹃、短梗杜鹃、树枫杜鹃等为金佛山特有的种类。每至春季，杜鹃花漫山遍野、姹紫嫣红、宛如花海。

6月6日

牛背梁山
陕西商洛

牛背梁山上的秦岭羚牛在山间林地行进时如履平地，所踩出的山脊道路常令登山的背包客惊喜不已。

牛背梁山位于秦岭东段，最高峰海拔2802米，为秦岭东段顶峰，因山脊像牛背一样耸起而得名。牛背梁是秦岭造山带的典型缩影，拥有丰富的地质遗迹。这里群山耸峙，峰峦叠嶂，植被丰茂，满山苍翠，多数地方沟谷深邃，峭壁悬绝。在主峰一带集中分布着大量冰川沉积物冰碛石，属第四纪冰川遗迹，亦称"冰川石海"。这些巨石似展现了翻滚奔腾之势，令人眼花缭乱。

牛背梁有中国唯一以保护羚牛及其栖息地为主的国家级自然保护区。秦岭羚牛是国家一级保护野生动物，也是中国特有的羚牛亚种，成年雄性通体毛色金黄或棕黄，长相威武，有"金色羚牛"的美称。这些羚牛常威风凛凛地伫立于秦岭山脊，是"秦岭四宝"中最常见的动物。

6月7日

鹦哥岭

海南

鹦哥岭自然保护区不仅是海南陆地面积最大的保护区，也是中国热带雨林生态系统保存最完整的自然保护区。

鹦哥岭位于海南岛中部，海拔1812米，是海南岛的第二高峰。鹦哥岭堪称"岛上水塔"，它是海南第一大河南渡江、第二大河昌化江的源头。作为海南岛的生态核心，鹦哥岭的森林与独特的地形地貌共同影响着全岛的气候。这里的生物种类极为丰富，有维管束植物2209种，脊椎动物431种。其中，广东五针松尤为引人注目，它们顽强地扎根于悬崖峭壁之上，英姿挺拔，展现出了坚韧的生命力。此外，在鹦哥岭的主峰上还分布有国家一级重点保护野生植物伯乐树，这是一种高大的乔木，每年3月便会绽放出艳丽的花朵。秋冬季节，站在鹦哥岭山顶，还会看到山脚下落叶季雨林中的红色枫叶，让人流连忘返。

6月8日

梅花山

福建龙岩

"梅花十八洞,洞洞十八里,里里十八窟,窟窟十八金交椅",这首广泛流传于福建闽西地区的民谣,道出了梅花山的美丽与神奇。

梅花山位于武夷山脉南段东南坡与博平岭之间,是玳瑁山脉的主体部分。周围平均海拔900米,千米以上高峰300余座,是福建三大水系(闽江、九龙江、汀江)的主要发源地,因此,梅花山有"八闽母亲山"之称。

梅花山是闽西生物多样性最为丰富的地区。据统计,这里有植物近2000种,其中有国家重点保护植物23种,有杜仲、建柏等珍稀树种,有三尖杉、钟萼木等名贵树种,还有少见的大面积天然杉木林和台湾松林,甚至还有种类繁多的毛竹和国家一级保护植物红豆杉。这里的国家重点保护野生动物种类丰富,有华南虎、金钱豹、黑熊、金斑喙凤蝶等45种。山中的"中国虎园"目前有30多只野生华南虎,是华南虎分布数量最多的区域。

6月9日

磨山

湖北武汉

磨山中的"樱园"里,有超过1万株的樱花树,花开时节繁花似锦,吸引无数游客驻足观赏。

武汉城里遍布着众多百米高的山峦,虽不雄伟却秀丽多姿。其中,磨山以其三面环水的独特地理位置,宛如一座迷人的半岛镶嵌在城中。这里气候宜人,雨水充沛,光照充足,四季皆能欣赏到盛开的鲜花。

磨山中的"樱园"是武汉的赏樱胜地,特别是湖边的300余株垂枝樱,盛开时宛如瀑布倾泻而下,被赞为"瀑布樱";"杜鹃园"中杜鹃的品种冠中南五省之首,花开时红白交织,美不胜收;"荷园"是中国唯一的荷花博物馆,同时也是中国荷花研究的中心,拥有全世界规模最大、种类最全的荷花品种资源;"梅园"是中国梅花研究中心所在地,梅花盛开时香气四溢,"雪海香涛"让人流连忘返;"桂花园"也享有盛誉,有"八里磨山,十里飘香"之说。春樱绚丽,夏荷清雅,秋桂飘香,冬梅傲雪,磨山四季皆景,是名副其实的"四季花海"。

6月10日

左江花山

广西崇左

白头叶猴把家安在石壁之上或石洞之中，白天它们游走于山林之间，吃各种植物的嫩叶。

左江花山位于广西壮族自治区崇左市宁明县明江之滨，沿江两岸峭壁对峙，奇峰挺拔，山光水色交相辉映。沿岸的陡峭崖壁上，有规模宏大的原始崖壁画群，画面形象逼真，历经数千年风雨的冲刷仍清晰可见。这里是世界珍稀猴类白头叶猴的家园。白头叶猴是桂西南地区的特有物种，现存的种群数量只有1400余只，它们最显著的特征就是头部耸起的一撮呈倒三角形的白毛，犹如一位穿行于山林的厨师，在野外极易辨认。由于数量稀少且生性警觉，因此直到20世纪50年代中后期，动物学家才确认了它们的身份，成为中国科学家发现和命名的第一种灵长目动物。

6月11日

壶瓶山

湖南常德

壶瓶山拥有20万亩原始次生林。

壶瓶山位于湖南省常德石门县境内，地处武陵山脉东北端，是湖南、湖北西界山，因"南似玉壶北似瓶"而得名。湖南壶瓶山国家自然保护区是湖南物种资源最丰、区系成分最杂、特有种类最多、生态系统保存最完整的自然保护区之一，正因如此，目前我国唯一的华南虎野化放归区域就在这里。

华南虎是中国特有的虎亚种，虽然一直被列为国家一级保护动物，但野生华南虎在2012年就被宣布野外灭绝，没人再在野外看到过它们的身影。壶瓶山曾是华南虎的栖息地之一，也有原生态环境保留较为完好的大型森林。近些年华南虎野化训练的进展，让大家看到了华南虎重新在壶瓶山繁衍生息的希望。

6月12日

莽山
湖南郴州

风景如画的湖南莽山五指峰景区。

莽山位于湖南省郴州市，地处南岭山脉北部，湘粤交界处。山水叠翠，林木莽莽，故而得名。莽山拥有地球同纬度保存最完好、物种最丰富的原始森林，有高等植物214科819属2700余种，其中国家一级保护植物有南方红豆杉、伯乐树、莼菜等3种；国家二级保护植物有华南五针松、福建柏等14种；省级保护植物39种。深入林中，有金钱豹、云豹、梅花鹿、黄腹角雉、蟒等5种国家一级保护野生动物，短尾猴、穿山甲等26种国家二级保护野生动物。1989年发现的特有种大型剧毒蛇——莽山原矛头蝮，仅分布于莽山狭小的范围内，堪称"国宝"。

七星崖是整个莽山欣赏日出日落的最佳位置。除了七星崖，小天台也是看日出的不错选择，但小天台更出色的地方在于它的高山杜鹃花海。春末夏初，杜鹃花在云海中若隐若现，更显神秘壮美。

6月13日

圣峰山

黑龙江黑河

黑龙江北部有亚洲最大的原始红松母树林。

圣峰山位于黑龙江省黑河市爱辉区西南部、胜山自然保护区内，海拔750多米。地处小兴安岭西北坡，毗邻大兴安岭林区，主要阔叶树包括紫椴、白桦、蒙古栎、裂叶榆、色木槭、大青杨等，同时还伴生一些欧亚大陆针叶林中的寒温性树种，如红皮云杉、鱼鳞云杉、臭冷杉等。

枝繁叶茂、挺拔高大的红松林是圣峰山最震撼的奇观。红松仅分布于中国、日本、韩国、朝鲜和俄罗斯几个国家的部分地区，是珍贵而古老的树种。因为母树结有松塔，松塔内的松果（即松子）清冽香醇，是干果中的上品，因此当地人也把红松俗称为果松。圣峰山处在是中国天然红松林分布的最北界限，这里保存有完好的红松原始林，经过几亿年的更替演化形成，被称为"第三纪森林"，在国内少见。

6月14日

四面山

重庆

四面山拥有地球上北纬28°地区罕见的大面积、保护完好的亚热带原始常绿阔叶林带。

四面山位于重庆西南部江津区，属云贵高原大娄山北翼余脉，因其丹霞群山环绕而得名。四面山中有大小瀑布100多处，瀑布倾泻激荡，掀起满天烟雾，轰然鸣响，数里之外也能感受到其威势。其中，"望乡台"瀑布最为壮观，它高达152米，宽38米，堪称华夏第一高瀑；"水口寺"瀑布高94米，悬挂在一个天然洞穴之下，景象奇特；"鸳鸯瀑"比翼齐飞，引人遐思。这里森林茂盛、气候宜人，有植物1500多种，珍稀濒危植物19种，其中刺桫椤是3.5亿年前的史前残遗植物；国家级重点保护动物16种，省级保护动物8种，有林麝、猕猴等珍稀动物。四面山以原始森林为基调，丹霞地貌丰富其自然色彩，众多溪流、湖泊、瀑布点染于山间，目不暇接的动植物更增添了这里的盎然生机。

6月15日

九连山

江西赣州

九连山保存有低纬度低海拔地区典型的原生性亚热带常绿阔叶林生态系统。

九连山位于南岭山脉东部的核心区域，因山体环绕赣粤两省九县，并由99座山峰相连，故名九连山。这里海拔千米以上的山峰有78座，其中海拔1430米的"黄牛石顶"为最高峰。九连山拥有众多奇特的山石，如象鼻山、乌龟石、天门、外星人、峰顶石林等，奇峰怪石，天造地设，处处有景，美不胜收。

这里的国家重点保护野生植物有南方红豆杉、银杏、伯乐树、粗齿桫椤等21种。其中，粗齿桫椤是与恐龙同时代的古老孑遗植物，远看就像披着绿纱巾的女子在翩翩起舞；南方红豆杉与竹柏娉娉婷婷地错杂在常绿阔叶林中间，它们是白垩纪残遗植物。山中发现的金斑喙凤蝶为中国特有种，也是唯一被列为国家一级重点保护的蝴蝶。还有世界极度濒危的鸟类海南鸦，也将九连山作为重要的栖息地。

6月16日

天目山

浙江杭州

俯瞰杭州临安的西天目山，山谷间林木葱茏，郁郁葱葱。

4亿年前，浩瀚的汪洋在剧烈的地壳碰撞中隆起了山脉的雏峰，一座横亘江南古陆的"浙西诸山之祖"——天目山傲然崛起。"天目三千丈，东南第一峰"，天目山地处浙江省西北部，逶迤浙、皖两省，主脉绵延至杭州，分为东、西两峰，峰顶各一池，形若双眼，故得名"天目"。天目山"大树华盖闻九州"，森林覆盖率高达98.2%，拥有高等植物2351种、野生动物5024种。森林植被以"高、大、古、稀"著称，被尊为"大树王国"。其中，高58米的金钱松一树冲天；世界上最大的古柳杉群落是全球典型的植被奇观；"活化石"古银杏五世同堂，被誉为"世界银杏鼻祖"；全世界仅存的5株野生天目铁木更是被誉为"地球独生子"，非常珍稀。

6月17日

五鹿山
山西临汾

褐马鸡是中国的特产鸟类，分布于山西省的吕梁山脉以及河北、北京等地的部分林区。

五鹿山位于山西省临汾市蒲县，海拔1961米，为吕梁山南段最高峰。山顶建有五鹿大夫庙，相传为祭祀春秋时期晋国五鹿大夫狐突所建，山也由此得名。断层和风化溶蚀等自然力量造就了层峦叠嶂、峭壁陡立的山势，这里还隐藏着奇特的天然溶洞和浓荫蔽日的丛林风光。

这里的油松遍布山野，松色青翠，生机勃勃。除此之外，还有白皮松、辽东栎、侧柏、龙柏、桦树、杨柳等树种，形成一片针叶、阔叶混交林的壮丽景象。山中的原始森林也是野生动物的家园，珍禽异兽种类繁多，达70余种。其中不乏濒危动物，如金钱豹、黑鹳、游隼、灰背隼等，国家级保护动物达30余种，如金雕、大天鹅、原麝等。值得一提的是，这里还是世界稀有动物、国家一类保护动物褐马鸡的繁衍生息之地，现有数量已超过1000只。它们常成群出没于山中，为山林增添了生机与活力。

6月18日

拉法山
吉林吉林市

拉法山森林植被自下而上呈垂直分布，可分为阔叶林、针阔混交林、针叶林和岳桦林，山顶是广阔的高山草甸。

拉法山位于吉林省吉林市蛟河市，属长白山脉威虎岭。拉法山又名"拉法砬子"，"拉法"是满语"拉佛"的音转，含义为"熊"，"砬子"是汉语，指巨大裸露的岩石。山上峰多且峭立挺拔，形似铁叉，故又被称为"九顶铁叉山"。主峰"云罩峰"海拔886.2米，其独特的三面锥体形态，无论从哪个角度看都形态如一。山上峰林、岩洞遍布，有"八十一峰七十二洞"之说。

拉法山国家森林公园内，特别是红叶谷景区，生长着多种槭树科植物，如假色槭、色木槭（五角枫）、白牛槭、拧筋槭等。这些树木冠形优美、冠幅宽大、形态各异，共同构成了东北地区独有的红叶森林植物景观。到了秋季，树叶经霜打后渐渐变成深红，远远望去，色彩斑斓，让人眼花缭乱，仿佛步入了"秋天的童话"。

6月19日

白马雪山
云南迪庆

白马雪山地处世界生物多样性保护的关键地区，生态区位十分重要。

　　白马雪山位于云南省迪庆藏族自治州德钦县境内，地处横断山脉中段，跨金沙江和澜沧江两大流域，是滇西北最为典型的高山峡谷区域。海拔高达5430米，周边河谷的海拔差达3500米，山顶终年白雪皑皑，犹如一匹奔腾的白马，因而得名。当地人亲切地称之为"白茫雪山"，而在藏语中它被称为"坝日格布"。在这片雪山的怀抱中，最为娇艳的莫过于那片郁郁葱葱的高山杜鹃林。虽然这里的杜鹃植株较低矮，但它们展现出千姿百态的美丽，尤其是每年初夏，漫山遍野的高山杜鹃就会绽放，远远望去就像是花的海洋一般，给山野增添了无限生机。

　　丰富的植物资源为动物的生存提供了良好的环境，许多珍稀动物在此安家落户，小熊猫、豹猫、藏马鸡等众多珍稀保护动物在此繁衍生息，其中最具代表性的是滇金丝猴。这里有世界上最大的滇金丝猴保护区，滇金丝猴数量已达2300余只，占全国滇金丝猴种群数量的70%以上。随着白马雪山中滇金丝猴种群数量的稳步增长，这里已真正成为滇金丝猴生活的乐土。

179

6月20日

百花山

北京

百花山国家级自然保护区是北京市最大的自然保护区，区内还有一座百花山的姊妹峰白草畔，海拔2050米，为北京市第三高峰。

百花山位于北京市房山区和门头沟区交界处，海拔1991米，动植物资源丰富，有"华北天然动植物园"之称。百花山的高等植物种类多达1292种，占北京植物总种数的61.8%，拥有黄檗、野大豆等10种国家重点保护野生植物。同时，这里也是陆栖野生脊椎动物的家园，共计271种，其中不乏国家一级保护动物金钱豹、褐马鸡、黑鹳、金雕等，国家二级保护动物有斑羚、勺鸡等，市级保护动物更是多达50多种。这里生长着北京唯一的国家一级保护植物——百花山葡萄。这种仅见于北京地区的野生葡萄，目前在全球范围内仅发现两株野生个体，十分珍贵，也是当之无愧的"北京植物名片"。

6月21日

戴云山

福建泉州

戴云山脉群山重叠,海拔千米以上的山峰有近20座。

戴云山脉为中国东南沿海规模最大的山脉,横跨浙、闽、粤三省,主体坐落于福建省境内,斜贯福建中部。它的主峰海拔1856米,雄伟挺拔,气势磅礴,被誉为"闽中屋脊"。戴云山脉跨南亚热带和中亚热带的过渡带,属东南沿海典型的山地森林生态系统。

优越的自然条件,孕育和保存了丰富的野生动植物,这里是中国单位面积物种多样性程度最高的地区之一。南方珍稀的长袍铁杉、福建柏,还有成片的虬曲劲美的黄山松、纵横交错的藤萝,缠枝绞茎,翠绿葱茏。大片的原生性黄山松林分布在海拔1200米以上的地带,是东南沿海山地中黄山松分布最南端、面积最大、保存最完好的原生性黄山松林,为研究和保护生物多样性提供了宝贵的自然资源。

6月22日

鼎湖山
广东肇庆

鼎湖山有全世界距离城市最近的原始森林，湖山鼎峙，相得益彰。

鼎湖山位于广东省肇庆市鼎湖区，由10多座苍翠的山峰组成，主峰"鸡笼山"挺拔入云。从地理角度来看，北回归线穿过的大部分地区多数干旱少雨，但鼎湖山却展现出一片独特的原始森林奇景，如一颗璀璨的绿色明珠镶嵌在北回归线上。因此，鼎湖山成为中国第一个自然保护区。鼎湖山终年常绿，植被类型多样，保存着有400多年历史的南亚热带常绿阔叶林的原始次生林，生长着约占广东植物种数1/3的高等植物。其中，国家重点保护野生植物如桫椤、紫荆木、土沉香等达68种之多。此外，这里还是62种国家重点保护野生动物的家园。

斗篷山

贵州黔南

由于极少遭受外界破坏，斗篷山至今依然保持原始的自然风光和生态环境。

斗篷山位于贵州省黔南布依族苗族自治州都匀市，因形如巨大的斗篷而得名。主峰海拔1961米，众山拱卫雄踞于苗岭之中。斗篷山因其海拔在黔南州境内最高，所以被誉为"黔南第一山"。都匀的母亲河剑江，也发源于此。

斗篷山的中心地区是一个封闭完好的高位盆地，呈椭圆形。这里有数万亩连绵茂密的天然阔叶林，在海拔1800米的高山台地上，有原始古林近百公顷，林木根部全部长在岩石缝隙之中，随处可见树抱石、石抱树、树搭桥的奇异景观。山上动植物种类繁多，总计超过5000种。其中有鹅掌楸、红豆杉、马尾树、十齿花、香树等国家重点保护植物，高山杜鹃、兰花、龙胆花等珍稀花种；已查明的鸟类有140种，兽类39种，其中国家重点保护的云豹、苏门羚等动物有16种，为这片山林增添了无尽的生机与活力。

6月24日

象头山

广东惠州

象头山没有佛光塔影，也少见古代文人墨客的笔墨佳作，但它却是北回归线上一片难得的绿洲与生命家园。

象头山位于广东省惠州市，又名"象山""象岭"。最高峰"蟹眼顶"海拔1024米，因状如蟹眼而得名。象头山山体浑圆饱满，由整块的花岗岩体构成。山体下半部植被繁茂，郁郁葱葱，因山高林密，人迹罕至。这里的森林覆盖率高达96.97%，以常绿阔叶林为主的原始次生林面积大且集中，为各种珍稀植物提供了理想的生长环境。象头山周围生长着89种珍稀濒危保护植物，其中包括37种国家重点保护野生植物，如紫纹兜兰、桫椤等。博罗红豆是中国仅有的两种单叶红豆之一，目前已知仅分布于象头山保护区，且仅有一个居群，数量很少，是象头山最具特色的珍稀植物。山中的野生动物种类同样丰富，有陆生野生动物343种，国家重点保护野生动物53种。其中，国家一级重点保护动物5种，分别为穿山甲、大灵猫、小灵猫、云豹和白肩雕。

6月25日

佛顶山

贵州铜仁

在贵州高原东部，佛顶山与梵净山、雷公山一起形成"生物基因廊道"，保留了许多著名的孑遗物种。

佛顶山位于贵州省铜仁市石阡县，是贵州东部仅次于梵净山的第二大高山。佛顶山在地貌上称作地垒式山体，是断裂带间一个隆起的台地，最高处海拔1869.3米。其西北和东南两侧是断裂谷地，谷地与山顶落差超过1000米，这使佛顶山显得尤为高峻挺拔。

虽然佛顶山并不很高，但由于山地高差显著，因此有着明显的森林植被垂直分布。这里分布有植物2185种，其中包括16种被列为国家珍稀、濒危的重点保护植物，如珙桐、香果树、穗花杉等。佛顶山的动物种类同样丰富，栖息着国家一级、二级重点保护动物，包括大灵猫、小灵猫、穿山甲、豺、林麝等。这里还堪称"鸟类天堂"，据统计有142种鸟类，占贵州全境鸟类的1/3。其中，被列为国家一级、二级保护的鸟类有17种，如白颈长尾雉、红腹角雉等。

6月26日

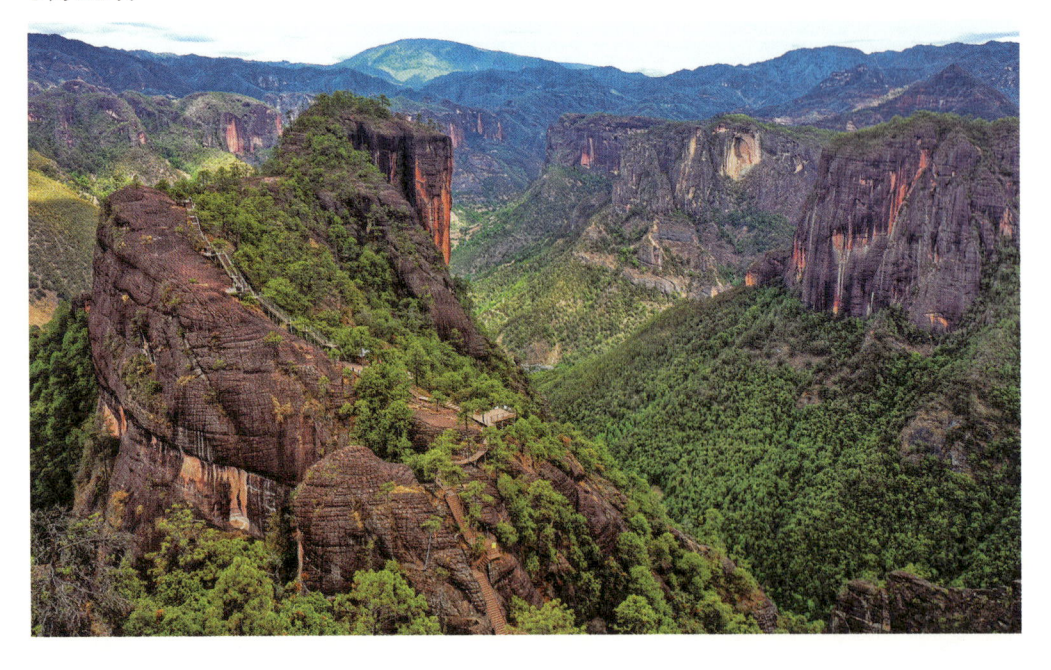

老君山

云南丽江

多云的天气里，丽江老君山景区的千龟山景点犹如一幅山水画。

老君山位于云南省丽江市西北部，属横断山系云岭主脉，连绵盘亘数百里，被誉为"滇省众山之祖"。老君山被金沙江与澜沧江环绕，岭脊走向围成半环状，恰似一个马蹄形的炼丹炉，传说太上老君曾在此炼丹，故名。老君山主峰海拔4247.2米，主脊线东北侧海拔3800米以上的山坳里，有湖泊、沼泽数十个，沿溪流成串分布。高山湖泊组成罕见的冰蚀湖泊群，民间称为"九十九龙潭"，犹如镶嵌于山林中的珍珠。湖群周围，每到春夏之际，百里杜鹃漫山遍野次第怒放，花团锦簇。

从金沙江河谷到老君山顶，气候特征从亚热带干热河谷逐渐过渡到温带、寒带，形成完整的垂直气候分带，孕育了多样的自然景观。云南松林、高山栎林、西南桦树林、小果垂枝柏林、云杉、冷杉、高山灌丛、山顶杜鹃矮曲林、高山草甸，构成了老君山丰富的植物资源。老君山也是我国特有的珍稀濒危物种、国家一级重点保护动物滇金丝猴的家园，它们生活在老君山腹地海拔3200米左右的原始森林中，经过多年保护，现在数量已增至330余只。

6月27日

八大公山
湖南张家界

八大公山生长着30万亩原始森林。
摄影：齐涛

八大公山位于湖南省张家界市桑植县境内，地处武陵山脉的北端，是湖南四大水系中澧水的发源地。这里地貌独特，属于典型的侵蚀溶蚀山原，岭高谷深、坡陡顶平、地形崎岖，海拔普遍在1000米以上，最高峰"斗篷山"海拔1890米。八大公山地理位置独特，位于中国特有植物的环形地带（川东、鄂西南、湘西北和黔东北），是水青冈属植物的分布中心和可能的起源中心。亮叶水青冈及其混交林是该地区的主要的生态群落，它们占据了天然林总面积的60%。

这里古树资源丰富，100年以上的古树达30万株，1000年以上的古树达3万株，它们都被精心挂牌保护。其中，被誉为"山中珙桐王，天下稀世宝"的"珙桐王"，树龄850多年，枝繁叶茂；树龄1457年的米心水青冈，其分枝多达14根，枝干上能容纳50多人同时坐下，树冠庞大到足以覆盖半亩地，因此得名"儿多母苦古树王"。

6月28日

黄连山

云南红河

黄连山是中国、越南和老挝三国交界的"绿色三角洲",也是世界25个生物多样性热点地区之一的"印缅区"的核心区域,汇聚了丰富而独特的生物种群。

黄连山位于云南省红河哈尼族彝族自治州绿春县中南部,属哀牢山南延余脉,被茶卡河与渣玛河环抱。黄连山主峰海拔2637米,四周地势较低,被深切谷地包围,中部则显著隆起,形成封闭独立的生态体系。加之在历史上,黄连山未曾受到历次冰川的侵扰,因此它成为众多古老生物种类的"避难所"。

与恐龙同时代的国家一级保护植物绿春苏铁,在黄连山小黑江流域蓬勃生长。这里有目前中国数量最多、分布最广的苏铁群落,种群数量约82万株。此外,黄连山的兰科植物也极为丰富,已发现的属和种分别占中国兰科植物的30%和12%。此外,这里还有树龄近千年的珍稀西藏红豆杉,以及同样稀有的东京龙脑香;这里也是珍稀动物的天堂,黑冠长臂猿和白颊长臂猿共处共生,还有憨态可掬的蜂猴,呆萌可爱的马来熊,体态威猛、毛色绚丽的印度支那虎等也在此繁衍生息。

6月29日

圣灯山
重庆

圣灯山上的日出，霞光如同烈火燃烧，将整个天空映照得瑰丽无比。

圣灯山位于重庆市巴南区圣灯山镇境内，海拔1064米，被称为"川东小峨眉"。关于圣灯山名字的由来，有两种说法：第一种认为圣灯山靠近川东石油沟，天然气自燃现象被称为"圣灯"，山也由此得名；第二种源于明代的两位皇帝曾游历此山，因此被称为"圣登山"。山的四周悬崖峭壁、陡峭险峻，山上怪石林立，形成了众多奇特的自然景观。其中，最著名的是"蛇脱壳"和"铁门槛"。

圣灯山上植物种类繁多，有松科、杉科等120余种。在成片的亚热带原生植被中，有树龄300～400年的楠木、古松，有珍稀树种穗花杉，有树龄500多年的古银杏等各类名贵古树。林中有多种野生动物栖息繁衍，有斑鸠、野鸡、杜鹃、啄木鸟、豪猪、狐狸、松鼠、山羊、野猪、野兔以及稀有的獐子等。

6月30日

九龙山
浙江丽水

九龙山是华东地区重要的生态屏障，其所在的浙闽赣交界山区更是被列为中国17个具有全球保护意义的生物多样性关键区域之一。

九龙山地处浙江、福建、江西三省交界处，属武夷山系仙霞岭山脉的一个分支，是钱塘江水系最南端的源头。主峰海拔1724米，为浙江第四高峰。九龙山是南北植物的汇聚地，这得益于它处在中亚热带的地理位置，这里温暖湿润的气候条件和复杂的地形环境使许多古老的孑遗植物得以保存。同时，九龙山优良的森林生态环境，为野生动物的栖息、繁衍提供了良好的条件。

九龙山拥有超过600公顷的中亚热带原生森林，这在亚热带东部地区是十分罕见的。这里不仅是47种国家二级以上重点保护野生植物的家园，还是九龙山榧、九龙山景天、九龙山紫菀和九龙山凤仙花等38种植物的模式标本产地。此外，山中还有黑麂、黄腹角雉、白颈长尾雉、豹、云豹等国家二级以上保护动物45种。2018年，保护区内首次监测发现黑熊的踪迹。

7月1日

九嶷山

湖南永州

千百年来，九嶷山舜帝陵香火不熄，人们在此祭祀始祖，让舜德文化生生不息。

九嶷山位于湖南省南部永州市宁远县境内，又名"苍梧山"。九嶷山群峰拔地而起，层峦叠翠，林海莽莽。山名来自九座形态极为相似的山峰，其山水形貌相似到前来寻找的人无法辨识，因此得名九嶷（疑）山。

九嶷山以"万里江山朝九嶷"的奇景闻名，无数峰峦仿佛都朝着"舜源峰"鞠躬致敬，对面则静立着秀丽端庄的"娥皇峰"与之深情对望。《史记》载有舜"南巡狩，崩于苍梧之野，葬于江南九嶷，是为零陵"，说的是上古时期的舜帝曾葬于此山。传说，在舜帝死后，娥皇、女英两妃追寻而来，却因"九峰相似，望而疑之"，无法确定舜帝陵墓所在。悲痛欲绝的两妃倚竹而泣，泪水洒落在竹林中，使竹子上出现了斑纹，这便是九嶷斑竹。这种斑竹的奇特之处在于，一旦离开了九嶷山，竹上的斑点便会消失，变得与寻常竹子无异。

7月2日

会稽山

浙江绍兴

图为会稽山大禹陵景区的"九鼎台"。相传大禹去世后葬在会稽山，大禹陵是历代帝王举行祭祀的重要地点之一。

会稽山位于浙江省绍兴市东南，是浦阳江和曹娥江的分水岭，也是绍兴地形骨架的"脊梁"。绍兴古称"会稽"，山因此得名，旧时还有"茅山""亩山"之称。在先秦古籍中，会稽山一直被奉为九大名山之首，《周礼·春官·大司乐》中也将会稽山列为四大祭祀镇山之一的"南镇"。相传上古时期，大禹常以会稽山为中心，进行封禅、娶亲、计功等重大活动。例如，"会稽诸侯"就是汇集各路诸侯，在会稽山稽核贡赋、论功行赏。《史记》里有"会稽者，会计也"，可见"会稽"与现代"会计"的含义很接近，因此大禹被认为是"会计之祖"，会稽山也被视为会计的源头。

会稽山还是中国山水诗的主要发源地，自南朝以来，众多文人学士轻步会稽山、泛舟若耶溪，有470余位诗人留下3000多首赞美会稽山的美丽诗篇。

7月3日

历山
山西晋城

在历山的土地上，每一条溪流、每一块山岩、每一座村落，都渗透着尧舜文化的气息。

历山位于中条山脉东端，地跨山西运城、晋城、临汾三市。主峰"舜王坪"海拔2358米，是山西南部第一高峰。历山的森林覆盖率达92.5%，混沟原始森林面积1.4万亩，有华北地区、黄河中上游、黄土高原仅存的"斑块状"原始森林，具有极高的生态价值和科研价值。

《墨子·尚贤中》最早记载了"舜耕历山"的故事。相传舜帝当年耕治此山时，曾编制了用来指导黄河流域农事活动的物候历《七十二候》，山也由此得名。物候历起源于历山，所以其中的每一候都能在历山找到对应的景象。2018年，历山被中国气象学会授予"历法之源"的称号。

7月4日

尧山
河南平顶山

尧山山体雄浑，山峰险峻，山上众多石柱千姿百态。

尧山位于河南省平顶山市鲁山县，地处伏牛山东段。因刘累在此山立尧祠纪念先祖而得名"尧山"，刘累是《左传》《史记》等史书中记载的夏代人物，是尧帝的裔孙。东汉时期的张衡在《南都赋》中对立尧祠一事也有记载："奉先帝而追孝，立唐祀乎尧山"，是现存最早提到尧祠的历史文献，也使尧山成为后世刘氏宗亲寻根拜祖的圣地。尧山之上石柱众多，其中许多酷似人形，因此又有"石人山"之称。

7月5日

神农山

河南焦作

神农山周围能看到神农坛、神农涧、神农庙、神农居、神农窟、百草坡等许多与神农氏有关的景点。

神农山位于河南省焦作市西北部的沁阳市,属于南太行的一部分,山势俊秀。因炎帝神农氏在这里辨五谷、尝百草、设坛祭天,故得名神农山。相传,神农山是炎帝神农氏活动最集中的地方。其中,神农氏用于祭天的"坛"就坐落在神农山的主峰"紫金顶"上,被誉为"天下第一祭坛",现已成为炎黄子孙拜谒炎帝的圣地。

紫金顶海拔1028米,巍峨矗立,气势磅礴。紫金顶上的古建筑群保存得相当完整,这些建筑采用无梁式砖石结构,是中原地区极为罕见的建筑组群,堪称中原建筑的瑰宝。值得一提的是,三大天门的建设时间比泰山的天门还早了150多年,更增添了其历史底蕴和文化价值。

7月6日

虞山
广西桂林

虞山是桂林最早见于史籍的名山，也是人们自北向南进入桂林的第一座名山，有"桂林第一山"之称。

虞山位于广西壮族自治区桂林市北部，是一座独立的孤山。虞山又称"舜山"，海拔208米，相对高度78米。从南面看虞山，它如一条硕大的鲤鱼跃出水面（古称"石鱼山"），从北面看似一本打开的宝书，从东面看如一幅巨型屏风，从西面看则仿佛虞帝南巡时随身佩带的宝剑，正是"横看成岭侧成峰，远近高低各不同"。

相传，舜帝南巡时曾游此山，因舜系有虞氏，史称虞舜，故后人称此山为"虞山"。山下有唐代建造的"虞帝庙"和"舜祠"，虞帝庙是桂林历史最悠久的圣庙。山壁间有唐代李阳冰篆额的"舜庙碑"和宋代朱熹所写的"虞帝庙碑"等石刻，是桂林山水石刻艺术中的珍品。山西麓的"韶音洞"，曾是古老的地下河道，洞前有清风林木，洞后有淙淙潭水，交响成韵，似在演奏舜帝所做的韶乐。在古代，虞山的"舜洞熏风"是桂林老八景之一，吸引了无数文人墨客前来寻幽探胜。

7月7日

君山
湖南岳阳

"帝子潇湘去不还,空馀秋草洞庭间。淡扫明湖开玉镜,丹青画出是君山。"一千多年前,诗仙李白来到君山,看到了山峙水中、水映青山,青山绿水相映成趣的美景,写下了这句著名的诗句。

君山位于湖南省岳阳市西南的洞庭湖中,四面环水,又名"湘山""洞庭山"。传说舜帝的两妃娥皇和女英居住于此,还有一说是秦始皇南巡曾泊此地,故名君山。古人用"遥望洞庭山水翠,白银盘里一青螺"的诗句,来描述君山的景色和秀姿。

君山上古迹甚多,现存二妃墓、柳毅井、龙涎井及秦始皇封山印等。相传尧舜时代,尧见舜德才兼备,便把帝位让与舜,并将两个女儿嫁于他。舜帝常外出巡视江河、治理山川,不幸于南巡途中崩于苍梧。娥皇、女英见夫久出未返,四处寻找。后得知虞帝死于苍梧之野,悲痛万分,遂登上君山攀竹痛哭,泪珠滴在竹上,竟成斑竹。二妃因悲恸而死于君山,化为湘水神。封山印在君山龙口东侧的石壁上。据《洞庭湖志》载,秦始皇南巡至君山,遇大风浊浪,得知是湘水神作乱后大怒。他命人放火烧山,并在石壁上阴刻大印,使湘水神不再为患,后人称为"封山印"。

7月8日

龙洞山
山东济南

图为龙洞藏龙洞，这里山势奇特，危峰壁立，巉岩横出，溪涧幽深，多泉潭瀑布。

济南人常言："要赏清泉到趵突，欲观奇景上龙洞"。龙洞山位于山东省济南市东南，山上独秀峰、三秀峰、锦屏岩三峰环列。山上因有龙洞而得名，又称"禹登山"。传说舜帝时期，济水里藏着一条大黑龙。它经常兴风作浪，以致附近洪涝不断，百姓只能背井离乡。大舜决定除掉这条恶龙，他选中了年轻力壮的大禹。经过一番搏斗，黑龙敌不过大禹，于是藏到龙洞山上，藏身的山洞便被称为"龙洞"。"龙洞"在西峰悬崖上，下临深谷。洞中深邃幽奥，怪石倒挂，泉出壁隙，古时人们常来此祈雨。洞下有古刹遗址，摩崖石刻"敕建龙洞圣寿院"，传为苏轼所书。

7月9日

人祖山

山西临汾

从高空俯瞰人祖山，自然风光旖旎，加之其深厚的文化底蕴，引历代文人墨客竞相来此览胜、挥毫吟咏。

人祖山位于山西省临汾市吉县西北方45千米处，又名"庖山""风山"，因山顶有祭祀女娲和伏羲的庙宇而得名。它地处壶口瀑布之东，距黄河河岸约20千米，主峰海拔1742.4米，雄伟而挺拔。据不完全统计，山中历代庙宇约达200处，人流如织，香火不断。其中最负盛名的是"人祖庙"，以及建在峭壁绝顶的"玄天上帝庙"（俗称"高庙"）和"孔山寺"。人祖庙是中国现存最早祭祀女娲、伏羲的遗址，它建在主峰之巅，内有伏羲殿、娲皇宫、地藏殿、唐代石碑等。娲皇宫大门前有块天然巨石，称"补天台"或"娲石"，相传是伏羲仰观于天、俯察于地，产生"天圆地方"观念的地方。

7月10日

岘山
湖北襄阳

图为隔着汉江眺望岘山。

岘山位于湖北省襄阳市襄城区,背靠巍巍大荆山,紧邻汉水。与隔水相望的鹿门山,东西对峙,如扼守在江汉平原北部的两扇大门。因为山小而险,故称之为岘山。传说,"华胥履大人迹,于雷泽而生伏羲"(出自《山海经》),所以伏羲死后身体化为形似大人足迹的岘山诸峰,包括岘首山(下岘)、紫盖山(中岘)、万山(上岘)。岘山处处是名胜,遍身皆古迹。刘备马跃檀溪处、凤林关射杀孙坚处、杜预的沉潭碑、刘表墓、杜甫墓、张公祠、高阳池、王粲井、蛮王洞等,不胜枚举。宋元之际,岘山发生过多场战争,宋朝将领在此留下铭文"壮哉岘,脊南北;翳埔壑,几陵谷;乾能夬,剥斯复;千万年,屏吾国",现摩崖石刻犹存。

7月11日

龟山

湖北武汉

图为禹功矶上的晴川阁与龟山电视塔。

龟山古称"翼际山",位于武汉市汉阳区,南临长江,北依汉水,地处两江交汇处,威武盘踞,状若巨龟,与蛇山隔江相望。相传,大禹治水到此,遇一水怪作乱,数载不克,后得灵龟降伏水怪,治水成功。后灵龟化为一山,得名龟山。自吴国江夏太守陆涣修筑江夏城后,龟山上历代均有增建名胜。山下曾遍布亭台寺院,或轩昂宏丽,或古朴娟秀。在龟山东端,有禹功矶、禹王庙、摩崖石刻等古迹。其中,禹功矶怪石嶙峋,直劈江水,形成长江中游的天然门户,有"天连吴蜀,地控荆襄,接洞庭之混茫,吞云梦之空阔"之势。晴川阁在禹功矶上,取唐代崔颢《登黄鹤楼》诗中的"晴川历历汉阳树"之意而命名,它与蛇山矶头上的黄鹤楼隔江相望,"为三楚胜地,千古巨观"。

7月12日

云丘山
山西临汾

云丘山峰岭叠翠，景色秀丽，素有"姑射最秀峰巅""河汾第一名胜"的美誉。

云丘山位于吕梁山与汾渭地堑的交汇处，最高峰"玉皇顶"海拔1629米。上古尧、舜、禹之望岳，尧帝命羲和在此地观天测时、制定历法，因此云丘山是中华农耕文明及二十四节气的发源地。云丘山的宗教文化底蕴同样深厚。从隋唐起就有佛教徒在此凿窟造像，遗留下来的"玉天洞"为隋唐佛教文化之精品。多宝灵岩寺内的佛塔更是晋西南地区仅有的明代建筑。同时，山上的道教殿宇、洞观数量众多，是全真教龙门派的开山祖庭，有"北云丘、南武当"之称。山中的"玉莲洞"为宋元道教徒修行之圣地。不仅如此，云丘山还完整保存有11座千年古村落，这些古村落以晋南窑洞建筑为特色，形成了罕见的古村镇群落，为后人提供了研究古代农耕文明和村落文化的宝贵资源。

7月13日

析城山
山西晋城

析城山山顶四面崖壁如城、中间凹陷如盆，是典型的喀斯特地貌。当地流行一句话：山顶盆地山做城，城里锅碟铺满盆。

析城山位于山西省晋城市阳城县，又名"析津山"。主峰"圣王坪"海拔1888米，与著名的中条山舜王坪东西相望，故又称"东坪"。析城山是中华历史名山，相传这里是商汤祈雨的地方。汤是商朝的创建者，商朝建立不久，便发生了一场罕见的旱灾，旱情持续长达七年之久。《竹林纪年》记载："（商汤）二十四年大旱，王祷于桑林，雨。"尽管祈雨的"桑林"确切的位置尚存争议，但析城山周围丰富的文化遗存，尤其是300多座商汤庙，以及析城山上汤帝庙和北宋年间敕封的碑石，都为商汤曾在此地祈雨提供了有力的佐证。据《吕氏春秋·顺民篇》记载，商汤为祈雨不惜剪发、磨手，甚至牺牲自己，其诚意深深打动了民众，也终于求得大雨倾盆而下。析城山独有的龙须草，传说是商汤焚身祷雨时烧落的胡须所化；而每年4月盛开的粉、白两色的胭脂花，则是商汤王妃泪水冲落的胭脂所变。这些美丽的传说为这座历史名山增添了独特的魅力。

7月14日

吼山

浙江绍兴

在吼山的云石景区，高耸入云的石柱顶着圆形巨石，犹如一把巨伞，又如一朵云，故称"云石"。

吼山位于浙江省绍兴市越城区，原名"犬亭山"，又名"狗山"，得名于整座山势宛如一条卧狗。当地方言"狗"与"吼"字相近，因此又有"吼山"之称。此山以独特的石景闻名。远在汉代，凿山采石在绍兴很普遍，城镇、乡村中有很多千石桥、石板路、石墙，这些石材多取自绍兴周围的吼山、东湖、柯岩等地，经过千百年的采石凿山，形成了吼山今日独特的石景。

吼山曾是越王勾践的复国根据地。据《越绝书》记载，勾践曾在此山畜养猎犬，想猎捕南山的白鹿献给吴国。山上有一座亭子名为"试剑亭"，亭中有一块"试剑石"。相传，春秋时期，著名的铸剑师欧冶子为勾践铸造了五把锋利无比的宝剑。当勾践随手挥舞其中一把宝剑时，剑锋所指的巨石一下劈为两半。勾践不禁大喊一声"巨阙"，于是此剑得名为"巨阙"，而这块"试剑石"也成为吼山的一大胜景。

7月15日

景山
北京

景山位于北京西城区，地处城市中轴线的中心位置，曾名"镇山""万岁山"，俗称"煤山"。景山南临故宫，北面与鼓楼相望，是明清时期的皇家御苑。山体东西狭长，共有五峰，中峰最高，约43米，左右依次渐低。景山不仅弥补了北京小平原过于单调的地貌形态，而且形成了对全城居高临下的地貌态势，体现了古代皇权至上的政治意图。

景山是一座人工堆积而成的小山，其历史可追溯至金代。当时，金国在附近建造了太宁宫，开凿了西华潭（今北海），在此堆成小丘，山上建瑶广楼，时为金中都十二景之一。元代，此处被辟为专供皇帝赏乐的"后苑"，将原有小丘改称"青山"。明永乐年间，挖掘紫禁城筒子河和太液、南海的泥土堆积在青山上，最终将山体增高增大形成了景山。因景山位于紫禁城神武门的对面，故又称万岁山，又因其山下曾堆有大量的煤炭而称为煤山。明崇祯十七年（1644年），李自成大军攻入北京，崇祯帝缢死于景山东麓一株老槐树下，为这座小山增添了一抹悲壮的色彩。

位于景山主峰的"万春亭"是"五方亭"之一，建于清乾隆年间，站在万春亭上可以俯瞰北京古城全貌，因此这里被誉为"京华览胜第一处"，它也是北京中轴线上的制高点。

7月16日

栖霞山
江苏南京

自南朝以来，栖霞山一直是佛教圣地。山上的栖霞寺为众寺之首，位于中峰西麓，创建于南朝，唐代时是佛教"四大丛林"之一。

摄影：舒小简

栖霞山位于江苏省南京市东北，被誉为"金陵第一明秀山"，南朝时山中建有"栖霞精舍"，因此得名。六朝时因山中盛产药草，服之可以摄生（即养生），又名"摄山"。因整个山形如雨伞，亦名"伞山"。栖霞山有三峰，三面环山，北临长江，主峰"三茅宫"又称"凤翔峰"，东北有龙山，西北有虎山。栖霞山是中国四大赏枫胜地之一，山上枫树成林，每到霜降时节，枫叶红遍全山，形成了"栖霞红叶"的金陵胜景。

历史上，栖霞山吸引了众多帝王和文人墨客的青睐。曾有五王十四帝登临此山，留下了丰富的历史遗迹。明永乐、万历两帝南巡时，都曾游历此山；乾隆更是对栖霞山情有独钟，六下江南时五次驻跸栖霞山，并多次提笔赋诗。

7月17日

龙门山

河南洛阳

中国四大石窟之一的龙门石窟，就在伊水两岸龙门山的悬崖峭壁上。

龙门山位于洛阳盆地南面，海拔303米，又称"伊阙山"。《水经注》中记载了一个传说：龙门山原是一个东西相连的整体，伊水在龙门山之南，受阻而无法向北流出，常常泛滥。后大禹凿开了龙门山，使之分为东、西两半，伊水便得以从两山间流出。站在龙门山峰巅，视野开阔，北望古都洛阳和北邙，南望鸣皋山（亦称九皋山），西望宜阳山，东望嵩山，岗岭起伏，层峦叠翠。而"龙门山色"也被誉为"洛阳八大景"之首。

龙门山岩体石质优良，宜于雕刻，所以古人选择此处开凿石窟。这一工程最早开始于北魏孝文帝迁都洛阳之际，历经400余年，形成了今天我们所见的规模。其中，以宾阳中洞、奉先寺和古阳洞等石窟最具代表性。龙门石窟规模宏大，气势磅礴，窟内造像雕刻精美，题材丰富。这里的石窟和佛龛，展现了中国北魏晚期至唐代期间最具规模和最为优秀的造型艺术。

7月18日

芒砀山
河南商丘

芒砀山主峰耸立着汉朝开国皇帝汉高祖刘邦的铜塑雕像。

芒砀山位于河南省商丘市东北方的永城市，是广阔平坦的豫东平原上不多见的山。芒砀山平地突起，孤峰鹤立，尤显峭拔。作为豫东平原的"天然城堡"，一直以来都是兵家必争之地。秦汉之际，刘邦在这里斩蛇起义，率兵与秦军在芒砀山大战三日，收复砀城。公元前207年，楚怀王"以沛公为砀郡长，封为武安侯，将砀郡兵"。正是以这支部队为基础，刘邦受命西进，轻取关中，与项羽争夺天下，并建立了大汉王朝。汉朝建立后，梁国诸侯王把芒砀山视为最终归宿。梁共王陵的壁画《四神云气图》，代表了西汉时期绘画艺术的最高成就。梁孝王及王后墓凿山而建，工程浩大，技艺高超，是中国迄今为止发现的最大的地下宫殿。

7月19日

大茂山
河北保定

北岳庙里有一块北宋时期的碑石，上面记载着"天下之岳五，独有北岳名不著"。

提起北岳，大多数人会想到山西恒山。然而很多人不知道，350多年前的北岳恒山在河北，这座山就是保定市唐县境内的大茂山。它位于华北平原北部与太行山交接处，最高峰"太乙峰"海拔1890米，峰顶之上屹立着"奶奶庙"（即三霄圣母庙）。

从汉武帝时期一直到清代以前，由于大茂山地处丛山之中，交通不便，北岳祭祀皆在河北曲阳县北岳庙，而并不真正登临北岳之主峰，是为"遥祭"。这样，后世对恒山主峰究何所指也就变得越来越模糊。再加上宋辽对峙时，大茂山地处边界，战事频繁，这些都可能是古北岳淡出人们记忆的重要因素。明中后期，朝堂上出现了在曲阳还是浑源祭祀北岳的大争论。清初，朝廷决定将北岳恒山的祭祀地点改至山西浑源，从此北岳与河北彻底分离。大茂山的地面建筑在此后数百年间几乎被破坏殆尽，逐渐淡出了人们的视线。

7月20日

北固山
江苏镇江

南宋词人辛弃疾登临北固山触景生情,感慨系之,写下"何处望神州,满眼风光北固楼。千古兴亡多少事,悠悠。不尽长江滚滚流"。

摄影：舒小简

北固山位于江苏省镇江市长江之滨,高48米,与金山、焦山并称为"镇江三山名胜"。北固山北临长江,山壁陡峭,形势险固,因名北固。在唐以前,北固山犹如半岛伸入江中,三面临水,展现出独特的壮丽气势。山分前峰、中峰与后峰。东吴孙权所建铁瓮城,晋唐以来的郡治都在前峰之下,现名鼓楼岗。明代因倭寇侵入长江,郡守为了守城,将前峰与中峰凿断,现已成为通途。现在北固山即指中峰与后峰,两者有龙埂相通。

后峰临江,坐落着历史悠久的甘露寺。这座寺庙相传建于三国东吴年间,正是三国时"甘露寺刘备招亲"故事的发生地。寺后的多景楼,是甘露寺风景最佳处,被宋代书法家米芾赞为"天下江山第一楼"。甘露寺长廊的东壁上有"天下第一江山"石刻。相传三国时期,刘备来东吴招亲,孙权宴罢陪刘备观赏江景,刘备见北固山雄峙江滨、大江东去,不禁赞道:"北固山真乃天下第一江山!"后来南北朝时,梁武帝也曾登临北固山,并欣然题写"天下第一江山"六个大字。然而,这些珍贵的字迹已无处寻觅,我们现在所见的是清代重摹的版本,笔势雄劲,依旧引人注目。

7月21日

云门山
山东潍坊

在云门山山巅之阴有一巨大的"寿"字摩崖石刻，人称"云门献寿"，是明嘉靖年间为衡王朱载圭祝寿时所刻。

云门山位于山东省潍坊市西部的青州市南部，山虽不高而有千仞之势，自古为鲁中名山。主峰"大云顶"，其上有洞如门，高宽过丈，南北相通，远望如明镜高悬。夏秋时节，云雾缭绕山间如滚滚波涛，将山顶庙宇托于其上，若隐若现，宛若仙境，谓之"云门"，或称"云门仙境"。

据《新唐书》记载，唐天授元年（690年）七月，法明和尚编撰了一部《大云经》献给武则天，称武则天为西天弥勒佛下凡，应该取代唐朝，做天下之主。武则天对此十分赏识，下令将《大云经》颁布天下，并下令在长安、洛阳及诸州各建大云寺一座。如今，云门山前崖壁上的"云门山大云寺"题刻依然清晰可见。

7月22日

关帝山
山西吕梁

图为关帝山脚下的庞泉沟薰衣草庄园。

关帝山位于吕梁山中段，地跨交城、方山两县之间，又称"宫帝山""南阳山"。关帝山海拔2831米，是华北第二高峰。相传，这座山和北魏孝文帝有关，关帝山的主峰就称为"孝文山"。据史料记载，417年，孝文帝外出巡视，路经此地时停留避暑；还有一说，孝文帝巡视至此地时，母亲在京城亡故，于是他就地设灵堂祭奠。另一座高峰云顶山，有一片广阔平坦的亚高山草甸。相传孝文帝在此早观日出、晚送夕阳、午乘骏马射猎，其乐无穷。

从海拔1300米的东大门至峰顶，关帝山森林植被形成了由不同树种构成的明显垂直景观带，主要树种有油松、辽东栎、山杨、白桦、华北落叶松、侧柏、云杉等。

7月23日

灵空山

山西长治

灵空山有"油松之乡"的美称，有一株名叫"九杆旗"的古油松最为著名。它树高近40米，在粗大的主干上长有九根侧枝，每一根侧枝都笔直而挺拔，像旗杆一样直指天空，也因此得名。

灵空山位于山西省长治市沁源县的太岳山脉深处，西面与霍山主峰相邻，北面是绵山，南边接黄梁山，山势连绵，海拔在1600米以上。原名"九顶山"，后来取"山之灵气和佛之奥秘"之意改名为灵空山。这里石灰岩高度发育，土层深厚且排水良好，为油松的生长提供了得天独厚的条件，因此形成了大面积的天然油松林，林相完好，其中不乏百年以上的古树。

珍贵的油松古树林得以幸存，很大程度上要归功于位于灵空山深处山谷中那座古老的"圣寿寺"。据史籍记载，黄巢起义时唐懿宗第四子李侃曾避难于此，并削发为僧。这位皇子死后，被称为"先师菩萨"，被当地民众祭祀。北宋时期，宋太宗御笔题写了"圣寿寺"寺名并沿用至今。寺院坐落在峡谷中，依山崖而造，以气势宏伟的正殿为中心，左右一字排开，红墙绿瓦、古朴典雅。其中，建造于悬崖石洞之中的茅庵，巧妙地利用了山谷峭壁险峻的地势，仿佛空中楼阁。走到庵下，抬头仰望，会有一种置身"悬空寺"的错觉。

7月24日

梅花山

江苏南京

南京梅花山有近400个品种的4万余株梅树，被誉为"天下第一梅山"，与上海淀山湖梅园、无锡梅园和武汉东湖梅园并称中国"四大梅园"。

梅花山位于江苏省南京市紫金山（钟山）南部，坐落在明孝陵神道的环抱中，因山上多红梅得名。旧名"孙陵岗"，原是三国时期孙权的葬地。孙权曾在建业（今南京）建都，他扩建了南京城，使其"东凭钟山，北倚后湖（玄武湖），南近秦淮，西临石头"。孙权还疏浚和拓宽了秦淮河，开凿了青溪、运渎和破岗渎等运河，与秦淮河贯通，解决了南京的排水和用水问题。

据史书记载，孙权死后葬在朝阳门外第三个山岗，这个山岗因而得名孙陵岗。孙陵岗葬有孙权和他的两位夫人及长子孙登。明代，相传修建孝陵地宫时，主持建陵工程的官员就是否迁移孙陵的问题请示明太祖朱元璋。朱元璋认为孙权是一位豪杰，可以留下给自己看大门，于是孙陵得到完整保存至今。

7月25日

六盘山

宁夏固原

古时翻越六盘山需要通过曲折险狭的六盘古道，故有"盘道六重始达山顶"之说，山也因此而得名。

六盘山古称"陇山"，是一条近似南北走向的狭长山脉，横跨宁夏中南部、甘肃东部、陕西西部。作为中国最年轻的山脉之一，它的形成得益于喜马拉雅造山运动和燕山运动的共同作用。六盘山的平均海拔在2500米左右，其中主峰"米缸山"海拔2942米，第二高峰同样以六盘山命名，海拔2928米。六盘山是渭河第一大支流泾河的发源地，在《山海经》中它被称为泾谷之山。

六盘山不仅是关中平原的天然屏障，也是中国古代农耕文明与游牧文明的分界线之一。因其重要的战略地理位置，六盘山在历史上受到了历代帝王的重视。秦皇汉武等都曾亲临巡视，使得六盘山有了"帝王之山"的美誉。这里也发生过一些重要的历史事件。1227年，在出征西夏时，成吉思汗病逝于六盘山，死前立下著名的《六盘山遗嘱》；1251年，忽必烈在六盘山见到了藏传佛教萨迦教派首领八思巴，忽必烈十分欣赏八思巴的才华，于是将他留下来并尊为国师。

7月26日

云龙山

江苏徐州

山分九节,蜿蜒起伏,状似神龙,昂首向东北,曳尾于西南,长达3千米,因此又称"九节龙"。
摄影:舒小简

云龙山位于江苏省徐州市,海拔142米。公元前206年,刘邦在丰西泽斩白蛇,举义旗,宣布抗秦起义,之后常隐匿于芒砀山、云龙山之间。据传,总有一片龙形祥云围绕在刘邦头顶。南朝宋的皇帝刘裕曾在彭城设立幕府,指挥战事。传说在此期间,刘裕也曾多次登上云龙山,并见到云中之龙环绕的景象。四年后,刘裕果然登基称帝。宋代文学家苏东坡在任徐州太守时,对云龙山情有独钟,曾多次携友游览云龙山,留下了许多传世佳作。其中,《放鹤亭记》就描绘了云龙山变幻莫测的迷人景色。

7月27日

玉泉山

北京

玉泉山上的玉峰塔。玉泉山是清代北京西郊"三山五园"里的"三山"之一，另两座山分别是香山和万寿山。

玉泉山位于北京西山山麓、颐和园西侧，山势为西北走向，状如马鞍，主峰海拔100米。玉泉山得名于其泉水，"水清而碧，澄洁似玉"。泉水自山间石隙喷涌，水卷银花，宛如玉虹，明代以前便有"玉泉垂虹"之说，被列为"燕京八景"之一。清代的乾隆帝在品尝了玉泉山上的泉水后赞不绝口，认为其水质纯净，口感极佳，远超过其他名泉，因此赐名"天下第一泉"，并将"玉泉垂虹"改为"玉泉趵突"。

由于玉泉山依山傍水，景色宜人，所以自辽金时期起，就有帝王在此修建行宫消夏避暑。清康熙十九年（1680年），在玉泉山的南面，根据金朝行宫的遗迹设置了离宫，名为"澄心园"，后来更名为"静明园"。到了乾隆十五年（1750年），乾隆皇帝下旨扩建静明园，将玉泉山全部圈入其中，"静明园十六景"，成为皇家园林的瑰宝。

7月28日

盘山
天津

盘山峰石各抱地势，竞相峥嵘，"挂月峰"如银钩挂在半空。

盘山位于天津以北，北京之东，海拔856.8米，被誉为"京东第一山"。古人把盘山分为上、中、下三盘，以"上盘之松，盘中之石，下盘之水"著称。自来峰一带为上盘，劲松苍翠，蟠曲翳天，是为松胜；古中盘一带为中盘，怪石嵯峨，是为石胜；晾甲石一带为下盘，万泉响涧，是为水胜，三盘共称"三盘胜境"。

这里的文人石刻众多且保存完好，清晰可辨的石刻有224处，其中有题字、题文、题诗等。在这些石刻中，乾隆所写最多，超过了盘山石刻的半数。在盘山63块名石中，有9块为乾隆御题镌刻，加上乾隆题写的楹联、匾额等各类墨迹共计155处。乾隆帝有着极深的盘山情结，他在位的六十余年中，曾巡幸盘山32次，可与谒拜东西两陵比肩。

7月29日

万寿山

北京

佛香阁南对碧波千顷的昆明湖，北依佛教建筑"智慧海"，殿宇亭台对称地向它的两翼展开，形成众星捧月般的建筑群落，气势宏伟。

摄影：李亦

  颐和园中的万寿山，是清代皇家园林的瑰宝之一。登山俯瞰昆明湖，湖光山色，气象万千。万寿山的高远之美，与昆明湖的平远之美、长廊的深远之美，共同构成了颐和园园林景观的"三美"境界。万寿山上的大部分建筑皆背倚山而面朝湖，其中最引人注目的是"佛香阁"。它建在万寿山前的方形台基上，阁高41米，三层八角、四重檐攒尖顶设计，显得巍峨耸立，居高临下。晚清时，慈禧太后经常在此烧香礼佛。后山的喇嘛寺则带有浓厚的藏式风格，主建筑"须弥灵境庙"立在大红台之上，四周环绕着象征四大部洲与八小部洲的大小建筑，完美地展现了藏式佛寺须弥山的布局。万寿山的西边则另有一番景象，主要为"清晏舫"，石造画舫停泊于西岸码头边，为万寿山增添了一份宁静与和谐。万寿山脚下，还有运河及后湖。乾隆帝南游后，对江南景色赞不绝口，因此在运河两岸仿建了苏州街市的建筑，更添一份江南水乡的风情。

7月30日

邙山
河南洛阳

自东周迄五代，有40多位帝王、千余名达官贵人埋骨在此，"生在苏杭，葬在北邙"这句话在民间广为流传。图为邙山脚下的洛阳古墓博物馆。

邙山坐落于洛阳北部，海拔300米左右，像一条长龙蜿蜒横卧洛阳之北，是洛阳"四险"之一。登上邙山可远眺满城风光，而远眺的最佳时间是傍晚，"邙山晚眺"被列为"洛阳八大景"之一。

"北邙山头少闲土"，古人把气势雄伟、土质深厚的北邙视为理想的安息之地。因此，邙山成为东周、东汉、曹魏、西晋、北魏等王朝的帝陵所在，聚集了数十万座古代墓葬。白居易诗云："北邙冢墓高嵯峨"，在邙山土岭上，数百座高大巍峨的覆斗形古墓冢，星罗棋布，森然壮观。在同一个位置绝佳的风水宝地上，不论帝王将相还是寻常百姓，都渴望拥有一席之地，因此可能会上下叠压着多座墓室。冢叠冢、坟套坟，因此邙山也被称为"中国帝王谷"。

7月31日

药王山

陕西铜川

药王山本名"五台山",由五座小峰联聚而成,高而不险,翠柏葱蔚,庙宇鳞比。

药王山位于陕西省铜川市耀州区,海拔约1100米,唐代著名医学家孙思邈在此长期隐居,后世人尊称他为"药王"。孙思邈曾撰《千金要方》等书,是中医医德规范和大医精诚理念的倡导者,晚年主持完成了世界上第一部国家药典《唐新本草》,为中医药学的发展作出卓越贡献。明代人把他所著的药书刻于五通碑石,置于山上。药王山也是中国保存北朝和隋唐造像碑最多的地方,有隋唐时期的石窟七龛,以及北魏至唐代的众多造像碑,其中张僧妙、姚伯多二碑最为珍贵。

8月1日

敬亭山
安徽宣城

天宝十二年（753年），李白第七次来到敬亭山，写下千古名篇"众鸟高飞尽，孤云独去闲。相看两不厌，只有敬亭山。"

敬亭山位于安徽省宣城市宣州区，属黄山支脉。敬亭山有大小山峰多座，其中"一峰""净峰""翠云峰"是敬亭山三大主峰，最高的翠云峰海拔324.1米，周围60余座山如鸟朝凤，簇拥周围。自从南齐诗人谢朓任宣城太守并对敬亭山大加欣赏之后，敬亭山声名鹊起，先后有白居易、杜牧、苏东坡、梅尧臣、汤显祖、袁中道、姚鼐等多位文人，为敬亭山吟诗写赋，留下了2000多首诗文，敬亭山也因此享有"江南诗山"之美誉。

在众多的诗篇中，最为人们所熟知的莫过于李白的《独坐敬亭山》。写这首诗时，李白已被迫离开长安10年之久，历经漂泊。当他独自一人登上敬亭山时，心中的孤独与伤感如潮水般涌来。在这寂静的山巅，他深感或许只有这座敬亭山才愿意陪伴他，于是情不自禁地吟出了这首传颂千古的绝唱。

8月2日

琅琊山

安徽滁州

"环滁皆山也。其西南诸峰，林壑尤美，望之蔚然而深秀者，琅琊也。"北宋文学家欧阳修的《醉翁亭记》，把琅琊山的美名镌刻进历史长河中。

琅琊山位于安徽省滁州市西南，地处长江与淮河之间。古称"摩陀岭"，后因东晋开国皇帝琅琊王司马睿避难于此，改称"琅琊山"。醉翁亭是这座山的标志性建筑，宋代欧阳修的《醉翁亭记》以平实的笔调和深邃的情感，表达了对山水的深情眷恋，以及对自然与心灵和谐共融的颂扬，成为流传千古的名篇。在醉翁亭内，还珍藏着苏轼亲笔书写的《醉翁亭记》碑刻。文章与书法的完美结合，让后人赞叹不已，被誉为"欧文苏字，珠联璧合"，是宋代文化的瑰宝。

琅琊山与醉翁亭因《醉翁亭记》而名扬四海，尽管历经千年沧桑，依旧保持着那份独特的魅力。自北宋以来，曾巩、王安石、梅尧臣、辛弃疾、宋濂、文徵明等文人墨客纷纷踏足此地，留下众多脍炙人口的诗篇。正如醉翁亭中一副对联所言，"翁去八百载，醉乡犹在；山行六七里，亭影不孤。"

8月3日

碣石山
河北秦皇岛

"东临碣石,以观沧海"中,"碣石"是曹操东望的一座山,他站在山顶,眺望宽广的沧海,抒发豪情壮志。

碣石山位于河北省秦皇岛市,主峰"仙台顶"海拔695米,是渤海近岸最高峰。东汉末年,曹操北征乌桓,得胜回师途中创作了《步出夏门行》,我们熟知的《观沧海》《龟虽寿》等均出于此。山中有名刹"水岩寺",悬崖上留存古人所刻"碣石"二字。登临仙台顶俯瞰大海,天海一体,茫茫无边,与天相连的大海或静卧于山脚下,或波涛汹涌、奔流滚滚。在这里居高临下观海,让人不禁心生豪情。

秦始皇东巡时也曾亲临碣石山,祈求长生不老,江山永固。在他之后,还有九位帝王登临碣石。汉武帝从长安城一路出巡到东部的海边,来到碣石山,在山顶上修建高台祭神。因此,碣石山最高峰仙台顶至今仍保留有"汉武台"之名。历代豪杰的青睐,让碣石山在众多名山中有了无可替代的特殊气韵,成为一个承载历史与文化的传奇之山。

8月4日

石钟山
江西九江

石钟山高不过70米，但玲珑剔透，屹立于江湖汇合之处，十分引人注目。

石钟山位于江西省九江市湖口县老城区，地处长江南岸与鄱阳湖的交汇处。南为上石钟山，北即下石钟山，两山均为石质。石钟山之得名，早在汉代《水经》上就有记载："彭蠡之口，有石钟山焉"。石钟山名的来历，说法不一。北魏郦道元认为山下深潭，风吹浪击石，声若洪钟，故名。唐代李渤则在深潭上发现两块石头，北面击之声清脆而高亢，南面的声厚重而模糊，山名由此而来。

宋代苏轼曾与长子苏迈在月静夜深之际泛舟石钟山，但见"大石倒立千尺，如猛兽奇鬼，森然欲搏人"，不禁"心动欲还"。忽闻"大声发于水上，噌吰如钟鼓不绝"，于是仔细观察，原来石钟山下布满大小孔隙和洞穴，这些孔洞"与风水相吞吐，有窾坎镗鞳之声"，犹如乐声大作。苏东坡明白了石钟山得名之因，并据此写下了名篇《石钟山记》，传颂至今。

225

8月5日

褒禅山
安徽马鞍山

褒禅山山色翠霭，四面如围，主要山峦有三座：东为灵芝山，西为鳌鱼岭，中为起云峰。

褒禅山旧名"华山"，位于安徽省马鞍山市含山县，因唐贞观年间慧褒禅师结庐山下，卒葬于此而得名。唐贞观年间，慧褒和尚云游至此，见山中龙女泉、白龟泉等大小泉水终年流泻，起云峰、鳌鱼岭等大小山峰如列翠屏，心情大悦，遂结庐于此。死后其弟子将山名改为褒禅山，慧褒草庐后经宋高僧中会和尚扩建为褒禅寺。这就是王安石《游褒禅山记》一文中提到的"慧空禅院"。

王安石在《游褒禅山记》中写："褒禅山亦谓之华山。唐浮图慧褒始舍于其址，而卒葬之；以故其后名之曰'褒禅'。今所谓慧空禅院者，褒之庐冢也。距其院东五里，所谓华山洞者，以其乃华山之阳名之也。"如今，这些碑记仍存，而褒禅山的众多洞天与清泉依旧吸引着无数游人前来探访。

8月6日

天姥山

浙江绍兴

天姥山山峰连绵起伏，重岩叠嶂，云雾缭绕，颇具仙气。

天姥山位于浙江省绍兴市新昌县境内，是天台山脉的一部分，主峰海拔900米，是唐诗中备受仰慕的"诗山"。据说《全唐诗》收录的2000位诗人中，有五分之一的诗人曾寻访过天姥山，留下1500多首描写这座山的诗篇，因此有"一座天姥山，半部全唐诗"之说。

魏晋南北朝时期，才高八斗的谢灵运因仕途不顺而寄情山水，他穿着木制的"谢公屐"，在天姥山中找到了心灵的寄托；盛唐的李白敬爱谢灵运，他"脚着谢公屐，身穿青云梯"，追寻谢公生平，在天姥山周边写了二十余首诗；杜甫晚年的长诗《壮游》中有"剡溪蕴秀异，欲罢不能忘。归帆拂天姥，中岁贡旧乡。"白居易也有"东南山水，越为首，剡为面，沃洲、天姥为眉目。"这些诗句不仅展现了天姥山的自然美景，更体现了诗人们对这座"诗山"的喜爱。

8月7日

西岭雪山
四川成都

西岭雪山随着季节的变化，变换着自己的装束。春看百花、夏观群瀑、秋赏红叶、冬玩冰雪，呈现给世人的永远是最奇绝的景致。

西岭雪山位于四川省成都市大邑县，最高峰"大雪塘"海拔5364米，是成都第一峰。西岭雪山如一条玉龙横亘天际。唐代大诗人杜甫在欣赏这片壮丽雪景时，写下了"窗含西岭千秋雪，门泊东吴万里船"的千古绝句，西岭雪山也因此得名。

如今，西岭雪山既是成都人的赏雪胜地，又是夏日避暑度假的首选之地。在西岭雪山赏雪别有趣味，坐缆车上日月坪，极目远眺，山峦起伏，俯瞰脚下，雪堆积着，将山林染得斑斑驳驳，形成南方少见的林海雪原奇观。冬日的成都偶尔下雪，大多数的雪花在未及落地时，即已化作水，积雪更是少见。所以西岭雪山的雪就显得格外珍贵。每年11月底至次年3月底，是西岭雪山的积雪期，长达4个月之久，积雪厚度达60厘米以上，雪质优良，成为城市近郊不可多得的滑雪乐园。

8月8日

天台山

浙江台州

千岩万壑、飞瀑流泉,吸引了李白、杜甫、王维等400多位诗人杖藜行歌至天台山,写下300余首关于天台山的佳作。

古往今来,浙东的山清水秀吸引着许多文人墨客,由扬州经运河南下,渡钱塘江,进入浙东运河,再折南沿曹娥江、剡溪溯流而上,形成一条全长约190千米的浙东"唐诗之路",这条中国重要文脉的终点便是天台山。它位于浙江省台州市,依天台山山势而建的"国清寺",是中国佛教史上第一个宗派天台宗(法华宗)的发源地,也是日本佛教天台宗的祖庭。

李白曾留下"天台连四明,日入向国清"的名句,孟浩然则赞叹"吾友太乙子,餐霞卧赤城",杜甫的"天台隔三江,风浪无晨暮"更是道出了天台山的独特地理位置与气候特征,而元稹的"仙驾初从蓬海来,相逢又说向天台"则为这片山水增添了几分神秘与浪漫。

8月9日

八公山
安徽淮南

八公山是楚汉文化圣地，因为《淮南子》而名垂千古。

八公山位于安徽省淮南市，原称"北山"，因在寿县城北而得名，后因淮南王刘安与八公炼丹于此，故又称八公山。淮南王刘安是汉高祖刘邦之孙，他不仅是一位诸侯王，还是当地的文化领袖。他曾率三千门客在八公山上问道求仙、炼丹修行，同时编写了集黄老学说之大成的《淮南子》。刘安一生鸿志高远，却命运多舛，后世不断有失意文人前来造访并歌咏八公山。

到了魏晋南北朝时期，八公山又成为著名的"淝水之战"的古战场。公元383年，已经完成北部中国统一的前秦王苻坚，亲率大军杀奔南方，意欲一举消灭东晋一统中国。东晋当时正值谢安担任丞相，他力排众议，决心抵抗。双方军队对峙于淝水两岸，苻坚登上城头，只见晋军队伍严整，士气高昂，不禁心生胆怯，再一看远处八公山上的一草一木好像晋军将士，脸上不禁显出一丝害怕，这就是"八公山上，草木皆兵"的由来。最终，淝水之战以秦军的溃败告终，东晋得以保全，而八公山也因此战役而名垂青史。

8月10日

孤山
浙江杭州

孤山西泠印社是中国最早成立的全国性印学社团，以"保存金石、研究印学、兼及书画"为宗旨，是海内外研究金石篆刻历史最悠久、成就最高、影响最广的学术团体。

摄影：舒小简

孤山位于浙江省杭州市，因孤峙在西湖的里湖与外湖之间而得名，是西湖中最大的岛屿。又因多梅花，一名"梅屿"，海拔38米。孤山胜景早在唐宋已闻名遐迩，唐诗人白居易写有"孤山寺北贾亭西，水面初平云脚低"，明代凌云翰也有"冻木晨闻尾毕浦，孤山景好胜披图"的佳句。

孤山北麓有"放鹤亭"，是元代人为纪念宋代隐逸诗人林和靖而建。林和靖是北宋初年杭州人，居孤山二十年，种梅养鹤，有"梅妻鹤子"的传说。他的"疏影横斜水清浅，暗香浮动月黄昏"的咏梅名句流传至今。如今亭外种了许多梅花，为湖上的赏梅胜地。孤山西南麓有"六一泉"，是苏轼任杭州知州时，为怀念同时代的欧阳修（号"六一居士"）而命名的。

8月11日

翠螺山

安徽马鞍山

翠螺山树木茂郁，亭阁隐隐，太白楼等古迹散布其中，著名的采石矶就在翠螺山麓。

翠螺山原名"牛渚山"，位于安徽省马鞍山市西南，面临长江、牛渚河，东北与荷包山、宝积山、西山、马鞍山一脉相连。海拔131米，山上松翠欲滴，山形酷似蜗牛，故名翠螺山。"采石矶"在翠螺山麓，原名"牛渚矶"，相传古时有金牛出渚而得名，又因此处产五彩石，三国东吴时改今名。采石矶兀立江流，遥对天门山，万里长江一泻而下，因受天门山夹江对峙所阻，水流至此，更为湍急。李白曾以"绝壁临巨川，连峰势相向。乱石流濮间，回波自成浪"的诗句描绘这一壮丽景象。

这里山石峥嵘，古迹众多，有赏咏亭、捉月亭、问月亭、谈笑亭、江山好处亭、太白楼等。登太白楼远眺，千里江流尽收眼底，故有"风月江天贮一楼"之美誉。捉月亭镶嵌在葱郁陡峭的绝壁之间，犹如展翅欲飞的鸟儿，突兀江干，气势壮观而险峻。传说李白醉酒即从此台跳江捉月，因此得名。李白衣冠冢在翠螺山腰，白居易曾在其《李白墓》一诗中写道："采石江边李白坟，绕田无限草连云"之句，表达了对这位伟大诗人的缅怀。

8月12日

嵖岈山

河南驻马店

嵖岈山山势嵯峨、怪石林立，在民间有"中原盆景""江北石林"之美称。

嵖岈山位于河南省中南部的驻马店市遂平县，是伏牛山系的东缘余脉，主要由蜜蜡山、南山、北山、六峰山、鸽子山、凤凰山等多座彼此相连的山峰组成，主峰海拔520米。山上有大量生动的象形石，如猴石、母子石、剑鱼石、蜗牛石等，因此又名"嵯峨山"或"八宝玲珑山"。据史料记载，吴承恩曾于1564年游历嵖岈山，被此山惟妙惟肖的石猴景观激发了灵感，他结合玄奘西游取经的故事，融入自己广博的见闻和丰富的想象力，以诙谐的文字创作了不朽巨著《西游记》。吴承恩还通过当地的山民了解了许多关于石猴、猪八戒、白龙马、沙僧、牛魔王、太白金星、王母娘娘等神话人物的传奇故事。这些故事为他的创作提供了丰富的素材，也使《西游记》更加生动有趣。正是因其深厚的历史渊源，嵖岈山成为电视剧《西游记》续集的外景拍摄地。

8月13日

火焰山

新疆吐鲁番

在强烈阳光照射下，红色砂岩熠熠发光，宛如阵阵烈焰。唐代诗人岑参写："火山突兀赤亭口，火山五月火云厚，火云满山凝未开，飞鸟千里不敢来"，形象地描绘了火焰山的情景。

火焰山位于新疆维吾尔自治区吐鲁番市高昌区，地处吐鲁番盆地的北缘，《隋书》称"赤石山"。山体呈东西走向，平均海拔约500米，主峰为青龙嘴，海拔831.7米。火焰山是中国最热的地方，夏季温度最高可达47.8℃，而火焰山山体阳面地表的温度最高则能达到82.3℃。四大名著之一的《西游记》中，唐僧师徒过火焰山、斗铁扇公主的经典情节，就是以此山为灵感来源的。

火焰山主要由红砂岩构成，这与其地质演化息息相关。1亿多年前，火焰山地区河流纵横，河流中沉积的泥沙逐渐形成了岩石的组成物质。当时的气候可能比现在还要炎热，于是形成了大量的氧化铁，并发育出了分布广泛的红土层。这些红土层经过成岩作用后，又形成红色的泥岩和砂岩层。随着青藏高原的隆起，吐鲁番盆地的水汽输送被阻断，气候变得干旱。同时，翻越青藏高原的下沉气流不断增温，形成了焚风效应，这就使得吐鲁番盆地成了世人皆知的"火炉城市"。

8月14日

花果山
江苏连云港

花果山水帘洞中流水潺潺，如梦似幻，宛若神话中的世外桃源。
摄影：舒小简

花果山位于江苏省连云港市南面的云台山中麓，唐宋时称"苍梧山"，亦称"青峰顶"。主峰玉女峰海拔624.4米，是江苏省最高峰。吴承恩在《西游记》开篇这样写："东胜神洲有一傲来国，国近大海，海中有名山，唤为花果山。"孙悟空破石而出的花果山，原型正是连云港花果山。站在山顶放眼望去，山间满目苍翠，风起时云遮雾罩，成群的白鹭忽隐忽现。

中国虽有多座花果山，但只有连云港的花果山在数百年前位于海中。由地震等自然因素造成的海岸线变动，让昔日的海中列岛成了陆上仙山。《西游记》中的水帘洞和猴子，也同样能在这座花果山上找到。

8月15日

梁山
山东济宁

唐宋时黄河溃决,梁山周边成大泽,广八百里,即古"梁山泊"。

梁山位于山东省济宁市梁山县东南,古名"良山",汉文帝子梁孝王曾围猎于此,死后葬于山麓,遂易名梁山。黄河蜿蜒于梁山之西,京杭运河流经其东,北濒东平湖,南为平原。相传北宋末年,宋江领导的农民起义军曾以此山为根据地,抵抗官军。后来施耐庵据此写下四大名著之一的《水浒传》,自此梁山名扬四海。

在梁山附近,流传着许多水浒故事,也保存着很多相关遗迹。其中,虎头峰有"宋江寨",巨石垒成寨墙两层,断续可见。寨中央有"聚义厅"遗址,厅旁巨石突起,上有石窝,传为起义军树立"替天行道"杏黄旗的旗杆石。宋江寨东北有"小平山",山顶平坦宽敞,为起义军演武场。寨北虎头峰与雪山峰之间有山口名"黑风口",两侧悬崖峭壁,深谷绝涧,乃通宋江寨咽喉。与梁山南北遥望的,是棘梁山,传为《水浒》故事中晁盖起义初期的根据地。山上有聚义厅、演武场、旗杆石等遗迹。

8月16日

五松山
安徽铜陵

图为天井湖公园。时隔千年,天井湖边的五松山山势已不显。

五松山位于安徽省铜陵市,北临天井湖,南仰铜官山,西隔玉带河与长江相望。据史料记载,因有株苍鳞老干、青翠参天的古松而得名。唐代诗人李白多次来游,感怀高吟:"五松何清幽,胜境美沃洲。萧飒鸣洞壑,终年风雨秋。响入百泉去,听如三峡流。""我爱铜官乐,千年未拟还,要须回舞袖,拂尽五松山。"

李白首次来到五松山时,便在山上筑室读书,这就是"五松书堂"。宋代大诗人苏轼、黄庭坚追寻诗仙足迹,游历五松,也在山上建亭游憩酬唱,是为"苏黄吟诗亭"。此后,历代墨客名流也纷纷慕名而来,拜谒太白祠堂,赋诗抒怀记胜。"五松胜游"也被历代列为"铜陵八景"之一。时隔千年,五松山山势已不显,但它在铜陵人心目中,仍是与铜官山"双峰并峙"的"诗山"和"文峰",是李白亲自命名的"诗城坐标"。

8月17日

覆卮山
浙江绍兴

南宋王十朋有诗云:"四海澄清气朗时,青云顶上采灵芝。登高须记山高处,醉得崖顶覆一卮。"

覆卮山位于浙江省绍兴市上虞区岭南乡,因南朝大诗人谢灵运而名闻天下。旧《上虞县志》记载,谢灵运回乡隐居,开门即可看见此山。有一天,他攀游至山顶,饮酒赋诗后,将酒杯"覆卮"于此山上("覆"指盖住或倒放,"卮"为饮酒的器具),山因而得名。

谢灵运喜欢游山玩水,他发明了一种可装卸前后齿的木屐,上山时去掉前面的鞋齿,下山时则去掉后面的鞋齿,这样在上下山时可以平稳而轻松,称为"谢公屐"。他曾经自信地说:"天下才有一石,曹子建独占八斗,我得一斗,天下共分一斗。"这种气概,让后世无数文人艳羡。唐代大诗人李白曾在《梦游天姥吟留别》中写道:"脚著谢公屐,身登青云梯。"表达了对谢灵运的敬仰以及对自由的向往。

8月18日

苏仙岭

湖南郴州

苏仙岭因苏仙的传说而驰名海内外，岭上有"白鹿洞""升仙石""望母松"等"仙迹"。

苏仙岭位于湖南省郴州市，主峰海拔526米。北宋时期，苏东坡的弟子秦观因新旧党朋之争受牵连，屡遭贬谪，最后被削官去职流放郴州。秦观在郴州简陋的旅舍里，心中常愤愤不平，便借景抒情，写下了千古名作《踏莎行·郴州旅舍》："雾失楼台，月迷津渡，桃源望断无寻处。可堪孤馆闭春寒，杜鹃声里斜阳暮。驿寄梅花，鱼传尺素，砌成此恨无重数。郴江幸自绕郴山，为谁流下潇湘去。"山上的"三绝碑"便刻有秦观的这首诗，为米芾手迹，由苏轼题跋。"秦词""苏跋""芾书"，被时人称为"三绝"，石碑也因此得名。中国有十大著名"三绝碑"，苏仙岭的"三绝碑"位居首位，它是苏仙岭人文历史的象征。

8月19日

天门山
安徽芜湖

东梁山、西梁山夹江对峙，宛如天设之门。

天门山位于安徽省芜湖市北郊长江之畔，是东梁山（又称博望山）、西梁山之并称。其中，东梁山最为陡峭，突兀江中，如刀削斧砍，巍巍然砥柱中流，令一路向东的长江折转北去。天门山因唐代诗人李白的《望天门山》一诗而闻名天下，"天门中断楚江开，碧水东流至此回。两岸青山相对出，孤帆一片日边来。"这首诗写于盛唐，年轻的李白出蜀辞亲远游，顺长江而下，见天门山巍然矗立于江边，各种船从"天门"中穿梭往来，便写下此诗，描绘出了天门山的风姿，也抒发了自己对大好河山的无限热爱与向往。

8月20日

金山
江苏镇江

从远处眺望，山和寺浑然一体，整座金山仿佛就是一座宏伟壮丽的寺庙，这就是金山"寺裹山"的奇特景色。

金山位于江苏省镇江市西北，海拔44米，是地垒式的断块山。金山南北是大的断裂带，北边的半个已断陷在长江河谷之下，南边是淤积平原。古代金山江水环绕，原是屹立于长江中流的一个岛屿，有"江心一朵美芙蓉"之誉，清朝末年渐与陆地连成一片。

从山脚到山顶，一幢幢殿宇厅堂，一座座亭台楼阁，错落有致地装点在金山上。山上有一座高僧辈出的千年古刹金山寺，《白蛇传》中的"水漫金山"就发生在这里。白素贞与许仙相爱，因法海的阻挠，许仙被骗至金山寺软禁起来。白素贞和小青一起与法海斗法，导致水漫金山寺，伤害了无辜的生灵。白素贞因此触犯了天条，被法海镇压于雷峰塔下。幸运的是，白素贞的儿子长大后考中状元，到塔前祭母，最终全家得以团聚。这段美丽的故事为金山寺增添了几分神秘与传奇的色彩。

8月21日

玲珑山
浙江临安

玲珑山山体虽然不大，但有着独特的"玲珑剔透、林茂径幽之俊美"。

玲珑山位于浙江省临安市，两峰屹立，山径蜿蜒，林泉清幽，卧龙潭碧波粼粼。有"玲珑八景"，分别为：休亭漱玉、醉石纳凉、喷玉观瀑、九折早烟、收春雾色、玉屏晚钟、罗松挂月、通济归樵。历代名人雅士如苏东坡、黄庭坚、佛印、郁达夫、梅兰芳等均登临吟咏。山麓有方石横置路边，传为苏轼醉眠之石，上镌"醉眠石"三字，传是苏轼手书。更上有"九折""送瀑"二岩，岩上多摩崖题刻。再上有卧龙寺，寺内有天王殿、大雄宝殿、观音堂、钟楼诸建筑。寺东有"琴操墓"，琴操传为宋代临安名妓，受苏轼指点后，在此出家为尼。寺西有三休亭，亭周环植松树，其中最古者称学士松。山顶有望江石，可以远眺富春江。

8月22日

神仙居
浙江台州

来自海上的水汽在山头遇冷，冷暖气流缠绵交织，创造出奇幻的"云霞之景"。云间若隐若现的山石如仙人般飘飘独立，山间云蒸霞蔚，造就了江南最玄妙的仙境。

神仙居位于浙江省台州市仙居县，古名"天姥山"，又称"韦羌山"，属括苍山系。李白梦游至此，留下经典名篇《梦游天姥吟留别》："海客谈瀛洲，烟涛微茫信难求；越人语天姥，云霞明灭或可睹"。据考证，神仙居是"天姥山"的原型，三国时期的郑小同撰写的《郑志》记有："韦羌又名王姥"；南宋《嘉定赤城志》载："王姥山在仙居县界，亦名天姥山，相传古仙人所居。"

云宫胜景，仙人留迹。在这里，众山峰巍兀独立，一石一峰不类他山，一崖一洞自成一格。神仙居是世界上最大的火山流纹岩地貌集群，火山岩石经过数万年的风化切割，造就了险峰幽谷。"观音山"是神仙居单体最高最大的柱峰，因形态酷似观音菩萨而名，是神仙居柱峰景观的典型代表。

243

8月23日

齐山
安徽池州

齐山不远处，就是久享盛名的杏花村，古有酒肆，特产名酒。杜牧诗云的"牧童遥指杏花村"，即指此地。

齐山位于安徽省池州市贵池区，山名的来历有两种说法：一说是山有十余峰，峰峰齐等，故名齐山；另一说是唐贞元年间，齐映任池州刺史，政绩显著，且常登此山，于是人们便以他的姓氏为山命名。齐山坐落于长江南岸，地处九江、芜湖之间，水陆交通方便，上接庐山，下连九华山、黄山。全山如伏虎昂首，从西南向东北绵延，直抵白沙湖滨。历代文臣武将登游齐山赋诗者，难以计数，仅明代《嘉靖池州府志》中就收录了赞美齐山的诗词93首。

唐代诗人杜牧任池州刺史时，在重阳节登山并写下了诗句："江涵秋影雁初飞，与客携壶上翠微。尘世难逢开口笑，菊花须插满头归。"宋代名将岳飞出兵之前曾屯兵池州，乘月夜登齐山翠微亭，写下"经年尘土满征衣，特特寻芳上翠微。好水好山看不足，马蹄催趁月明归"的诗句。齐山上有大量摩崖石刻，北宋清官包拯任池州知府期间题刻的"齐山"两个大字，至今仍清晰可见。

8月24日

灵岩山
江苏苏州

灵岩山奇秀挺拔，松林遍山，殿宇雄伟，古塔耸立。

灵岩山位于江苏省苏州市吴中区木渎镇，高182米。山上有奇石，状似灵芝，灵岩山由此得名。因山石深紫，可制砚，又名"砚石山"；又以远望如巨象伏地，故别称"象山"。山上多奇石，巨岩嵯峨，怪石嶙峋。旧有"十二奇石"或"十八奇石"之说，有石龟、石鼓、醉僧石、灵芝石、牛眠石、和合石、石马等奇石，形象酷肖，耐人寻味。

相传春秋时期，越王献西施，吴王夫差特在灵岩山山顶灵岩寺及其花园一带建馆娃宫。历代文人登山，无不触景生情，感慨万分。诗人李白来此访古寻幽，留下了诗句"旧苑荒台杨柳新，菱歌清唱不胜春。只今惟有西江月，曾照吴王宫里人。"现今尚存的遗迹有吴王井、梳妆台、玩花池、玩月池、响廊、琴台、西施洞、智积井、长寿亭、方亭等。

8月25日

佛子山
山西晋城

佛子山上的福兴寺。佛子山周围的峰峦连绵不绝。

佛子山俗称"佛山",位于山西省晋城市陵川县,因山形似佛头而得名。山上苍松翠柏、郁郁葱葱。元代著名诗人元好问长期生活在陵川,并多次登临佛子山,留有"俯视中州九千四百八十仞"之语,又即兴吟有《太行游记》一诗,其中"佛山之高,黄河可睫"一句为人所传唱。

佛子山周围的太行群峰也都神采飘逸。自从晋武帝发出"北上太行山,艰哉何巍巍"的感叹之后,慕名而来的文人名士历代不绝。他们留下了许多赞美太行风光的佳句,如李白的"北上何所苦,北上缘太行。磴道盘且峻,巉岩凌穿苍。"杜甫的"松风涧水声合时,青兕黄熊啼向我。"白居易的"天冷日不光,太行峰苍莽。尝闻此中险,今我方独往。"还有韩愈的"千峰万壑不可数,异草幽花几曾见。"

8月26日

穹窿山

江苏苏州

穹窿山脚下的孙武文化园。穹窿山被誉为"吴山之祖、吴山之镇、吴山之冠、吴山之甲",千百年来引人探寻。

穹窿山位于苏州市吴中区光福镇南,高峻挺拔,地域宽阔。主峰"箬帽峰"海拔341.7米,为太湖东岸群山之冠。穹窿山被誉为"苏州第一山",不仅因为它是苏州的最高峰,还因为它厚重的历史底蕴。2500多年前,"兵圣"孙武由齐奔吴曾隐居于此,并在此撰写了传世之作《孙子兵法》。这部兵法著作的谋略和思想博大精深,是世界上流传时间最长、传播范围最广的兵学圣典,至今依然被广泛运用于政治、经济、军事等诸多领域。除了孙武,穹窿山优美的自然风光也吸引了无数名人到此隐居造访。汉代朱买臣负薪苦读,最终功成名就,留下的"朱买臣读书台"被誉为中国五大名台之一;唐代文学家陆龟蒙、皮日休等也曾到访穹窿山;近代更有李根源、章太炎、于右任等200余位名人,在穹窿山余脉小王山上留下数百条摩崖石刻,因此被称为"露天书法艺术博物馆",也成为穹窿山独特的文化景观。

8月27日

石棚山

江苏连云港

图为石棚山小长城。
摄影：舒小简

石棚山位于江苏省连云港市，山上多生怪石，状如象、蟾、牛、羊，各具神态。山东崖有一巨石如棚覆盖，下可容十数人，故有石棚、石室之称，山亦因此得名。北宋时期，诗人石曼卿因为性格耿直，被贬到海州做通判。相传他常在此阅卷抚琴，饮酒抒怀，留下了"石曼卿读书处"的隶书刻石，镌刻在山南侧，成为后人缅怀的古迹。后世的苏东坡途径海州时，与好友蔡景繁同游石棚山。苏轼仰慕石曼卿，一方面二人都仕途多舛，另一方面两人又都具有豪放不羁的性格。苏轼把石曼卿视为知己，特意凭吊了这位前贤，并留下诗句"芙蓉仙人旧游处，苍藤翠壁初无路。"由于这两位名人的光临，石棚山也成为一个富有历史文化底蕴的旅游胜地。

8月28日

赤城山
浙江台州

"赤城霞气苍梧烟""门标赤城霞，楼栖沧岛月"，在诗仙李白的笔下，赤城山的霞气似乎飘浮而出。

赤城山位于浙江省台州市天台县西北方，北倚天台山，是天台山中唯一的丹霞山，因山色赤赭，壁立如城而得名，又称"烧山"。每当旭日东升或夕阳西下，云雾缭绕山腰，霞光笼罩，光彩夺目。山中有天然洞穴18处，如紫云洞、白云洞、香云洞等，这些岩洞皆与佛教、道教密切相关。汉代高道葛玄曾在此修行、炼丹；晋代高僧昙猷于紫云洞建中岩寺，坐禅修行；唐代湛然法师在此讲经说法；还有少年济公李修缘曾求学、研读于瑞霞洞。

赤城山还是一座诗歌之山。诗人孟浩然在乘船去往天台山的途中，见到赤色如霞的赤城山，竟一时分不清是霞色还是山色，由此写下"坐看霞色晓，疑是赤城标"的名句。李商隐的"只将沧海月，长压赤城霞"则表达了赤城山霞光与沧海月色的交相辉映。刘禹锡的"银珰谒者引蜺旌，霞帔仙官到赤城"和皮日休的"江汉欲归应未得，夜来频梦赤城霞"都描绘了赤城山那如梦似幻的美景。宋代诗人陆游更是将赤城山与四川的青城山相提并论，写道"看遍人间两赤城"，足见赤城山名声之盛，影响之广。

8月29日

白兆山
湖北孝感

李白"酒隐"安陆白兆山十年，留下了大量诗篇和诸多遗址遗迹。

白兆山又名"碧山"，位于湖北省孝感市安陆市，属大洪山余脉。其太白峰、钵盂山、写经岭，弥望烟云，缥缈天半，是安陆的胜景。唐玄宗开元十五年（727年），李白"仗剑去国，辞亲远游"，来到安州（今安陆），开始了"酒隐安陆"十年的生活，他以白兆山为活动中心，以文会友，写下了《山中问答》《蜀道难》《送孟浩然之广陵》《安陆白兆山桃花岩寄刘侍御绾》等近百篇不朽的诗篇。

山之西麓原建有白兆寺，寺门两侧刻有李白《山中问答》一诗："问余何意栖碧山，笑而不答心自闲。桃花流水窅然去，别有天地非人间"。寺东南曾有李白读书堂、太白林，今尚存洗笔池及明万历三十二年（1604年）所立的《翰林李白旧游处》等遗迹和碑刻。寺南山腰有"桃花崖"，又称"谪仙桃崖"，明代李通儒《桃花崖》诗云："地势下临郧子国，山光遥射楚王城；唯有桃花崖上客，曾闻李白醉吟声。"

8月30日

摩天岭
四川广元

阴平古道作为"古时秦陇入蜀之咽喉",邓艾率军偷袭成都灭蜀就是走这条路。

摩天岭位于四川、陕西与甘肃的交界处,是岷山山脉的支系,海拔2227米,是阴平古道最为险峻的隘口。小说《三国演义》里,邓艾率军行至摩天岭时面临绝境,便在此鼓舞士气。随后,邓艾率军裹毡而下,并向阵亡的将士们默哀,以示敬意。入蜀以后,邓艾大军连下江油、涪城和绵竹,兵锋直指蜀汉的都城成都。最终,后主刘禅开城投降。沿着阴平古道,还能找到许多与邓艾大军相关的历史遗迹,如邓艾的磨刀石,盖印的印合山,邓艾士兵抖鞋土的鞋土山,还有落衣沟、射箭坪等。《三国演义》中曾提到,邓艾经过摩天岭时,发现路旁有一块诸葛亮留下的石碣,用以震慑敌军。尽管这可能是一种文学上的神化手法,但诸葛亮作为卓越的军事家,确实有可能预见到敌军从阴平道攻蜀的可能性。这一细节不仅增添了故事的传奇色彩,也证明了摩天岭是蜀之咽喉的重要性。

8月31日

神女峰
重庆

神女峰峰顶兀立着一个人形石柱，高6.4米，宛如一位亭亭玉立的少女，故称"神女峰"。

神女峰又名"望霞峰"，位于长江北岸，为巫山十二峰之最。相传，巫山神女瑶姬居住在此处，宋玉的《高唐赋》和《神女赋》中描写了楚怀王与巫山神女的故事。在古代，这块耸立在巫峡江岸上的山石，作为女性贞节的象征而被景仰。然而，神话化的道德楷模禁锢了女性的自由意识和独立人格，导致了一代又一代的女性牺牲者。

1981年，诗人舒婷在路过神女峰后，写下一首现代诗歌《神女峰》。在这首诗中，她对传统观念发起了强有力的批判，揭示了这被世人颂扬的贞节形象背后所隐藏的悲哀与忧伤。"与其在悬崖上展览千年，不如在爱人肩头痛哭一晚"，她以诗歌为媒介，塑造了一座现代的"新神女峰"，鼓励女性挣脱传统的枷锁，勇敢地追求自我和幸福。

9月1日

骊山
陕西西安

骊山植被茂密，一年四季都是一幅郁郁葱葱的景象。

骊山位于陕西省西安市临潼区城南，是秦岭山脉的支脉。关于它的得名，有两种说法：一是山上松柏常青、壮丽翠秀，似一匹青苍的骊驹；二是相传西周时期，此地属于骊戎国，因而得名骊山。唐代，临潼称为昭应、会昌，因此骊山也有昭应山、会昌山的别称。

"绣岭温汤皆成佳境"，骊山有众多温泉，许多位帝王都在此修建汤池，使其成为皇家御用的温泉胜地。从周至唐，大约两千年的时间里，骊山一直是皇家王室的禁地，园林、离宫众多。西周时，周幽王在此上演了"烽火戏诸侯"的历史闹剧，不久便失去了天下。秦始皇一统六国后，将陵墓建在了骊山脚下，旁边有举世闻名的秦兵马俑军阵。到了唐代，华清宫的长生殿因唐玄宗和杨贵妃的凄美爱情故事而闻名，引白居易、杜牧等诗人唏嘘歌叹。骊山宛如一部承载着丰富历史文化的故事集，书写着无数动人的篇章。

9月2日

二酉山

湖南怀化

古人常用"学富五车，书通二酉"比喻读书甚多，学识精湛。

➡➡ 酉山位于湖南省怀化市沅陵县城西北，酉水与酉溪交汇处。二酉山背靠青龙山，左对蟠龙山，右伴鳄龙山，三山拱卫、群水环绕，远望山顶穹隆，状若华盖。据史书记载，秦始皇统一六国后，采纳丞相李斯的建议，焚烧秦以外的列国史记，甚至连《诗》《书》《百家语》也未能幸免。这时，朝廷博士官、著名儒生伏胜冒着诛灭九族的危险，将千卷书简运出咸阳，历尽千难万险，将船停靠在二酉山下，藏书于二酉洞中。直到秦朝灭亡，伏胜才将全部藏书取出献汉。汉高祖刘邦大喜，将二酉藏书洞封为"文化圣洞"，二酉山立为"天下名山"。二酉山和二酉洞便成了天下文人墨客心中的圣地，历朝历代的文人墨客纷纷前来拜谒，留下了大量的诗词文章。

9月3日

绵山
山西晋中

寒食节、清明节是中国的传统文化节日，因为介子推，绵山成为两节日的发源地。

绵山位于山西中部的晋中市介休市，处汾河之阴。相传，这里是春秋时期晋国大臣介子推的归隐和葬身之地，故又称"介山"。春秋时期，晋献公的次子重耳因宫廷权位斗争流亡在外，大臣介子推敬佩重耳的人品，舍命相随，在重耳最危难的时刻曾割股奉君。后重耳还国为君后，介子推携母亲到绵山隐居。为使介子推出山，晋文公命人放火烧山，却不料把介子推和母亲烧死在山中。晋文公得知后悲痛交加，将山名改为"介山"，并将介子推的忌日定为寒食节，以纪念介子推。第二年寒食节刚过，晋文公便来到介子推殉难的大柳树前吊祭。他发现柳树上已经长出了新的柳枝，回想起介子推生前希望他能施行清明政治的遗愿，不禁感慨万千。晋文公封这棵柳树为"清明柳"，并将这一天定为"清明节"。以后，晋文公整肃政务、发展生产，使晋国逐渐强大起来，成为"春秋五霸"之一。

9月4日

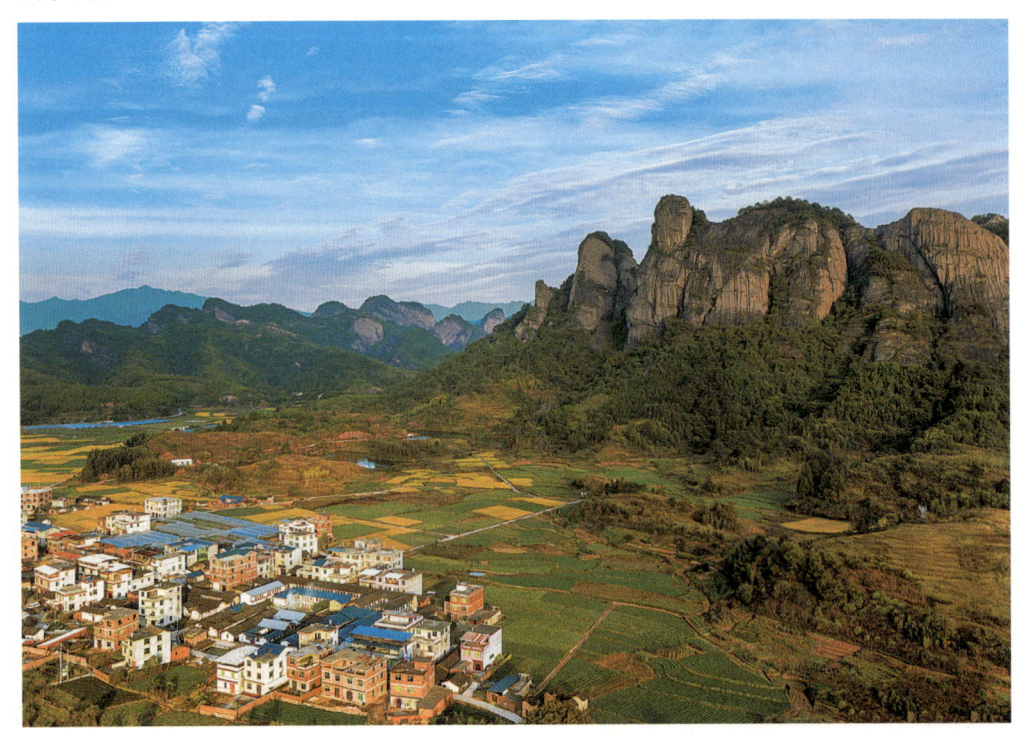

冠豸山
福建龙岩

冠豸山大部分为发育完整的壮年期丹霞地貌，素有"北夷南豸、丹霞双绝"。山体平地兀立，不连岗自高，不托势自远。

冠豸山坐落于福建省龙岩市连城县，属武夷山脉西南段。因主峰形似古代执法者所戴的"獬豸冠"（"獬豸"是传说中明辨是非的神兽，被视为公平正义的化身），故得名。龙岩是客家文化的发祥地，冠豸山则被誉为"客家神山"。

自宋代以来，不少名士来到冠豸山，或筑建馆舍讲学传经，或在名山胜景中安享年华，留下了许多珍贵的题匾。宋代理学家罗从彦，曾在仰止亭讲学四年，其讲学之风盛行一时。冠豸山的摩崖石刻有40余处，如林则徐手书的"江左风流"、清乾隆名士纪晓岚题写的"追步东山"等墨宝。从中原迁移来的客家人，历来珍视并传承着中原的儒学文化，冠豸山凭借其深厚的文化底蕴和壮丽的自然风光，成为历代客家人所推崇的名山。

9月5日

西樵山

广东佛山

西樵山大仙峰上有一尊巨大的观音像，广视众生。

西樵山位于佛山市南海境内，独秀于广袤的珠三角平原之上，整座山由72座山峰簇拥而立，如朵朵盛开的莲花。西樵山是远古时从海底"长出"的火山，构成山体的岩石主要是火山角砾岩、凝灰岩和粗面岩等。随着岁月的流逝，海水逐渐退去，形成了珠江冲积平原，西樵山就成了陆地上突兀而起的一座孤山。

西樵山上有闻名遐迩的飞流千尺瀑布，瀑布如从天而降的银斧，劈崖而下，飞珠溅玉，扬起白色的浪花。瀑布之畔，石刻众多，多出自明清时期的名家之手，篆草楷隶，各具特色，洋溢着浓厚的书画艺术气息。

西樵山有6000多年的文明史，古西樵山人创造了灿烂的"双肩石器"文明；明清时期，大批文人学子曾隐居于此，使西樵山有了"南粤理学名山"的雅称。西樵山还是"南拳文化"的发源地，一代宗师黄飞鸿就出生在这座山脚下。

9月6日

鸟鼠山
甘肃定西

鸟鼠山青山如黛、碧水如练、林密境幽，丝毫不像是身处大西北的干旱之地。

　　鸟鼠山位于甘肃省定西市渭源县，属于秦岭山脉的西延山，东北抵达陇中黄土高原，不仅是渭河之源，也是洮、渭两河的分水岭。在《山海经》中称为"鸟鼠同穴山"，是中国文献记载中历史悠久的一座名山。关于山名的由来，有一个有趣的说法：山上鸟类和鼠类众多，因缺乏可供筑巢产卵的树木，鸟儿们便选择以老鼠的洞穴为家。久而久之，鸟与鼠在这片土地上和谐共生，形成了"鸟鼠同穴"的独特景象。

　　作为渭河的源头，鸟鼠山曾经遍布甘泉。其中，"品字泉"尤为著名，它包括三眼清泉：因被大禹称为神泉而得名的"禹仰泉"、渭河龙王的龙池"吐云泉"，还有富有传奇色彩的"遗鞭泉"。相传唐太宗李世民西巡陇西郡探源渭水时，不慎将马鞭掉入泉中，打捞无果。此后，马鞭却现于渭河之上，因此得名"遗鞭泉"。品字泉旁有"禹王庙"，相传大禹治水时，见渭水被鸟鼠山阻挡，便用神斧劈山开谷，渭水出而东流，解救了无数生灵。这一壮举被后人称为"大禹导渭"，百姓感大禹的恩德，便立庙以纪念。

梅岭

江西南昌

梅岭清秀灵动,明代文学家冯梦龙在《警世通言》中赞美此山"万古精英此处藏,分明是个神仙宅"。

梅岭位于赣江以西、南昌中心城区的西北部。梅岭原名"飞鸿山""洪崖山",拥有大小山峰99座,主峰"洗药坞"海拔842米。西汉末年,南昌县尉梅福为抵制王莽篡政,退隐西郊飞鸿山修道,后人为纪念他的高风亮节,在岭上建梅仙坛,岭下建梅仙观,并改名为梅岭。

梅岭自古是文化名山。传说在梅岭隐居的洪崖先生不但是黄帝的乐臣,还是一位上古仙人,在尧时已有三千岁。历史上,众多文人名士曾登临梅岭,留下他们的足迹和故事。两宋时,欧阳修、王安石、杨万里等都曾游梅岭,并写下诗文;元明时期,朱元璋与陈友谅在鄱阳湖大战留下了战鼓坪遗址,李时珍在梅岭采药,张位在梅岭讲学,而汤显祖则在游云峰寺时掉过簪;清代,著名画家朱耷曾在梅岭的寺院修行作画,并在去世后葬于此。

9月8日

烂柯山

浙江衢州

由山下拾级而上，穿过茂密的古树，一座像石桥一样的山横亘在眼前，左右分别刻有"烂柯仙洞""天生石梁"几个遒劲大字。

烂柯山位于浙江省衢州市，海拔164米，是闻名中外的"围棋圣地"。围棋源于中国，相传，围棋是上古时代尧帝所创，并传授给了其子丹朱。烂柯山原叫"石室山"，史料中记载，晋代有一个叫王质的樵夫，到石室山砍柴，见两童子下围棋，便于一旁观看。一局未终，童子便提醒他斧柄已烂。王樵回到村里时，才知已过数十年。后人据此把石室山称为烂柯山，并把"烂柯"作为围棋的别称。

烂柯山下矗立着两块石碑，一块刻着中国棋院院长、九段棋手陈祖德的赞誉："衢州烂柯围棋仙帝"，另一块刻着唐朝诗人孟郊的《烂柯石》诗："仙界一日内，人间千载穷。双棋未遍局，万物皆为空。樵客返归路，斧柯烂从风。唯馀石桥在，犹自凌丹虹。"

9月9日

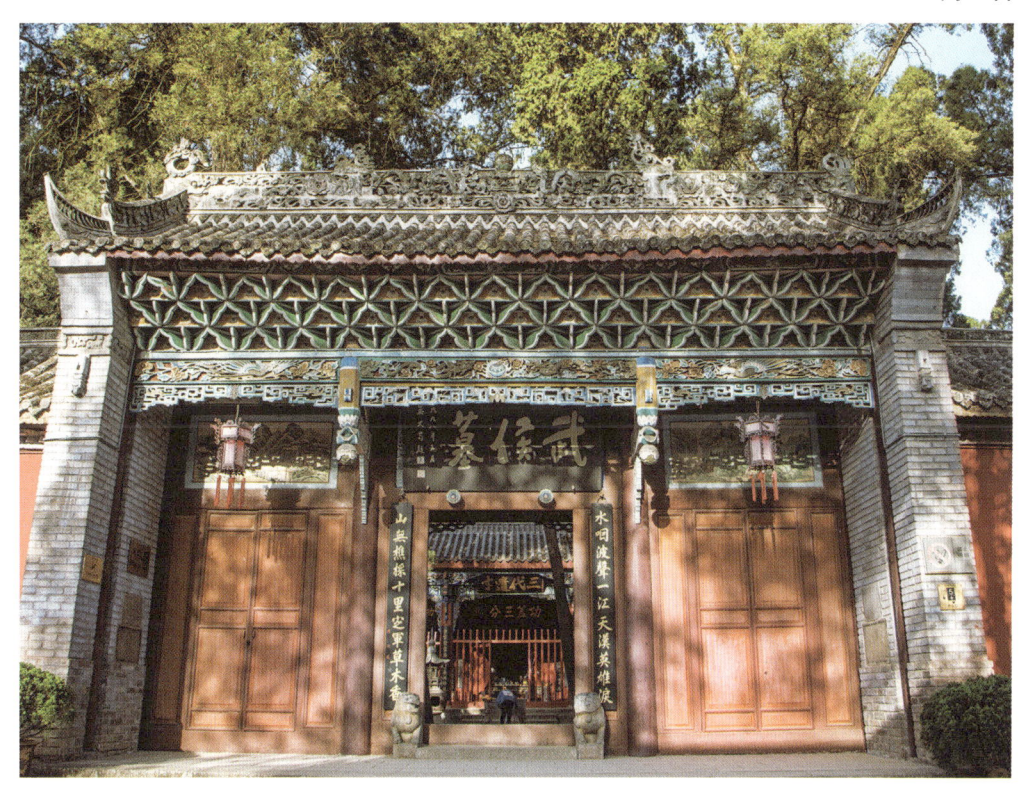

定军山

陕西汉中

定军山上，武侯墓依然矗立，正是陆游所写"定军山前寒食路，至今人祠丞相墓"。

定军山位于陕西省汉中市勉县城南，沿汉江峰峦起伏，状若游龙，东西绵亘二十余里，统称定军山。山上有主峰十二，一字摆开，人称"十二连山一颗珠"。它与天荡山、古阳平关形成三角之势，是汉中盆地西端的天然屏障。公元219年，刘备为夺取汉中，与曹将夏侯渊在此交战。经法正指点，老将黄忠趁其不备，袭杀夏侯渊于定军山西侧。曹军败北，刘备遂占据汉中，黄忠也一战成名。诸葛亮对定军山也情有独钟，曾设相府于定军山下，对曹魏进行了五次北伐。234年，忧劳成疾的诸葛亮病卒于岐山五丈原军中，按照其遗命被安葬在定军山下，后主刘禅为他立有武侯祠，以示纪念。

9月10日

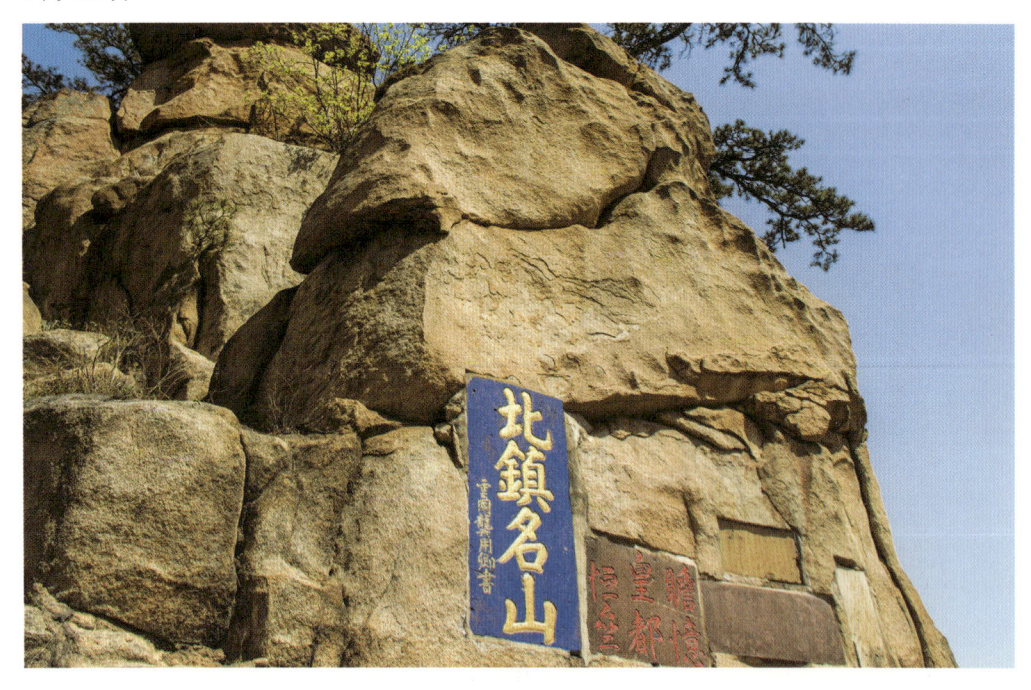

医巫闾山

辽宁锦州

医巫闾山上广植树木,苍松翠柏相互掩映,碑碣和摩崖题字甚多。

医巫闾山位于辽宁省锦州市北镇市境内,属于阴山山系松岭支脉,古称"于微闾山""无虑山""医巫虑山"。"医巫闾"是东北古老游牧民族东胡语里"大山"的意思,满语意为"翠绿的山"。此山山形掩抱六重,为东北三大名山之一,主峰"望海山"海拔866.6米。相传舜帝分十二州,每州各封一座镇山为祭祖之地,医巫闾山就是幽州的镇山。隋代封有四大镇山,此为北镇,唐代也被列为五镇之一。

医巫闾山是辽代学术文化的中心之一,契丹文化与汉文化在此交汇融合。辽太祖耶律阿保机的长子耶律倍,以其卓越的文学造诣和翻译才华,在闾山创建了藏书万卷的望海堂。这里还有辽代三大皇家陵墓群之一,据文献记载和考古发现,耶律倍一系皇族中有十余位葬于这里的乾陵,其中包括著名历史人物萧太后。

9月11日

熊耳山
河南三门峡

图为熊耳山的秋色。

熊耳山位于河南省三门峡市,是秦岭东段规模较大的支脉之一。据《水经注》记载,熊耳山"双峰竞秀,望若熊耳",故得此名。"秋观云海"是熊耳山绝景之一。每当秋季雨过天晴时分,自熊耳山主峰北望,群山起伏,万顷云层汇拢在峡谷之间,偶有几处峰尖在茫茫云海中若隐若现,如万马奔腾、蔚为壮观。

熊耳山北控洛河,南制伊河,是守卫古都洛阳的屏障。隋末唐初的瓦岗军首领李密投降唐高祖李渊后,并不真心臣服,于是东逃到熊耳山。李密本以为这不是逃往洛阳的最便捷通道,所以更安全,不料唐军的弓箭手却埋伏在熊耳山以南的要道上,将其当场射杀于乱军中,李密的传奇一生就此落幕。

9月12日

日月山
青海西宁

图为日月山上的文成公主雕像,她在峰顶翘首远望,仿佛想看到长安的景象。

日月山位于青海省西宁市湟源县,属于祁连山脉。日月山地处黄土高原与青藏高原的叠合区,是青海省内外流域的天然分界线。这里自古就是进入青藏高原的必经之地,南北朝时期,由于河西走廊的丝绸之路堵塞而开辟的"丝绸南路",即经日月山、青海湖,穿越柴达木盆地,最终通往西域。北魏时期,僧人宋云自洛阳西行求经,也是取道日月山前往天竺。唐朝开辟"唐蕃古道"和现代的青藏公路也都通过日月山。

日月山不仅是地理上的要道,更是历史的见证者,这里见证了无数次的会盟、和亲、战争以及"茶盐""茶马"互市的繁荣。相传,文成公主远嫁松赞干布时曾过此山,因思念家乡便取出"日月宝镜",镜中立刻展现出长安的繁华景象。公主悲喜交加,不慎失手,把"日月宝镜"摔成两半。这两半镜子分别落在两个小山包上,东边的半块朝西,映着落日的余晖,西边的半块朝东,照着初升的月光,日月山便由此得名。

大洪山

湖北随州

大洪山的山峰多坡陡顶平，留有数百个古战场、古山寨、古寺院的遗迹。图为大洪山金顶大慈恩寺的建筑群。

大洪山位于湖北省北部的随州市随县，主峰"宝珠峰"海拔1055米，素有"楚北天空第一峰"的盛誉。大洪山是涢水、大富水发源地，具有众多火山口湖，号称"百湖之山"，又称"大湖山"。山上840米海拔处有白龙池，与台湾日月潭、吉林长白山天池、新疆天山天池合称为"中国著名四大火山口湖"。

大洪山历来是兵家必争之地。西汉末年绿林起义、元末明玉珍起义、清末赵邦壁起义都在大洪山立寨。其中，绿林起义是中国历史上的第二次大规模农民起义。公元17年，王匡、王凤二人在大洪山组织饥民起义，因西汉时期大洪山名为绿林山，故起义军被称为绿林军。起义军反对王莽政权，于公元23年建立更始政权。同年，绿林军在昆阳打败莽军，并乘胜追击攻占长安，推翻了王莽政权，留下了深远影响。

9月14日

缥缈峰

江苏苏州

站在缥缈峰峰顶，太湖的湖光山色尽收眼底。

缥缈峰位于江苏省苏州市吴中区，海拔336.6米，是西山岛主峰、太湖七十二峰之首，常年被云雾笼罩，犹如缥缈仙境，因此得名。太湖是中国五大淡水湖之一，古称震泽，有50多个岛屿，西山岛是其中最大的岛，它其实是天目山余脉的延伸，峰断脉连，从东南方伸入太湖。相传，吴王夫差和西施为观赏太湖美景常登缥缈峰，还在峰顶建了一座瞭望塔，名"望月阁"（望越阁），既方便西施远眺家乡故土越国，又可作为军事瞭望预警的高地。吴王夫差为取悦西施，还特地从消夏湾的避暑行宫出发，沿着缥缈峰南侧建造了100座亭子，并用长廊将它们相连，称为百亭长廊。后来，吴国国力大量消耗，吴王被越王打败并自杀而亡，望月阁与百亭长廊也在这场历史变迁中遭到了毁坏。为了让游客们能够感受到那段历史的韵味和魅力，如今山上又新建了一座瞭望塔和部分百亭长廊。

9月15日

关山
河南新乡

如今的关山是奇绝的国家地质公园，山崩地裂造就万仞绝壁，图为关山的好汉坡。

关山位于河南省新乡市西北部的辉县市，地处华北平原西侧、太行山南麓。关山是南太行的弧形转折端，有"一夫当关，万夫莫开"之势，西汉名臣张良曾在此隐居。张良是战国时期韩国贵族后裔，秦始皇统一天下后，背负国恨家仇的张良一心图谋复国。他不惜散尽家财，以求刺客刺杀秦始皇。公元前218年，秦始皇巡幸天下行至原阳博浪沙时，张良雇刺客用大铁锤阻杀，因误中辅车导致刺杀失败。张良逃至深山，隐居在关山的一条沟里，即现在的张良沟。相传，张良常静坐在白龙潭边，反省自己的前半生。他苦读诸子百家，韬光养晦，最终融会贯通。后来，他辅佐汉刘邦，击败西楚霸王项羽，为汉朝的建立立下了赫赫战功。与张良相关的历史文化遗迹如今仍散落在关山上下，如子房宫、藏书阁、抚琴台、奕台、驸马坟等，它们不仅是历史的见证，也是后人缅怀这位伟大人物的珍贵纪念。

9月16日

麦积山
甘肃天水

在麦积山，游客可以欣赏到举世闻名的石窟艺术，雨后更可领略到独特的"麦积烟雨"奇观。

麦积山位于甘肃省天水市麦积区。中国四大石窟里只有麦积山石窟以山为名，其他三处石窟，或地处绝壁峡谷，或只占山的一小部分，而麦积山形如麦垛，群峰映衬下一山独立，绿林环绕的土色断崖显得格外引人注目，似乎天然为开凿石窟而生。麦积山原本没有断崖，是一个完整的山体。唐代发生剧烈地震，使得中部山体大面积坍塌，分成如今东、西两部分，绝大部分石窟就在断崖面上开凿而成。洞窟之间则依靠悬空栈道相连，恐高的人走在上面，即使腿不抖也可能会眩晕。

麦积山石窟之所以与众不同，在于其泥塑艺术的卓越成就，被誉为"东方雕塑陈列馆"。因为天水地处丝绸之路的要冲，所以麦积山石窟的塑像风格既受西域文化的影响，也融入了中原和南方文化的精髓，尤其是北魏中期的"秀骨清像"，更是见证了石窟造像艺术由胡入汉、逐步建构华夏风骨的历程。

9月17日

封龙山
河北石家庄

封龙山上既有雄奇险秀的自然景观，也有汉碑、书院、禅林、道观。

封龙山位于河北省石家庄市鹿泉区，西倚太行，东临平原，地处晋、冀的交通咽喉，原名"飞龙山"。蒙元初期的封龙山活跃着"龙山三老"，他们分别是元好问、张德辉、李冶。元好问是金元之际的文学家、史学家，张德辉是金元时期朝廷的重臣，李冶则是宋元四大数学家之一。其中，元好问不仅以卓越的文学才华冠盖金、元两代，更在乱世之中，积极投身于文化的传承与保护工作。在金朝即将覆灭之际，他上书耶律楚材，力主保护大批文人学士；金朝灭亡后，他又编纂了金朝的诗歌总集《中州集》，为后世留下了宝贵的文化遗产。

封龙山也是河北地区书院的发祥地。北宋时，河北见诸记载的书院有三所：封龙书院、中溪书院和西溪书院，它们全在封龙山中。李冶晚年曾在封龙山讲学，他一边讲授知识，一边深入钻研数学理论，最终撰写了《测圆海镜》这一中国古代数学史上的名著。这本书第一次系统地论述了"天元术"，即通过列方程、解方程而求出未知数的方法。李冶的"天元术"是世界上最早的半符号代数学，代表了当时世界上高次方程数学的最高成就。

9月18日

九真山

湖北武汉

九真山文化底蕴厚重，更是知音文化的根脉所在。

九真山位于湖北省武汉市蔡甸区，相传九仙女曾在此各居一峰炼丹，因而得名。九真山主峰海拔仅276米，但在地势平坦的江汉平原上却显得尤为高耸，因此被誉为"江汉平原第一峰"。站在山顶俯瞰，层峦叠翠，江汉平原的辽阔景色一览无余。

除了美丽的自然风光，这里还是伯牙、子期"高山流水遇知音"的发生地。伯牙善于弹琴，钟子期善于倾听。两人在此结为知音，相约来年再会。第二年，钟子期不幸英年早逝，伯牙心中悲伤不已，他感叹天下再无知音，于是将琴摔碎，发誓终生不再弹琴。为排遣抑郁，伯牙到九真山寻访钟子期生前足迹，追忆两人昔日友情。他流下的泪水化为一汪水塘，称为"钟情水"。而九真山里更是遍布了钟子期砍柴时的生活足迹，比如结庐而居的"子期草庐""试斧石"等。

9月19日

大黑山

辽宁大连

从大连金州市区远眺大黑山。金州横跨黄海和渤海，登临大黑山山巅便可同观两海。

大黑山位于辽宁省大连市金州区，北望长白山、千山，南临黄海、渤海，因山石多呈淡黑色而得名。大黑山山雄水奇，石峰错落有致，瀑布和小溪星罗棋布。站在峰顶极目远望，金州湾、大窑湾、小窑湾、大连湾"四湾映帘"，令人心旷神怡。

大黑山不仅是大连古文化的发祥地，还是研究古代高句丽历史的重要载体。卑沙城历史最早可追溯至隋唐时期，在《资治通鉴》等古籍中均有记载。宫观和古刹为大黑山增添了浓厚的宗教色彩，观音阁、唐王殿、石鼓寺、朝阳寺、响水观等晨钟暮鼓、香火不断，观音阁庙会更是辽南地区最负盛名的庙会之一。大黑山雄踞金州地峡，地理位置险要，自隋唐至鸦片战争，这里发生过无数的战争。卑沙城金戈铁马，点将台刀光剑影，徐家山炮台、石门子阻击战旧址、南山日俄战场等战争遗址，见证了历史的沧桑与变迁，也留下了丰富的历史遗迹供后人探寻。

271

9月20日

钓鱼山

重庆

钓鱼城依山就势巍然屹立于山巅，三面峭壁悬崖据江而立，险绝异常，有"倚天拔地，雄峙一方"的险峻之势。

伫立在重庆市合川区的嘉陵江、渠江、涪江三江交汇的半岛之上，最高海拔近400米。传说，古时有一巨神在此钓嘉陵江中之鱼，解救因天灾而遭受饥馑的百姓，因而得名。位于山顶的钓鱼城遗址，是南宋四川置制司抗蒙山城之一。南宋淳祐三年（1243年），余玠为抵御蒙古军东下，在此筑城防守，并将合州治所迁移至此，由此拉开了钓鱼城长达36年的守城序幕。

开庆元年（1259年）蒙古兵围攻钓鱼城长达4月之久，却未能攻克。此役中，蒙哥汗也命丧于此。蒙哥汗死后，汗位空虚，蒙古诸王纷争遂起，各军团匆忙从亚、欧战场回撤。这一转变不仅让南宋暂时免于灭国之祸，更是深刻改变了亚欧大陆的格局。然而，历史的车轮终究无法阻挡。1276年初，南宋朝廷在临安投降元朝。1278年，元军攻破重庆城。钓鱼城守将、合州安抚使王立见大势已去、独木难支，便以不屠城为条件，于1279年终止了抵抗，开城投降元军，坚守了36年的钓鱼至此陷落。

9月21日

乌鞘岭
甘肃武威

乌鞘岭山顶积雪终年不化，为山下东、西两面的居民提供了不竭的水源，也滋润了辽阔的草场。

乌鞘岭位于甘肃省武威市天祝藏族自治县中部，属祁连山脉北支冷龙岭的东南端。乌鞘岭是祁连山最为险峻的山峰之一，也是陇中高原和河西走廊的天然分界，亦为半干旱区向干旱区过渡的分界线。登岭远望，只见乌鞘岭像一条巨龙，头西高、尾东低，披云裹雾、蜿蜒曲折。乌鞘岭的南部，马牙雪山峻奇神秘，玉质银齿，直插云天。而北面的雷公山高耸入云，与云雾缭绕的牛头山并肩而立，各展雄姿。

自古以来，乌鞘岭就是河西走廊的咽喉之地，也是古丝绸之路上的要冲。历史上，张骞、玄奘、霍去病等都曾翻越此山，它见证了中国古代对外的交流和开拓。如今，随着科技的进步和交通的发展，长逾20千米的乌鞘岭隧道横架于山岭，成为中国第三长的铁路隧道，消除了欧亚大陆桥通道上的"瓶颈"制约，更让兰新铁路、甘新公路（312国道）等交通要道畅通无阻，极大地促进了区域经济的发展和文化的交流。

9月22日

雾灵山
河北承德

雾灵山是京津地区的重要生态屏障，它像一颗璀璨的绿色明珠镶嵌在华北大地上。图为雾灵山山顶清晨日出的云海。

雾灵山位于北京与河北的交界处，海拔2118米，虽不是燕山山脉的最高峰，但因为其文化知名度高而被认作燕山主峰。山体巍峨高耸，崖壁陡峭险峻，古时具有军事防御的功能，因此北朝、隋、辽都在雾灵山沿线修建过长城。明朝迁都北京后，雾灵山成为边关重地，雾灵山上被修建了众多长城关口，如强子岭关、白岭关、黑谷关等。现在能看到的长城多为明朝所建。

明代的刘伯温、徐霞客、顾炎武等众多名人都曾在雾灵山题词、作诗或记赋。明洪武年间，刘伯温巡视边陲重镇曹家路时曾登临雾灵山，行至半山劳累烦热，歇于一巨石下，忽觉一阵凉风袭来，疲劳顿觉消失，随赐"雾灵山清凉界"。这便是京东第一碑"清凉界碑"的由来。如今，这块碑上镌刻的大字仍清晰可见，成为雾灵山文化历史的宝贵遗产。

9月23日

苍岩山
河北石家庄

当浮云飘过时,拱桥连同宫殿时隐时现,就像神话中的仙山琼阁,不是仙境胜似仙境。有诗赞曰:"千丈虹桥望入微,天光云彩共楼飞。"

苍岩山位于河北省石家庄市井陉县,地处太行山中段,有"五岳奇秀揽一山,太行群峰唯苍岩"之美誉。苍岩山海拔不高,只有1000余米,但它有两个特点非太行山脉其他高山可比:一是山体通红,二是峭壁开阔。这里有个弯曲呈"C"字形的峡谷,四面高山耸立环绕。有两座山峰南北相对,拔地而起,两山之间像被利刃劈开一样,形成一线之天。

"福庆寺"是苍岩山的核心,它建于1400年前的隋代初期,空灵毓秀,中层的桥楼殿最为著名。它是我国的三大悬空寺之一,据考证,此桥为隋时所建,先于赵州桥。桥上建楼,楼内建殿。3座单孔石桥悬空架于百仞峭壁之间,仰视蓝天一线,俯首万丈深渊。数不尽的白檀树婀娜多姿,树根裸露,盘抱巨石;上万棵崖柏、沙柏、香柏深根扎于岩缝,许多树龄均在千年以上,无论矗立、侧出、倒悬,不分南北东西,树冠统统朝向公主祠,好似在向公主顶礼膜拜,令人叹为观止。

9月24日

妙峰山
北京

图为雪后的妙峰山娘娘庙。清末民初，娘娘庙香会繁盛，有"香火之盛，可甲于天下"之称。

妙峰山位于北京西山深处，属太行山余脉，主峰海拔1291米，山势峭拔。山上的娘娘庙为百姓信奉"泰山娘娘"的道教宫观。"泰山娘娘"即天仙玉女碧霞元君，是京城百姓虔诚信奉的道教神祇，缘起于明代中后期，曾在京城内外盛极一时。到了清代，妙峰山以"金顶"之美誉，成为京城百姓信奉"娘娘"的核心地。在娘娘庙里，还有一座王三奶奶殿。王三奶奶在京津一带为人针灸、施药，医术高明，传说她最后就坐化在妙峰山。民间曾有这样的说法："摸摸王三奶奶的手，百病全没有；摸摸王三奶奶的脚，百病全都消。"

妙峰山娘娘庙西侧，有"紫霞一线天"景区。这里有一条狭长的沟谷，谷口处两块巨石紧紧相依，仅留一线缝隙。这两块石头各有其名，一块称为"猿人石"，另一块称为"神来石"。在抗战时期，曾有一枚炸弹落在娘娘庙旁，千钧一发之际，一块巨石突然飞来，将炸弹压在土中，避免了庙宇的毁灭。这一传奇故事为妙峰山增添了几分神秘与传奇的色彩。

9月25日

方山
江苏南京

定林寺塔也叫定林斜塔，斜度超过了著名的比萨斜塔，堪称世界第一斜塔。坐在院中的石墩旁，在斜阳下观看斜塔是一种奇妙的体验。

方山位于南京市江宁区境内，海拔209米。因为山体方耸，顶部平坦，因此得名。因山四角方正，犹如天降印鉴，又称"天印山"。方山是一座死火山，其主体由火山喷发的玄武岩层构成，玄武岩之下则是古河流沉积的砂砾岩，这使得它成为中国东南新近纪火山的典型代表之一。漫步在方山上，路旁的灯塔基座由多孔状火山岩垒成，这种岩石因其质地轻盈又被称为浮石。

南北朝时，方山是东南方向出入南京城的必经之地，与著名的石头津南北相对。佛教有"南定林，北少林"之美誉的定林寺，始建于六朝刘宋年间的钟山上，南宋时定林寺迁至方山北麓，重修后沿袭旧名至今。由于地扼交通要道，方山多次卷入战火，定林寺也屡毁屡建。在这漫长的历史变迁中，定林寺塔得以幸存，这座始建于1173年的古塔至今已有八百多年的历史，见证了定林寺的兴衰和方山的历史变迁。

9月26日

峄山
山东济宁

峄山奇峰怪石、陡峭峻拔,岩洞幽深,相互通达。循盘道登山,沿途荞麦石、虎皮石、左龟石、试剑石、卧虎石、思亲石、探海石等千姿百态,嶙峋兀立。

峄山位于山东济宁市邹城市东南,又名"邹峄山""邹山""东山",主峰海拔582.8米。春秋时邾国国君文公曾迁都于峄山之阳,残垣断壁至今犹存。后人在此建寺观、筑亭台、刻石纪胜,遂有"邹鲁秀灵"的美誉。孔子、孟子、秦始皇、李斯、司马迁、李白、杜甫、苏东坡、王安石、欧阳修、黄庭坚、董其昌、郑板桥等都曾登临峄山览胜,并留下三百多处摩崖刻石和碑碣。"冠子石"为峄山东峰,世传为孔子登峄山而小鲁处。秦始皇登峄山,曾命丞相李斯刻石记功,世称"峄山石刻",原碑已佚,元代仿刻的碑石仍存,是峄山历史文化的珍贵见证。

9月27日

藏山

山西阳泉

藏山山峰南北对峙、壁崖如削,名曰二嶂。南嶂耸然笔立,名为笏峰,峰东山路崎岖,攀登而上,可达南天门。北嶂石峭如屏,崖下深邃,依崖建有殿堂。

藏山位于山西阳泉市盂县,古名"盂山",是历史故事《赵氏孤儿》的发生地,更是忠义文化的象征。据《史记》记载,春秋时奸臣屠岸贾妄图独揽晋国大权,迫害大夫赵朔一家,赵朔死前将遗腹的孤儿托付给门客程婴。为了保全赵氏孤儿,程婴牺牲了自己的儿子,携赵氏孤儿潜入盂山藏匿十五年,使赵氏血脉得以延续。后来,景公得知真相,揭露了屠岸贾的阴谋,为赵家洗清了冤屈。为了纪念这段历史,后人把盂山改名藏山,并立祠祭祀,距今已有2600多年的历史。

藏山左侧山腰有一天然石洞,僻静幽深、风雨不侵,洞前立有石碑,记载了藏孤之事,故名"藏孤洞"。山中还有"饮马池",相传为程婴、赵武落难时的饮马之地。这处山泉至今汩汩流淌、清澈见底。藏山入口处有龙凤二松,龙松盘曲臃肿,凤松袅娜挺立。藏山庙祀奉赵武,又名"文子祠",以赵武之谥号赵文子命名。东侧有报恩祠,祀程婴、韩厥、公孙杵臼,以感激他们的忠义。

9月28日

双峰山
湖北孝感

双峰山奇峰竞秀、怪石林立、林木葱郁，古有"仙源"之称。

双峰山位于湖北省孝感市孝昌县，属大别山余脉，因主峰由两座对峙的山峰组成，因此得名。这里流传着孟宗哭竹、董永与七仙女等脍炙人口的民间传说，据说双峰山正是由董永与七仙女"仙化"而成。山上有白云古寨、双峰书院、第一泉、回龙寺等名胜古迹。其中，白云古寨是湖北规模最大、保存最好的山地古兵寨，唐代农民起义领袖黄巢曾在此屯兵打仗。

双峰山也是楚剧和清戏（湖北高腔）的发源地，清戏的"三合班"曾风靡一时。千百年来，这里的人们创作了种类繁多的山歌、灯歌、风俗歌、小调、号子、宗教歌等，带有浓郁的荆楚古韵。双峰山还是一座佛教名山，禅宗祖师道信、弘忍、神秀及惠能均在此传习佛法。其中，神秀曾被武则天请进长安作宫廷法师，地位和影响很高。

9月29日

苏门山

河南新乡

苏门山南麓有著名的百泉湖,泉水从地底涌出,泉眼无数,因此号称百泉。仁山智水,交相辉映,构成了一幅和谐的自然画卷。
摄影:魏书宽

苏门山位于河南省新乡市辉县,属于太行山支脉,海拔184米。历代众多名人曾与苏门山结缘,到此隐居、游览。《世说新语》里提到的"苏门长啸",就是魏晋时期孙登隐居苏门山,筑台长啸。阮籍前去拜访孙登,与高人"长啸"的典故。北宋苏轼曾到此怀古,登上啸台,还留下珍贵的题刻。

苏门山还是一座理学之山。宋代的理学大家邵雍、清代的孙奇逢都曾在此隐居和讲学,蒙元初期更是"三星辉映",姚枢、许衡、窦默在此切磋并大力弘扬理学。元初苏门山能成为北方理学中心之一,除了人文底蕴丰厚,也与交通便利有关。苏门山一带所在的卫辉路,处于大都至河南江北行省的重要节点,四通八达,是元代北方的交通中心之一。元代著名学者王恽曾称赞苏门山"山水明秀,为天下甲,盖有东南佳丽潇洒之胜,而无卑湿蒸炎之苦,诚中州之江南也。"

9月30日

鼓山

福建福州

鼓山涌泉寺有"闽刹之冠"的美誉。

鼓山位于福州东郊的闽江北岸。其名称起源于两种说法：一说是因为山顶之上矗立一块巨石，每当风雨交加时便会发出洪亮的鼓声，声震山谷，令人震撼；另一说则是因为其山形酷似鼓面，且与对面的旗山相互辉映，形成"旗鼓相当"之势，因而又有"右旗（山）左鼓（山），全闽二绝"的赞誉。

鼓山山腰上的古刹"涌泉寺"，有一千多年的历史。它依山取势，一排接着一排，一座高过一座，层层相叠，十分壮观，有"进山不见寺，入寺不见山"之妙。涌泉寺的大门只有门框，而没有门扇，其楹联"空门不用关，净地何须扫"道出了此中的深意。这座寺庙里还专门建有一座藏殿，除藏有9000部佛教经书外，还藏有657册血写经书、7册缅甸贝叶经和1300多块经书雕版，堪称珍宝之库。

10月1日

贺兰山
宁夏、内蒙古

贺兰山是中原王朝西北边疆的坚固屏障，承载着历代将士们建功立业的壮志豪情，岳飞在《满江红》中就有"驾长车，踏破贺兰山缺"的豪迈诗句。图为贺兰山脚下的西夏王陵。

宁夏回族自治区和内蒙古自治区的界山，是中国重要的地理分界线和分水岭，也是承载了很多历史文化、军事文化印记的北方名山。秦汉时期，中原农耕文明进入贺兰山东麓的河套地区，匈奴人被迫迁移至贺兰山以西、河套以北，曾经的牧场变为农田。现在位于吴忠市的秦渠、汉渠就是那时开凿的。随后，鲜卑、突厥、唐王朝、党项、蒙古等政权，你方唱罢我登场，相继统治着贺兰山地区。到了明清两代，为防西北边患，贺兰山成了一座"大兵营"。如今，明长城依然蜿蜒在山中，屹立不倒。

贺兰山下曾分布着许多大小不一的城堡，现在除了"镇北堡"等几座被保留下来之外，其他的都消失在了历史的长河中。有的古堡名被当作地名沿用至今，成为这片土地上独特的文化印记。

10月2日

崤山
河南三门峡

崤山主峰甘山海拔1902.6米,森林覆盖率达98%,森林蓄积量50余万立方米,动植物资源丰富,景观独特。

  崤山位于河南省西部,系秦岭东段支脉,以古崤县得名。这座山分为东、西两崤,蜿蜒伸展至黄河与洛河之间,绵延160千米。崤山有险峻的河流、巍峨的峰峦和深邃的峡谷,是能够控制豫陕之间交通的要道,自古被视为天下重险之地,是天下"九塞"之一。古函谷关(亦称崤塞)正好位于崤山的咽喉之处,因此,崤函不仅是关中平原东边的天然屏障,也是中原地区西部的锁钥之地,所谓"扼雍豫之咽喉,管晋秦之门户"。

  春秋战国时期,秦国势力逐步强大,向东扩张的必经之路便是通过函谷关,翻越崤山。秦穆公三十三年(前627年),秦国派大军袭郑。秦军到了郑国后,发现郑国做好了充分的准备,无法攻下,只得被迫撤军。途经崤山时,预先埋伏在那里的晋军突然以滚木、檑石发起猛袭,秦军几乎全军覆没,三位主帅也被俘,这就是著名的崤之战。崤之战后,秦国东进中原之路被晋国扼制,穆公不得不将战略重心转向西方,最终"益国十二,开地千里,遂霸西戎"。

10月3日

雁门山
山西忻州

随着历史变迁,雁门山不断增筑军事工程,至明代达到顶峰。

雁门山位于山西省忻州市代县北部,属于恒山西脉,海拔1000多米,古称"勾注山"。这里群峰挺拔、地势险要,自建雁门关后,更有"一夫当关,万夫莫开"之势。相传每年春来,南雁北飞,口衔芦叶,飞到雁门盘旋半晌,直到叶落方才过关,故有"雁门山者,雁飞出其间"的说法。

"天下九塞,雁门为首",雁门关北依雁北高原,南屏忻定盆地,是长城重要的关隘,号称"中华第一关",并与宁武关、偏头关合称为"外三关"。战国时期,赵置雁门郡,此后多以雁门为郡、道、县建制戍守。唐初,因北方突厥崛起屡犯中原,唐驻军于雁门山,于制高点设关城,戍卒防守。后经五代十国、宋、辽、金、元等约四百余年的积累,明代雁门山的军事工程达到顶峰。如今,明长城的围城、关城、瓮城、隘城、堡寨、兵洞、烽火台、校场、兵盘、村落、古关道等遗迹仍清晰可见,见证了历史的沧桑与变迁。

10月4日

幕府山
江苏南京

幕府山山崖濒江、陡峭雄伟，好似南京城的一道"屏风"。

幕府山位于江苏省南京市长江南岸，西起上元门，东至燕子矶，连绵6000多米，主峰海拔190米。山下的五马渡是西晋灭亡后，琅琊王司马睿与汝南王、南顿王、彭城王等藩王渡江抵达江南之处。传说，五位皇族分乘五匹马登上江南的土地。突然，司马睿的坐骑化龙飞去。这是一个吉祥的预兆，不久后，司马睿果然登基为帝，成为晋元帝，他以南京为中心，开创了东晋王朝。

　　长江三大名矶之一的燕子矶也是幕府山的一部分。燕子矶三面临水、陡峭险峻，好比展翅欲飞的燕子，江水在这里展现了激荡奔流的恢宏气势。自古以来，幕府山燕子矶附近，不但是大江南北的交通渡口，也是古金陵防御江北的战略屏障和军事要道。南朝梁末，北齐军渡江南进，陈霸先从幕府山出发，成功抵抗并击败了北齐军。郑成功也曾经在1659年率兵从福建一路杀到南京，屯兵幕府山而欲占领南京。

10月5日

军都山
北京

图为军都山关沟古道北口附近的长城。

北京市的主要山脉，处于燕山和太行山的交汇地带，东以古北口与燕山相邻，西临居庸关与太行山相望。这一山脉体系主要由两支山脉构成：北支为海坨山、佛爷岭和卯镇山，南支则由燕羽山、风蛇梁和云蒙山组成。北京的万里长城大部分沿军都山系的山脊蜿蜒起伏，八达岭、慕田峪、古北口等地的长城保存得较为完好。

军都山里的关沟，自古是华北平原通往蒙古高原的重要交通要道。为了确保这条重要通道的畅通，同时保卫京师和明皇陵的安全，明王朝定都北京后，在关沟增设了南口、居庸关、上关、八达岭四道坚固的防线，形成了层层防御的体系。八达岭长城处在关沟古道的战略要冲，地理位置极为重要，因此八达岭长城备受明朝廷的重视，这段长城用料考究、技术精湛、是明代万里长城的精华所在。

10月6日

云顶山
四川成都

云顶石城中的慈云寺是川西最大的寺庙。

云顶山位于四川省成都市金堂县、龙泉山脉中段。山上有平地数十亩，状若城垣，故又称"石城山"。云顶山山势挺拔、峭壁入云，如刀削斧砍，自古为兵家必争之地。云顶石城雄踞云顶山山顶，是南宋名将余玠为抵抗蒙军而建的防御堡垒。石城周围建有8座城门，且都筑于悬崖峭壁之上。大部分的山城依山势而建，利用峭壁作为天然的城垣，在中断处则巧妙地用石条堆砌成墙。整个云顶石城居高临下，易守难攻，因此是宋末八大山城防御体系中的重要一环。虽历经风雨沧桑，但北城门、长宁门等古建筑仍得以保存。

10月7日

白玉山
辽宁大连

白玉山塔形似炮弹,当年是日军炫耀武力的标志。

白玉山位于辽宁省大连市旅顺口区中央,海拔165米,原名"西官山"。登上白玉山顶,旅顺口军港及市区风光尽收眼底。旅顺港位于辽东半岛最南端,其特点为口窄而内宽,水较深且终年不冻。黄金山、白银山、白玉山、老铁山从东、西、北三面环抱,是世界著名的天然良港,且扼渤海之咽喉,有"京津海上门户"之称,地理位置极为重要。因此,白玉山在清代曾是军事设施重地。光绪九年(1883年),清政府在山之东北麓建筑了16间军械总库。清末,清廷还在此修建了白玉山炮台,后在甲午战争中都被摧毁。白玉山巅有一座白玉山塔,是日俄战争后,日军为纪念在旅顺战死的日军官兵,强征三千余中国劳工建造的,时称"表忠塔"。它是日军侵略的罪证,见证了那段屈辱的历史。

10月8日

焦山

江苏镇江

焦山因满山苍松翠竹，宛如碧玉浮江，故又名"浮玉山"。
摄影：舒小简

焦山位于江苏省镇江市东北的长江中，与南岸象山对峙。焦山海拔150米，因东汉高士焦光隐居山中而得名。它如中流砥柱耸立滚滚白浪之中，气势雄伟，犹如"镇江之石"，自古以来就是军事要地。两宋之际，韩世忠曾率领官兵数千人，驻扎焦山反击金兵。南宋末年，元军攻占镇江后，张世杰率军与元朝水师决战于焦山，出现了"焦圃险要屯包港，宋代兴亡战夹滩"的壮烈搏斗。

焦山东侧的山脚下有8个用石灰土夯实的炮堡，建于鸦片战争时期。整个炮台是暗堡式，每个炮堡都附有一座小弹药库，它们面对着长江的入海口，这便是著名的焦山炮台。1842年，英军发动了扬子江战役，英国军舰侵入长江。焦山炮台守军面对70余艘敌舰，毫不示弱，英勇抵抗，但终因寡不敌众而失守，守岛军民全部壮烈牺牲。抗战时，炮台为日军摧毁，现存遗址。

10月9日

焉支山
甘肃张掖

焉支山脚下水草丰美、冬温夏凉，宜于畜牧，自古是天然优良的牧场。

焉支山位于甘肃省张掖市山丹城东南，河西走廊的甘凉交界处，有"甘凉咽喉"之称，属祁连山支脉。焉支山因山石赭红似胭脂而得名，又称"胭脂山""燕支山"，现代地理常标注为大黄山。汉初，匈奴在焉支山经营的畜牧业已有相当规模。汉武帝时，骠骑将军霍去病率万骑出陇西，过焉支山与匈奴作战。匈奴战败失此山，乃歌曰："亡我祁连山，使我六畜不蕃息；失我焉支山，使我嫁妇无颜色。"尽管匈奴族无文字，但这首歌谣通过口头流传，成为中国文学史的珍贵遗产。山南麓的大马营滩、大河坝滩，自汉朝以来一直是官马的重要饲养地。

10月10日

小孤山
安徽安庆

小孤山启秀寺始建于唐朝，它依山峭、面大江而建，宇阁轩昂，极其壮观。
摄影：吴洁洁

小孤山俗称"小姑山"，屹立在安徽省安庆市宿松县东南60千米的长江中。一峰独立，圆形如椎髻，旧亦称"髻山"。得名小孤山，是为与鄱阳湖中的大孤山相区别。当江水流经此处时，水流湍急，汹涌澎湃，元代人曾在此山立下铁柱，并题名为"海门第一关"。小孤山以其独特的地理位置和壮观的景色，吸引了古今无数名人文士前来游览，留下许多诗文。明代解缙有诗曰："一望东南形胜阔，何须海上问蓬莱！"革命烈士夏明翰诗云："大孤山下停桡，小孤山上观涛，热血也如潮涌，时时滚滚滔滔。"

小孤山南与江西彭泽的彭浪矶隔江相望，东与长江马当要塞互为犄角，古称长江绝岛。它是长江水路的重要军事要隘，有"安庆门户""楚塞吴关"之称，为历代兵家的必争之地。南宋，这里曾设立烽火台和炮台。历史上，元末余阙与红巾军、朱元璋与陈友谅、清朝彭玉麟的湘军与太平军等都在此有过交锋。

10月11日

覆舟山
江苏南京

覆舟山北临玄武湖，东接龙广山（俗称富贵山），与钟山形断而脉连，是钟山余脉西走入城的第一山丘。

覆舟山位于江苏省南京市太平门西侧，高100米，因临湖一侧陡峻如削，形状酷似一只倾覆的行船，故名。因山南建有小九华寺，又称"九华山"。六朝时期的覆舟山，东际青溪，北临后湖，西近台城。山虽不高大，但地理位置却极为重要。战乱年代，它是宫城的屏障，与东面的龙尾坡、蒋陵同为军事要隘，直接影响宫城的安危。东晋时，这里曾发生过两次规模较大的战役。首先是东晋咸和三年（328年）的"苏峻之乱"，历阳内史苏峻以讨中书令庾亮为名，率二万人渡江，进据蒋陵和覆舟山，打败了守将卞壶的部队，控制了东晋朝廷。另一场是东晋元兴二年（403年）的"伪楚之乱"，荆州刺史桓玄篡晋。次年春，彭城内史刘裕等讨桓玄，率众由京口（今镇江）西进至覆舟山东，对阵桓玄守将卞范之。刘裕身先士卒，将士无不以一当百，打得卞范之的部队大溃，桓玄被迫从水路逃走。

10月12日

萨尔浒山
辽宁抚顺

后金努尔哈赤大败明兵于萨尔浒山,史称"萨尔浒战役"。

萨尔浒山位于辽宁省抚顺市东浑河南岸,萨尔浒河东岸,高约70米,地势险要,是历史上的战略要地。1619年,明军集结全国精锐和朝鲜军队,向辽东发起进攻,兵分四路进军。后金首领努尔哈赤集中兵力进攻一路,以消灭明军有生力量为主。短短5天之内,后金军队连破三路明军,只有行动迟缓的李如柏一路幸存。萨尔浒大战以后金全胜、明军大败而结束。这场战役是明清战争史上一个重要的转折点,它不仅是以少胜多的典型战例,而且对清王朝的建立起了奠基的作用。后来,乾隆帝东巡至此,为纪念萨尔浒大战的胜利,在山腰立石碑一座,并赋诗一首:"铁背山头歼杜松,手麾黄钺振军锋,于今四海无征战,留得艰难缔造踪。"

10月13日

城子山
辽宁铁岭、黑龙江佳木斯、吉林图们

辽宁西丰城子山坐落于群山之中，山高谷深，北侧为碾盘河。

摄影：小芒果

东北有三座城子山，都因山上有城而得名。其中，最有名的一座位于辽宁省铁岭市西丰县，是高句丽时期的山城，出土了大量高句丽时期的文物。另一座城子山坐落在黑龙江省东北部佳木斯市抚远市，位于黑龙江与乌苏里江汇流的三角地带，属完达山余脉。这座山上建有莽吉塔站故城，是明代海西东水陆城站的第九站遗址。城墙依山势堆筑而成，南墙有城门通向山下，东西城墙外有护城壕，北侧则利用临江的峭壁作为天然屏障。最后一座城子山位于吉林省图们市，当地人称"磨盘村山城"。山城建于半山腰，依山势起伏，北侧无城墙，城墙上设有东、西两城门。城内地势开阔，中部有宫殿遗迹，并出土了许多东夏国文物。东夏是宋金元时期中国东北的一个割据势力，由女真贵族建立，后沦为蒙古帝国的藩国。从出土官印得知，这座城子山曾是东夏国的南京，具有重要的历史意义。

10月14日

祁山
甘肃陇南

祁山位于甘肃省陇南市礼县东、西汉水北,地扼蜀陇咽喉,势控攻守要冲,是三国时魏蜀必争之地。228—234年,诸葛亮以汉中为基地,先后对曹魏进行了五次北伐,后人称"六出祁山"。为何五次北伐被称为"六出祁山"呢?这是因为后人将230年秋诸葛亮在城固、赤阪与魏军的一次对峙也计算在内了,而那次因魏军在南侵半途而返,两军其实并未交锋。因此"六出祁山"实际上是泛指诸葛亮西线北伐战略的整体行动。

228年4月,诸葛亮亲率主力首次北伐(一出祁山),军队一路浩浩荡荡,势如破竹,很快便攻占了今甘肃西和、礼县一带的祁山地区,并在祁山堡安营扎寨,指挥蜀军继续北进。由于诸葛亮出其不意,所以蜀军一路攻城拔寨十分顺利,陇右的天水等三郡纷纷降蜀。诸葛亮还在天水收服了姜维这位杰出的将领。但由于先锋马谡失街亭,导致原本归降蜀汉的三郡再度失守。最终,诸葛亮只能率军返回汉中。如今,祁山当地有不少与三国时期相关的遗址和传说,如祁山堡附近的"诸葛亮上马石""诸葛九寨"等。

祁山堡是突起于汉阳川的一座孤峰,四面陡峭如削,唯西有门可入,可沿曲折小径攀至山顶。山顶平坦开阔,诸葛亮曾在这里设立了北伐军指挥部。

10月15日

天柱山

山西忻州

传说王母娘娘赴南海时路经此山,见松柏苍翠,殿阁巍峨,于是在此停留观赏。

天柱山位于山西省忻州市静乐县,因北魏天柱大将军尔朱荣的封号而得名,与安徽南天柱山并称"中华南北两天柱"。天柱山山势俊秀,主峰地貌状若仙桃,中峰龙头高昂,山前碾河如带,汾水似锦。春秋末期,韩、赵、魏三家分晋,赵设都城于晋阳,后迁至河北邯郸。为了开疆拓土,赵武灵王大胆改革,实施胡服骑射以加强军事建设,打败了北方的楼烦、林胡等。为了防止楼烦、林胡东山再起,也为了阻挡黄河以西的秦国来犯,他便在天柱山修筑城池练兵,现称赵王城,遗址至今仍保存完整。除了赵武灵王外,历史上很多政治家、军事家把天柱山视为战略要地,驻兵修城。北魏孝文帝下马的下马城、隋炀帝的行宫汾阳宫、唐朝开国战将尉迟恭的练兵地等,都距天柱山不远。

10月16日

蛇山

湖北武汉

蛇山山顶的黄鹤楼是江南三大名楼之一，也是武汉市的地标建筑。

蛇山位于湖北省武汉市武昌区内，又称"黄鹄山""黄鹤山"。蛇山山势绵亘蜿蜒，形似伏蛇，头临大江，尾插东城，与汉阳龟山对岸相峙，为古代军事要塞。山顶矗立的黄鹤楼，始建于三国时期，初作军事瞭望之用。唐代以后，黄鹤楼所处的江夏（现武昌区）长期稳定繁荣，使其逐渐失去了军事意义而变为了观景楼。黄鹤楼高居黄鹄矶上，俯览烟波，仰观白云，引无数文人墨客登临游赏、吟咏。唐人崔颢的《黄鹤楼》一诗，更是让黄鹤楼名扬四海："昔人已乘黄鹤去，此地空余黄鹤楼"，诗中的描绘让黄鹤楼成为无数人心中的向往之地。清光绪十年（1884年），黄鹤楼因火灾被毁。1981年，复建的黄鹤楼在蛇山山顶重建落成，继续承载着人们对历史的追忆和对美景的向往。

10月17日

西塞山

湖北黄石

西塞山横江一面，危峰突兀，截流激漩，既险且峻，壮若关塞。

西塞山位于湖北省黄石市东郊，临长江南岸，高530余米。西塞山为古樊楚地区的三大名山之一，也是武汉东面的天然屏障。自东汉末年以来，西塞山附近发生过一百多次战争。历史上，孙策、周瑜、刘裕等均结寨于此。晋太康元年（280年），王濬率晋军船队，自蜀东下灭吴。在西塞山，王濬利用烈火烧熔了吴国横于江面的千寻（寻：古代长度单位，八尺为一寻）铁链，夺取了金陵，完成了统一大业。如今，那根系索的铁柱仍静静地屹立在疏林芳草之间，仿佛诉说着那段历史的沧桑。唐代诗人刘禹锡的《西塞怀古》一诗，便是对这段历史的深情缅怀。元朝末年、明朝末年，西塞山都曾是军事重地。1853年，洪秀全率太平军弃武昌东下，在西塞山战胜了清政府的追兵，随后东进南京建都。后来太平军西征，与清军争夺武汉，又在西塞山展开恶战。1938年，国民党军队在西塞山重创日寇，也成为发生在西塞山的最后一次大规模战争。

10月18日

阳曲山
山西晋中

阳曲山保卫战是抗战中发生在晋中最为悲壮的一战。
摄影：姚未东

  阳曲山位于山西省晋中市和顺县，又名"首阳山"，地处太行山中段，山势由东北向西南延伸，地势险要。提起阳曲山保卫战，当地妇孺皆知。日军在百团大战中受到严重的打击后，制定了在华北实行"治安强化运动"等一系列丧心病狂的侵略方针。日军对根据地实行经济封锁，不让一粒米、一粒盐进入根据地。1942年春季严重干旱，面对困境，根据地军民迅速行动，开展大生产自救运动。可日军却通过大规模的扫荡来削弱甚至摧毁根据地。1943年5月，敌人大举进攻太行革命根据地，八路军总部警卫团为掩护总部撤退，两个排的战士将敌人引至阳曲山主峰，与敌奋战到弹尽粮绝。最后剩下的6名战士在前无进路、后有追兵的情况下，毅然舍身跳崖，只有一名女战士被当地群众救活。壮士虽去，但却掩护了主力部队的安全撤退，并毙敌300多人。山上立有纪念碑一座，铭记着这次英勇的抵抗。

10月19日

越秀山

广东广州

越秀山顶的镇海楼建于明洪武十三年（1380年），取"雄镇海疆"之意，现在是广州博物馆。

越秀山位于广东省广州市北面，是白云山的余脉。汉初，南越王赵佗曾建越王台于山上，因此亦称"越王山"。明朝永乐年间，因山上曾建观音阁，故又称"观音山"。山西有一座名叫五羊山的山岗，岗顶矗立着一座高11米的五羊石像。传说周夷王时，有五位仙人，骑着五只口衔谷穗的羊降临楚庭（今广州），把谷穗赠给州人，并祝州人永无饥荒。仙人言毕隐去，羊化为石，广州因此也被称为"羊城"。

在越秀山翻龙岗顶，有鸦片战争的"四方炮台遗址"。内设大小火炮二十多门，是广州城防的重要据点。鸦片战争爆发后，炮台被侵略者占领，并在此设立了司令部。1841年5月底，三元里武装群众包围了四方炮台，切断了敌人的粮弹供应。清廷大臣奕山派广州知府余保纯等人强迫群众散去，使英军安然退出四方炮台。鸦片战争后，四方炮台经多次破坏，今只存炮台遗址。

10月20日

鞋山
江西九江

鞋山位于江西省九江市湖口县东南的鄱阳湖中,为第四纪冰川期形成的大石岛。因状如鞋,故名。鞋山与长江中的小孤山遥遥相对,又称"大孤山"。"大孤山远小孤山,月照洞庭归客船",便是唐代诗人顾况描写鞋山的佳句。鞋山周围碧波滔滔,三面绝壁,仅西北一角,可以泊船。因它地处鄱阳湖与长江的交汇处,又是从南至北百余里湖面的唯一大岛,自然成了历代兵家必争之地。早在三国时期,吴国的周瑜就在此操练水军,后出湖口破曹军于赤壁。元末,陈友谅在康郎山作战失利,退军鞋山,在岛上修城筑垒,继而在鞋山水域与朱元璋展开大战。明正德十四年(1519年),宁王朱宸濠谋反,王阳明在此督兵破阵。清代,太平军曾以鞋山为基地发动了历史上极有影响的鄱阳湖水战,一度将曾国藩逼得想要跳水自杀,充分展现了鞋山在军事上的重要地位。

相传,古时渔夫胡春与瑶池玉女大姑在湖上结缘并成婚。当地恶霸盛泰垂涎大姑而不得,怀恨在心。玉帝派天兵带走大姑时,盛泰乘机加害胡春,被大姑从空中丢下的一只绣花鞋压住。此后,绣花鞋便化作了鞋山。

10月21日

司空山

安徽安庆

司空山与天柱山遥遥相对，主峰突兀，气势雄伟，地势险要。
摄影：李荣慧

司空山位于安徽省安庆市岳西县城西，海拔1227米。相传战国时淳于氏官至司空，曾隐居此山，故名。唐至德二年（757年），诗人李白随永王李璘举兵失败后，避居司空山，写下了《舒州司空山瀑布》《避地司空原言怀》等佳作。他希望脱离尘世的烦恼，过"弄景奔日驭，攀星戏河津"的道家生活。

古志云："司空扼蕲黄"，意指司空山因其险要地势，历来是兵家必争的战略要地。南宋端宗景炎二年（1277年），安抚史张德兴在司空山垒石筑寨，聚兵抗元，并在石壁之下建造了朝天宫殿，至今仍留有洗马池和刀枪洞等。登峰顶俯视，山下城门墙垛，逶迤起伏，宛如巨龙盘行于悬崖峭壁间。清顺治二年（1645年），明皇室后裔荆王在此起兵抗清复明；太平天国时，陈玉成也曾率领部队在此安营扎寨、练兵备战。

10月22日

岗山

辽宁抚顺

岗山林木茂盛、溪水清澈，有辽东地区绝美的自然森林景观。

岗山位于辽宁省抚顺市新宾满族自治县，属长白山支系的龙岗山余脉。岗山海拔1374米，是辽宁省内的最高山峰，素有"辽宁屋脊"之称。这里地势险要，历史上是兵家必争之地。岗山南10千米处有黑沟山城遗址，它曾是古代高句丽诸部沸流国的王都。岗山还是东北抗日联军的重要活动区域。抗日战争时期，东北抗日联军第一军、辽宁民众自卫军等都曾以岗山为依托，建立抗日游击根据地，抗联的密营、被服厂、战地医院等遗迹犹存。1935年，东北人民革命军第一师与日伪军在此激战，师长韩浩浴血奋战后牺牲在此地，年仅30岁。

10月23日

金山岭
河北承德

在金山岭之上，可以领略到万里长城古塞雄关的磅礴气势，它不仅展现了中华民族的智慧和勇气，也彰显着中华民族的坚韧与不屈。

金山岭位于河北省承德市滦平县巴克什营，海拔约700米，东望司马台水库，南眺密云水库。历代长城中，明代长城规模最大、质量最高、修筑时间也最长，而金山岭长城不仅是明长城中保存最为完整的一段，也是构筑最复杂、楼台最密集的一段，几乎集中了明长城所有的建筑形式，有"万里长城，金山独秀"的美誉，也堪称"长城博物馆"。

金山岭长城东起望京楼，西至龙峪口，依山凭险，起伏跌宕于山水之间，形势极为雄奇。凡是山势陡峭之处，城墙就修得低一些；凡是山势比较平缓的地方，城墙就高一些。遇到天然鱼背状的山脊，就只在山脊之上横铺砖石。长城层层设防，防御体系十分完善，山、墙、楼有机配合，浑然一体，是中国古代军事防御建筑的杰出代表。

10月24日

万山

湖北襄阳

万山海拔不过150米,但绝壁临江,山水相依,雄奇俊秀。

万山位于湖北省襄阳市古城西约5千米处,古名"汉皋山"。汉皋即汉水边的高地,万山则是紧靠汉水的一座秀丽小山。唐代《襄沔记》又把岘首山、紫盖山、万山三座山峰称为"三岘",万山因处在汉水上流,故得"上岘"之称。襄阳籍诗人孟浩然曾坐于万山边的磐石上钓鱼,怡然自得地咏出了"垂钓坐磐石,水清心亦闲"的千古名句。

万山与南邻的柳子山比肩雄立,铜墙铁壁般远远地护卫着古城襄阳,历朝历代守襄阳者,均在两山之间设"柳子关"。凡取襄阳者。必先取柳子关与万山。因此,万山自古以来就是兵家必争之地,被称为"古襄阳的西大门"。1267年,元军由蜀入江,意欲灭南宋。忽必烈派兵对襄阳实施围城战术,并占领万山。元蒙之师凭借万山优越的关隘要塞地形,节制了宋军不间断的突围和进攻,历经七年,最终取得攻陷襄阳的胜利。

10月25日

云梦山

河南鹤壁

云梦山南天门，面向一马平川的华北大平原。

云梦山位于河南省鹤壁市淇县西部，又名"青岩山"，属太行山脉。相传，这里是战国时期的传奇人物鬼谷子的隐居地。鬼谷子智慧超群，遍历天下，最终在云梦山开设学堂，广收门徒。苏秦、张仪、孙膑、庞涓、尉缭、毛遂等战国时期的杰出人物，都曾在此求学，并由此出山叱咤风云。

当地流传着一个关于鬼谷子的神奇故事：鬼谷子童年时即有奇能，受太上老君引导到云梦山学艺。每当听到母亲召唤，他能立时回应，并能在当晚返回家中，避免让母亲牵挂。一次，母亲要到云梦山看个究竟，大仙婆婆劝阻不下，只好让她骑上老虎安全抵达了云梦山。这个传说不仅为云梦山增添了几分神秘色彩，也展现了鬼谷子对母亲的深厚情感。

10月26日

五峰山

山东济南

五峰山位于山东省济南市长清区境内,自古与泰山、灵岩并称为"鲁中三山"。它属于泰山支脉,因有五座并列的山峰而得名。五座山峰呈半圆形,从西向东依次为:迎仙、望仙、会仙、志仙、群仙五峰,最高峰海拔395米。五座山峰与道家"五元"的信仰形意相生,因此五峰山也成了著名的道教圣地,是全真教龙门派的发祥地。

历史上,五峰山还是兵家屯兵驻扎的军事要地。它位于泰山之左、黄河之右,地理位置极其重要。春秋战国时期的齐晋之战、南北朝时期的魏宋升城之战等,都发生在五峰山周边。1930年6月,阎锡山部从平阴渡过黄河占领长清后,选择在五峰山至桃园一线设防。同年8月,国民军从东南方向反攻阎军,双方在五峰山一带展开了激烈的攻防战,十余天后阎军战败溃逃。这一历史事件,进一步彰显了五峰山在军事上的重要地位。

五峰山的道观分南、北两观,南观名"玄都观",是明代德王的香火院;北观始建于明太和年间,金敕封为"洞真观",元敕封为"护国神虚宫",明敕封为"护国隆寿宫"。图为北观的隆寿宫石坊。

10月27日

招宝山

浙江宁波

招宝山上的宝陀寺原建于普陀山，供奉观世音菩萨，明朝嘉靖年间被迁来此处，香火极盛。

招宝山位于浙江省宁波市镇海区甬江出海口，山名寓"招财进宝"之意，因"潮汐出入可经"，波涛汹涌，骇浪滔天，又名"候涛山"；又因山巅原建有"插天鳌柱塔"，故又称"鳌柱山"。招宝山地形险要，素有"甬江咽喉""浙东门户"之称，这里曾是中国东南沿海抗倭、抗英、抗法和抗日的主战场之一。山巅上的"威远城"为明代抵御倭寇而筑，城内门有明时对联："海不扬波千古定，地无爱宝一山招"。清朝时，官兵曾在此抗击过英法侵略军的进犯。

10月28日

凤凰山
辽宁丹东

凤凰山是辽宁四大名山之一，山上的日出和云海分外壮观。

凤凰山位于辽宁省丹东市西北的凤城市，地处辽东半岛，属于长白山系余脉。凤凰山与朝鲜的妙香山隔江相望，被誉为"国门名山"。此山山势险峻，虎踞辽东要冲，是唐代边防要塞的重要组成部分。相传唐贞观年间，唐太宗李世民东巡慕名来游，至一洞前，只见凤凰飞立在"拜祖石"上，向太宗点头施礼，太宗大悦，赐此山名为"凤凰山"。

相传，"平辽王"薛仁贵，为了彰显大唐的威严，震慑各附属国，曾在距凤凰山四十里（20千米）处的发箭岭上，开震天弓，搭穿云箭，对准凤凰山方向一箭射出。神箭穿透凤凰山，直落鸭绿江中，从此留下了"神弓射箭眼，一箭定辽东"的传奇佳话。在凤凰山和西大山之间的峡谷中，有一座古老的凤凰山城，有着千年的历史。这座山城呈葫芦形，内可屯兵十余万。其城墙设计巧妙，南北留门，石墙与峭壁悬崖浑然一体，展现了古代军事防御的卓越智慧。

10月29日

角山

河北秦皇岛

角山地形险要，其上的长城更是险峻异常，有诗云："自古尽道关城险，天险要隘在角山，长城倒挂高峰上，俯瞰关城在眼前。"

角山位于河北省秦皇岛市山海关北3千米处，系燕山余脉。角山是关城北山峦屏障的最高峰，海拔519米。其峰顶处为大平顶，可坐数百人，更有巨石嵯峨，形似龙首戴角，故名角山。角山长城建于明洪武初年，由徐达将军主持修建。明代嘉靖、隆庆、万历年间，又集中建设了长城敌台、烽火台。稳固的防线，使其成为辽东镇与蓟镇两个军事重镇的分界线。

角山上的长城依山就势，易守难攻。山势陡峭之处，有利用山崖砌筑的"山险墙"，可窄到2.7米宽。这些墙段外侧十分险峻，难于进攻，内侧又十分低矮，便于登墙作战。在东侧的山上，建有一处镇房台，有敌情出现时，可通过燃放烟火来发出警报。站在角山最高峰大平顶上，极目远眺，让人不禁遥想古战场锣鼓齐鸣、刀光剑影的壮阔场面。

10月30日

狮子山
江苏南京

狮子山上的阅江楼因明初文学家宋濂的《阅江楼记》而闻名，它也是中国十大历史文化名楼之一。

狮子山位于江苏省南京市鼓楼区。相传晋元帝司马睿渡江初来江南，见此山绵延，惊叹道："真江上之关塞"。因其山形似塞上卢龙，故又称"卢龙山"。明洪武年间，朱元璋驾临卢龙山，将其更名为"狮子山"。西南麓有静海寺，是明朝十大律寺之一，有"狮岭雄观"之称。

从宋代开始，狮子山一直是守卫南京的军事重山。南宋时期，金主完颜亮率40万大军南下，与仅几万人的宋军在长江边对峙，形势十分危急。工部尚书虞允文巧妙地利用采石矶的临江地形设下埋伏，将金兵引入预设的战场。最终宋军以少胜多，这便是历史上有名的"采石之战"。此捷之后，虞允文凯旋回归，船在狮子山西麓系舟三日。后人为纪念他，遂将此处改名为"三宿崖"。元朝末年，朱元璋在此山指挥伏兵八万，大败劲敌陈友谅四十万军队，为大明王朝的建立奠定了基础。

10月31日

冷龙岭
青海海北

站在皇城草原眺望，冷龙岭白雪皑皑，肃穆庄严，一派神圣不可侵犯的气势。

冷龙岭位于祁连山脉东段，横亘在甘肃与青海的交界处。主峰"岗什卡"海拔5254.5米，峰顶积雪终年不消，每当夕阳西下，山顶晶莹的白雪便熠熠闪光，时呈殷红淡紫，时呈浅黛深蓝，被赞誉为"冷龙夕照"。

冷龙岭北坡雪山融化的涓涓流水汇成了东大河、西营河等河流，滋养了美丽的皇城草原。这里原是元朝永昌王的牧马场和避暑宫殿，如今依然保持着山花烂漫、牛羊遍地的美景。冷龙岭北麓还有一处更为人所熟知的草原，那就是西汉骠骑将军霍去病始建的"山丹军马场"。这里地势平坦，水草丰茂，是世界历史最悠久、亚洲规模最大的马场。

11月1日

井冈山
江西吉安

图为井冈山北面的黄洋界哨口。在此处举目远眺,数百里群山起伏尽收眼底,山下白云翻滚犹如汪洋,故称黄洋界。

井冈山位于江西、湖南两省边界的罗霄山脉中段,拔峰而起,雄伟险峻。1927年10月,毛泽东率领秋收起义部队挺进井冈山,创立了中国第一个农村革命根据地。1928年,朱德、陈毅率领南昌起义保存下来的队伍和湘南农军来到井冈山,和毛泽东领导的部队会师,成立了中国工农红军第四军。

茨坪是井冈山根据地党政军最高机关的所在地,四周环山,中为盆地,有山路通五大哨口,这五大哨口分别是双马石、黄洋界、桐木岭、朱砂冲、八面山。双马石在茨坪西南,毛泽东率领工农革命军就从这里登上井冈山。井冈山还有五井——大井、小井、上井、中井、下井。其中,大井在茨坪西北,四面环山,白云缭绕,绿树修竹,清溪流转;小井在井冈山黄洋界山下,地势险峻,瀑布如练。

11月2日

宝塔山

陕西延安

延安宝塔又称"岭山寺塔",为八角九层楼阁式砖塔。它建于唐代宗大历年间,明代曾重修塔身,清代也曾多次修缮。

宝塔山位于陕西省延安城东南方,海拔1135.5米,为延安附近的群山之冠,古称"丰林山",宋时改称"嘉岭山"。宝塔山山崖上有多处历代遗留的摩崖刻字,其中范仲淹亲书的"嘉岭山""胸中自有数万甲兵"等题刻最为著名。此山因唐代宝塔而得名,这座塔不仅是一座历史遗迹,更是革命圣地延安的标志和象征。它见证了中国共产党党中央在延安的十三年光辉岁月,见证了中国革命从危局中走出,最终走向胜利的历程。站在宝塔山上俯瞰四周,你可以看到王家坪纪念馆、抗大纪念馆、清凉山旧址、凤凰山旧址、鲁迅艺术学院等众多革命历史遗迹。

11月3日

狼牙山
河北保定

狼牙山是一座英雄山，抗战时期，"狼牙山五勇士"浴血抗击日寇，舍生取义，至今他们的事迹仍被世人传颂。

狼牙山古称"郎山"，位于河北省保定市易县西部的太行山东麓，由五坨三十六峰组成，主峰海拔1105米，山势峥嵘险峻、状似狼牙，因此得名。1941年，侵华日军7万余人"扫荡"晋察冀边区抗日根据地。为了掩护群众和主力部队转移，5名担任后卫的战士故意暴露自己，把敌人引向三面临崖的狼牙山。当子弹打光时，他们就用石头砸向敌人，然后毁掉自己的枪支跳下悬崖，用生命捍卫了民族的尊严和荣誉。他们的英勇事迹被后人传颂，人们在山上建造了"狼牙山五勇士纪念塔"，以缅怀并弘扬五勇士的革命精神。

11月4日

夹金山
四川雅安

夹金山是中国工农红军长征时翻越的第一座大雪山。

夹金山位于四川省雅安市宝兴县与阿坝州小金县交汇处，是邛崃山系西部支脉，又名"甲金山"。夹金山海拔4000多米。"夹金"藏语的意思是"山高且陡"，当地歌谣这样唱："夹金山，夹金山，鸟飞不过，人不可攀。要想越过夹金山，除非神仙到人间"。即使五六月间，山上也还是厚厚的积雪。夹金山是红军长征途中翻越的第一座大雪山。1935年6月9日，红军的先头部队红二师四团向夹金山进军。战士们手持木棍、脚打裹脚布，一步步地翻过了雪山，在夹金山北面的达维镇，与红四方面军先头部队胜利会师。他们成功翻越雪山的消息成为一针强心剂，鼓舞了后续的大部队源源不断地翻过了夹金山。

11月5日

梦笔山
四川阿坝

梦笔山巍峨雄壮，主峰终年积雪，其垭口处是四川小金县通往马尔康的唯一通道。

梦笔山位于四川省阿坝藏族羌族自治州马尔康市，呈东西走向，山势平缓。梦笔山的最低垭口海拔3900米，最高峰海拔4470米，是中国工农红军长征时翻越的第二座大雪山。1935年6月，在夹金山胜利会师后的红一、红四方面军，翻越此山继续北进，进入马尔康地区。梦笔山与夹金山不同，这座山树林稠密，视野受限，部队只能慢慢地向上攀登。尽管山路坡度较大，但路面并不滑，这在一定程度上减轻了行军的难度。战士们在准备翻越这座看似高耸入云的大山时，都做好了充分的心理准备，然而令他们惊讶的是，实际上山路并不如想象中那么漫长，仅仅不到5千米的路，他们便到达了山顶。其实，这并不是因为梦笔山的海拔不高，而是因为从懋功县（今小金县）开始，红军战士们就沿着小金川河逆流而上，经过数天的艰苦行军，直到抵达源头才开始正式登山。当他们到达山顶时，被眼前厚厚的积雪所震撼，也真切感受到刺骨的寒冷和呼吸的急迫，这时才深切地意识到梦笔山的高耸与险峻。

11月6日

长板山
四川阿坝

雅克夏雪山主峰4743米，它山势陡峭、沟壑纵横、终年积雪、气候多变。

长板山即"雅克夏雪山"，位于四川省阿坝藏族羌族自治州红原县与黑水县的交界处，又名"马塘梁子"。1935年7月，由红一方面军一军团和红四方面军三十军各一部组成的北上先头部队，从红原县康猫寺（今刷经寺镇老康猫村）出发，翻越长板山进入黑水县境内。这是中国工农红军在长征途中连续翻越的第三座大雪山，也是红军翻越的最高、往返翻越次数最多的一座大雪山。不少红军将士在此献出了宝贵的生命，永远地长眠于这片雪山之上。后续部队在清理战场、掩埋战友遗体时，用木板竖起了墓碑，上面刻着"工农红军烈士之墓"八个庄严的大字，是中国海拔最高的红军烈士墓。这座烈士墓静静地伫立在群山环抱之中，周围是稀疏绽放的黄花和终年不化的皑皑白雪，仿佛是大自然对红军烈士们英勇无畏精神的最高礼赞。

11月7日

桐柏山
河南南阳

桐柏山万涓成淮河，图为桐柏山中淮源景区的水帘寺。

桐柏山位于河南、湖北两省边界，为秦岭向大别山的过渡地带，千里淮河就发源于此。由于长江、黄河的源头远在人迹罕至的青藏高原，难以前往祭祀，淮河便更受青睐和尊崇。而且，淮河两岸人口密集，淮河是否安澜对百姓生活影响甚大，因而被尊为"风水河"，受到历代君王的重视。秦始皇东巡时，命官吏于桐柏山脚下设立淮祠，设礼祭祀淮渎之神。此后，历朝皇帝都要亲自或派专员到此祭淮。

在1949年之前的20多年里，桐柏山地区先后成为3个中央级、6个省级、9个地级党政军领导机关所在地，刘少奇、李先念、王震等老一辈革命家都曾在这里工作和战斗过，万余名"桐柏英雄"长眠在桐柏山。如今，这里留下中共中央中原局、豫鄂边省委、七七工作团等革命机关旧址遗址100余处。

11月8日

清凉山

陕西延安

图为清凉山的范公祠，纪念北宋杰出的思想家、政治家、军事家、文学家范仲淹。

清凉山位于陕西省延安市东北，与凤凰山、宝塔山隔延河鼎立，自古以来是延安名胜。北宋政治家、文学家范仲淹登临此山时曾写道："金明阻西岭，清凉峙其东，延水正中出，一郡两雄城。"描绘了它的雄伟和壮丽。清凉山上有历代名人学者摩崖题刻五十多处，真、草、篆、隶参差错落。抗日战争时期，清凉山被称为红色延安的"新闻山"。新华总社、新华广播电台、解放日报社、中央印刷厂等机构都曾设在这里，它们为中国革命做出了不可磨灭的功绩。陈毅也曾留诗云："百年积弱叹华夏，八载干戈仗延安。试问九州谁做主？万众瞩目清凉山。"

11月9日

四明山
浙江宁波

四明山地处华东前沿，山中云蒸霞蔚，有"第二庐山"之称。

四明山位于浙江省宁波市北部的余姚市，因其大俞山峰顶有"四窗岩"，日、月、星光均可透过四个石窗照射进去，故称"四明山"。它曾是中国十九个革命根据地之一，也是中国南方七大游击区之一，是浙东纵队的主要活动区。四明山中的狮子山，是1943年新四军浙东游击队打败敌伪军的主战场。革命胜利后，为纪念在那次战斗中牺牲的800多名革命烈士，人民政府就在狮子山兴建了四明山烈士陵园和革命烈士纪念碑。四明山脚下的梁弄镇晓岭街，曾是新四军浙东游击纵队司令部驻地。1943年，狮子山一役打退敌伪军后，新四军将原在三北鸣鹤场的司令部迁到这里，直到1945年8月才北撤前线。

11月10日

大别山

安徽六安

大别山区的安徽金寨县是中国革命的重要策源地、人民军队的重要发源地。

大别山坐落于安徽、湖北、河南交界处，西接桐柏山，东延霍山（皖山）和张八岭，是长江与淮河的分水岭。最高峰白马尖与多云尖、天河尖呈品字型三峰鼎立。虽为山区，却并不完全封闭，而且山岭都不甚高大，平均海拔只有500米，成了进攻和退守的绝佳掩护。正因如此，大别山区在革命战争年代成为中国第二大革命根据地——鄂豫皖革命根据地的中心区域。从1921年开始，鄂豫皖边区就开始创建党组织，1927年发动了武装起义。1947年刘邓大军挺进大别山，标志着人民解放战争进入了一个新的阶段，揭开了胜利的序幕。

到1949年，鄂豫皖边区是中国唯一保持"28年红旗不倒、22年武装斗争不断"的革命老区，被誉为"老区的典范""红军的摇篮"和"将军的故乡"。从大别山地区走出了1位元帅、570位开国将军。大别山区的红安、金寨、新县、大悟、六安5个县被誉为"将军县"。这些荣誉和称号都充分展示了大别山区在中国革命历史中的重要地位和作用。

11月11日

沂蒙山
山东临沂

沂蒙山区最高峰"龟蒙顶"海拔1156米,为山东省第二高峰。1200多年前,李白、杜甫曾一起登临龟蒙顶,留下"余亦东蒙客,怜君如弟兄。醉眠秋共被,携手日同行"的千古佳句。

沂蒙山位于山东腹地,是由沂山和蒙山组成的一大片山区。沂山古称"海岳",有"东泰山"之称,是中国五大镇山之"东镇",主峰"玉皇顶"海拔1032米,拔地擎天,巍峨壮观。沂山名胜古迹比比皆是,历代帝王重臣、文人墨客接踵而至,并且留下了大量的碑碣铭文,形成著名的东镇碑林。

蒙山位于沂蒙山区腹地,古称"东蒙""东山",海拔1156米,素称"亚岱"。孔子"登东山而小鲁,登泰山而小天下",所说东山正是蒙山。在抗日战争和解放战争时,沂蒙根据地的420万人中,有120多万人拥军支前,21.4万人曾出生入死、浴血奋战,10.5万革命志士在此牺牲,形成了"党群同心、军民情深、水乳交融、生死与共"的沂蒙精神,一直被后人所铭记。

11月12日

凤凰山
贵州遵义

遵义市凤凰山红军烈士陵园,位于凤凰山中的小龙山,又称"红军山"。

凤凰山位于"红色之城"遵义的中心城区,属大娄山余脉。凤凰山最高海拔1057米,属中山丘陵地貌类型,南北跨度40多千米,整个城区的街道都围绕这座山延伸和蜿蜒,走在城区的任何地方都能看到它。

红军烈士陵园坐落于凤凰山南麓的小龙山上,陵园内安葬着1935年红军长征时在遵义牺牲的红军将士。红军烈士纪念碑高30米,碑的正面是"红军烈士永垂不朽"八个金光闪闪的大字。作为遵义市区最大的公园,凤凰山如今是遵义市民的"后花园"。凤凰山地下水资源丰富,井泉如珍珠镶嵌于林海之中,到公园内取水已成为遵义市民的一种生活习惯。

11月13日

歌乐山

重庆

图为歌乐山烈士陵园雕塑。解放战争时期，许多革命者在歌乐山牺牲。

歌乐山位于重庆市沙坪坝区中部，海拔678米，是重庆近郊的群峰之冠。歌乐山山麓有渣滓洞、白公馆。渣滓洞原是一座人工采煤的小煤窑，因为渣多煤少而得名。这里三面环山，一面临沟，地形十分隐蔽。1943年，军统特务设法占有了煤窑及矿工住房，将其改造为监狱。白公馆原是四川军阀白驹的别墅，被军统特务头子戴笠相中，国民党军统局将此地改建为迫害革命者的监狱。监狱背靠歌乐山，四周高墙，电网密布，墙外制高点上有岗亭和碉堡。

1949年11月27日，国民党政权在撤离重庆前夕，在这两所监狱内外进行了惨绝人寰的大屠杀，数百名红岩志士倒在了血泊中。在大屠杀前后，有33名共产党人、志士及2个孩子，从这两所监狱成功逃离，其中就有罗广斌。后来，罗广斌根据自己在狱中了解到的一些被关押人的经历，与杨益言一起写下了著名的红色长篇小说《红岩》。

11月14日

罗浮山

广东惠州

罗浮山里的冲虚古道观，曾经是东江纵队司令部的旧址。

罗浮山位于广东省惠州市，被誉为"岭南第一山""百粤群山之祖"。罗浮山又名"东樵山"，由罗山、浮山组成。这里岭谷交错，主峰飞云峰海拔1296米，云海奔流，山色尽展。道教将罗浮山尊为天下第七洞天第三十四福地。东晋时期，道士葛洪在罗浮山修道炼丹、采药济世，把罗浮山开创为岭南道教的发祥地。他还在这里完成了医学巨著《肘后备急方》，该书是现代药学家屠呦呦发现青蒿素的灵感源泉。

到了近代，这里成了一片红色的热土。抗日战争时期，中国共产党领导的东江纵队，在这里与日伪军作战，并不断壮大武装力量。1941年，日军占领香港，包括邹韬奋、茅盾、夏衍、梁漱溟在内的800多名爱国民主人士和文化界人士被困香港，命悬一线。在东江纵队战士们的全力营救下，他们最终全部安全转移。

11月15日

抱犊崮
山东枣庄

抱犊崮山区背靠群山，面临徐海，进退自如，易守难攻，历来为兵家必争之地。图为抱犊崮抗日纪念碑。

抱犊崮位于山东省枣庄市山亭区东南部，属沂蒙山脉。抱犊崮海拔584米，有"鲁南小泰山"之称。山崮突兀，像一位峨冠端坐的君子，所以明清时期又称"君山"。相传东晋道家葛洪弃官后，怀抱一牛犊上山隐居，自号抱朴子，山也因此得名。在汉语中，崮字常作山名，常指四周陡峭，顶端较平的山。八百里沂蒙有七十二名崮，抱犊崮则雄踞七十二崮之首，有"天下第一崮"之美称。伫立崮顶，极目四望平野如画，东眺黄海云雾缭绕，有"君山望海"之称。

抗日战争时期，毛泽东提出八路军主力部队进入山东、依托鲁南向徐海地区发展的设想。1939年9月，代师长陈光、政委罗荣桓带领八路军东进，驻扎在抱犊崮山区，凭借天险与良好的群众基础，与敌人浴血奋战，很快建立了以抱犊崮为中心的鲁南抗日根据地。众多老一辈革命家都曾在这里战斗生活过，这里现存有红色革命旧址逾40处。

11月16日

八面山

湖南郴州

八面山气势雄伟，层峦叠嶂，林海苍茫。

八面山位于湖南省郴州市桂东县，地处湖南与江西的边界处，靠近井冈山，是以纵谷脊岭为主的中山地貌，最低海拔 860 米，最高海拔 2043 米。1929 年 1 月，湘赣国民党军对井冈山革命根据地发动了第三次"会剿"。红军决定采取"围魏救赵"的策略，由毛泽东、朱德率领红四军主力出击赣南，外线打击牵制敌人，彭德怀率红五军两个纵队和地方武装留守井冈山。

在敌人大军压境轮番进攻的情况下，守山部队的 140 余人不畏艰险、英勇抗击，打退了敌人的数次进攻。工事被打塌，战士们不分昼夜地修复。时值寒冬，战士们干脆在修好的工事上浇上水，将工事冻成一道道坚厚的冰墙，这就是"八面山垒冰筑阵"。与敌激战三昼夜后，守山的红军战士们弹尽粮绝，哨口工事被敌军的迫击炮、机关枪轰塌，最后全部壮烈牺牲。八面山哨口失守后，敌人进入了根据地腹地，彭德怀率领其余的战士浴血突围，并且于 1929 年 4 月在赣南与毛泽东、朱德的部队再次会和。5 月，彭德怀率领红军重新收复了井冈山。

11月17日

茅山

江苏镇江

以茅山为中心的苏南抗日根据地，是中国共产党在华中敌后最早创建的抗日根据地之一。
摄影：舒小简

茅山位于江苏省镇江市东南部的句容市，主峰"大茅峰"，海拔372.5米。东汉元帝时，有茅盈、茅固、茅衷兄弟三人在此修道，故名。兄弟三人在三个山峰上结屋，号"三茅真君"，又号其峰为大茅峰、中茅峰、小茅峰。茅山是道教圣地之一，历史遗存丰富，文物古迹众多。茅山道教奉三茅真君为开山祖师，是道教上清派的发源地，被称为"上清宗坛"。

1938年4月底，红军进入茅山地区，创建了以茅山为中心的苏南抗日根据地。进入茅山地区后，新四军主动出击，先后发起韦岗战斗、新丰战斗、句容战斗等一系列著名战斗，不断袭击、消耗和牵制敌人，歼灭日伪有生力量。据不完全统计，苏南抗日根据地军民共抗击和牵制了日伪军10万多兵力，为夺取全国抗战的最后胜利作出了重大贡献。

11月18日

云石山

江西赣州

云石山脚下,中央红军长征出发地纪念碑巍然耸立,一代又一代人慕名而来,追寻红色足迹。
摄影:野橘子

云石山位于江西省赣州市中东部的瑞金市,是一座海拔不到100米的石灰岩山。云石山上的石灰岩经大自然长年的日晒雨打,呈朵朵云状故名。1934年7月,中央革命根据地硝烟四起,正是第五次反"围剿"斗争最为激烈的时刻,原驻沙洲坝的中央机关被敌人发现,为安全起见须转移到较为隐蔽的云石山,并分散在就近的各个村庄。临时中央政府就驻在云石山头的寺庙之中。10月初,国民党军发起疯狂进攻,鉴于情况紧急,中央领导人作出战略大转移的决定。10月10日,中央机关的领导齐聚在云石山路旁,编入军委第一、第二野战纵队,与当地群众告别,踏上了漫漫长征路,因此云石山又称"长征第一山"。

11月19日

凤凰山
陕西延安

随着延安城市建设的发展，凤凰山已由过去的城市西北屏障，变成如今的城内山城公园。图为凤凰山上的文昌阁。

凤凰山位于陕西省延安市中心，因"叶生吹箫引凤"的传说而得名。凤凰山海拔1132米，为延安城四周群山之冠，历代城防工事都修筑在山的东坡及山畔上，为守城屯兵扎寨之地。凤凰山麓革命旧址曾是中共中央到延安后的第一个驻地，毛泽东在这里写有《实践论》《矛盾论》《抗日游击战争的战略问题》《论持久战》等许多重要文章，指导了全国革命战争的胜利。他还在这里接见了英国记者夏尔·贝特兰（Charles Bettelheim）和国际主义战士诺尔曼·白求恩（Henry Norman Bethune）。1938年11月20日，日军飞机轰炸延安，延安旧城遭受严重毁坏，于是中共中央驻地迁往延安城西北的杨家岭。

11月20日

洪山
湖北武汉

图为依洪山而建的宝通寺与洪山宝塔。

洪山位于武汉市武昌大东门外,原名"东山",为武汉三山之一。洪山上有庚子革命烈士墓、施洋烈士墓、北伐军官兵公墓等革命遗迹。1900年,唐才常领导自立军在汉口准备起事,但在张之洞的严厉镇压下最终失败。这些庚子烈士是为民主革命最先抛头颅、洒热血的先烈,当时烈士的骸骨只能草草掩埋。1912年孙中山来到武汉,决定在洪山北麓建造庚子革命烈士墓。北伐军官兵公墓在洪山东段南麓,安葬着1926年北伐军攻武昌城时牺牲的191人,墓前正中嵌有当年所立的墓碑,碑额镌"精神不死"四个大字。墙内松柏成林,挺拔苍翠,象征烈士浩气长存。

11月21日

黑茶山
山西吕梁

图为黑茶山山麓的晋绥解放区烈士塔。
摄影：啊呜喵

黑茶山位于山西省吕梁市兴县，呈南北延伸之势，屹立于吕梁山脉中北部。黑茶山古称"合查山"，主峰海拔2203.8米。1946年4月8日，中国共产党代表王若飞、秦邦宪（博古），在参加重庆举行的政治协商会议之后，与叶挺、邓发、黄齐生等人乘坐飞机，由重庆飞回延安。下午，飞机已飞至延安上空，但因下雨飞行员找不到机场，只得折向西安机场。不料途中迷失方向，误入黑茶山并坠毁在山崖上，机上人员全部罹难。这场空难震惊中外，中共中央晋绥分局立即派出分队翻山越岭寻找烈士。经过六七天努力，终于将烈士遗体、遗物和一些重要文件找回。毛泽东亲笔为烈士题写挽词："为人民而死，虽死犹荣"。

11月22日

蟒岭

陕西商洛

如今，蟒岭周边规划了商洛市首个绿道实验项目——蟒岭绿道生态景区。

蟒岭地处丹江与洛河之间，为秦岭支脉，沿洛南县、丹凤县两县交界处延伸，最高点"玉皇顶"海拔2057米。1934年10月，中央红军因第五次反"围剿"失败，开始了艰难的长征路。同年秋冬之际，国民党部队对鄂豫皖苏区进行"围剿"。近3000人的红二十五军被迫撤离苏区，向西转移开始长征。

红二十五军于11月16日出发，西行路上屡遭敌军围堵。途经的桐柏山区、伏牛山区都不适宜建立根据地，最终在顺利翻越蟒岭后，在洛南县庾家河扎营，脱离险境。如今，蟒岭的玉皇顶上有新四军的五师医院遗址，回龙山则是当年的游击队活动区。

11月23日

大青山
内蒙古呼和浩特

大青山是阴山山地中，山地森林、灌丛与草原镶嵌景观保存最为独特且完好的区域。

大青山位于阴山山脉中段，东起呼和浩特大黑河上游谷地，西至包头昆都仑河。大青山东西长约240千米，海拔1800～2000米，主峰海拔2338米。大青山抗日根据地位于大青山深处，是中国著名的革命老区。抗战时期，根据地军民凭借易守难攻的地理优势，有效牵制了日伪军的西进南下，成为陕甘宁边区和晋西北抗日根据地的北部屏障。

以大青山根据地为核心的内蒙古西部地区，先后建立起12支游击队和众多的游击小组，虽然人数少、装备差，但凭着一腔爱国热情，誓死抗击日伪军。1942年7月至1943年，大青山抗日游击根据地进入最困难的时期。姚喆司令员率领党政军数百余人，坚守在抗日斗争最前线，粉碎了敌人一次次的"围剿"和"扫荡"。

11月24日

将军山

贵州毕节

毕节市大方县是贵州通过黔西北,连接四川、云南的交通要道。

将军山位于贵州省毕节市大方县西北处,著名的将军山战役就发生在这里。1936年2月,红军长征到达黔西北后,红二、红六军团开辟了以黔西县、大方县和毕节县为中心的革命根据地,威胁到国民党在黔西北的统治根基,于是敌人向根据地进犯。2月18日,国民党万耀煌部准备取道将军山进攻毕节。得知敌人意图后,红六军团迅速在将军山一带占据有利地形,部署兵力形成伏击圈。2月19日清晨,敌军将要进入将军山时,遭到了红六军团的围击,伤亡惨重。敌人撤退时,又遭红六军团另一支伏军的袭击,最终成为瓮中之鳖。这次战役给国民党万耀煌部以沉重打击,使之不敢再轻易冒犯。将军山战役的胜利,也为红军休整和建设根据地赢得了宝贵时间。

11月25日

大茅山
江西上饶

图为大茅山附近的望仙谷。

大茅山位于江西省上饶市北部德兴市境内，与三清山东西对峙，同属怀玉山脉，主峰海拔1392米。2000多年前，战国四公子之一的春申君黄歇在此避难隐居，留下了称为"黄歇田"的小村庄和数百亩良田。唐末，黄巢起义军在这里屯兵休整，遗存有"点将台"。

第二次国内革命战争时期，大茅山是方志敏开辟的赣东北革命根据地的中心区域之一，是闽浙赣皖重要的游击区。大茅山山腰处有一个天然的溶洞叫红军洞，1931年，它成为红军输送物资、歇脚的地方，方志纯等红军领导人多次在这里躲过了敌人的"围剿"。1935年，粟裕、刘英率中国工农红军北上抗日先遣队一部突围至大茅山东南麓梧风洞一带休整，并将300余名伤病员安置于该地的一座临时医务所治疗。清明前夕，医务所遭敌突袭，红军伤病员及部分医务人员全部遇害。

11月26日

大泽山

山东青岛

图为位于大泽山脚下的大泽山抗日战争纪念馆。

大泽山位于山东省青岛市北部，主峰"北峰顶"海拔736.7米。古称"九青山"，明代龙文明著文，谓"群山环抱而易出泉，遂汇为大泽"，因易现名。这里名胜古迹甚多，西南处天柱山上有北魏郑道昭、郑祖述父子的摩崖碑刻，书法具有从汉隶向楷书过渡的特点。尤其是《郑文公碑》，被后世书法家推崇，有"魏书之冠"的美誉。

大泽山西麓地势险要，是胶东抗日根据地西部的屏障，也是通往渤海抗日根据地的走廊，有抗日战争时期著名的"高家民兵联防"战场。抗日战争时期，高家、韭园、南台、北台、所里头等村庄的民兵组成民兵联防，开展游击战、麻雀战、地雷战等，配合主力部队作战600余次，取得了辉煌的成绩。如今，谷中瞭望哨、地雷阵等遗迹尚存。

11月27日

姚家山

湖北武汉

姚家山是抗日战争中的"红色堡垒",享有"武汉抗战第一村"的殊荣。

姚家山位于武汉市黄陂区北部,群山起伏,地势险要。1941~1946年,新四军五师司政机关常设在姚家山,姚家山新五师司政机关旧址便是当时新五师和鄂豫边区党委机关的驻地。

1941年,李先念率领新四军豫鄂挺进纵队,在姚家山开辟抗日根据地,成立黄陂县抗日民主政府,开办抗日军政大学第十分校。姚家山还保存有当时修建的抗日军政大学、鄂豫工农银行、边区印刷厂、大礼堂等革命遗址。鄂豫独立游击支队被编为新四军第五师后,李先念任师长兼政委,陈少敏任副政委。这位在边区人称"女将军"的副政委,带头赤脚下田,"陈大姐,种白菜,又肥又大人人爱"的歌谣一时传遍中原地区。

11月28日

英雄山

山东济南

英雄山上埋英骨。在济南革命烈士陵园北部的山巅，建有革命烈士纪念塔，英雄们的名字被铭刻在纪念塔上。

英雄山位于山东省济南市市中心，因距离老济南内城的南门有四里地，所以别名"四里山"。因山上遍种黄栌树，在秋季变红似红霞满山，故又名"赤霞山"。

英雄山是济南红色历史的光荣见证。1952年，毛泽东在时任山东军区司令员许世友的陪同下，登临四里山凭吊烈士黄祖炎。他环顾四周，看到青山翠柏中遍是烈士陵墓，感慨四里山就是英雄山，由此四里山有了新的名称。这里有山东省规模最大的烈士陵园"济南革命烈士陵园"，陵园南部是烈士墓地，建有中国共产党一大代表、山东地方党组织创始人之一王尽美和早期中共山东省委书记刘谦初烈士的陵墓。济南战役中牺牲的有名烈士786人和无名烈士716人也安葬于此。

11月29日

十二烈士山

黑龙江双鸭山

图为黑龙江双鸭山市的饶河抗日游击队纪念碑。

十二烈士山位于黑龙江省双鸭山市，地处宝石河上游的河谷平原上，兀然隆起，当地人称"小孤山"。这里是东北抗日联军12名战士抗击日伪军的牺牲地。1938年3月16日，东北抗日联军第五军第三师接到总指挥部的指示，准备向别处转移。为保障大部队安全转移，由第三师第八团第一连的十几名战士坚守小孤山阵地，迎击追击而来的400多名日伪军。

小孤山高约百余米，下面坡缓，上面坡陡，利于防守。第一连留守小分队将两挺机枪部署在山顶两侧，形成交叉火力，控制整个山坡，其余步枪手在中间展开。战士们利用地形，用积雪构筑掩体，做好了准备。战斗从中午到天黑，敌人的进攻被一次次打退，山坡上横七竖八地倒着日伪军的尸体。但终究众寡悬殊，小分队伤亡惨重，12名战士壮烈牺牲。

11月30日

府山
浙江绍兴

府山最高点建有飞翼楼，周围树木葱茏，环境幽静，是绍兴古城最佳的登高观景处。

府山位于浙江省绍兴市西隅，因古时绍兴的官府在此故名"府山"，又名"龙山""卧龙山"。春秋末期，大夫文种被听信谗言的越王勾践赐死后葬于此，又称"种山"。府山主峰前有石柱古亭，名"望海亭"，始建于唐代，亭下有春秋时越国大夫文种墓及唐宋摩崖题刻。西南山峰上有"风雨亭"，是1929年为纪念近代民主革命烈士秋瑾而建。

府山东南麓有越王殿，1939年3月，周恩来回到祖籍绍兴时，在这里向各界代表发表了慷慨激昂的抗日演说，他以绍兴先贤越王勾践"卧薪尝胆"为例，激励大家发扬民族气节，坚韧不拔，团结抗战，打败日寇。府山南坡还有解放战争革命烈士墓，安葬着1949年5月在解放浙江渡海作战和剿匪战斗中牺牲的60多位烈士。一墓一碑，庄严肃穆，无声地诉说着革命先烈的不朽功勋。

12月1日

梅里雪山
云南迪庆

梅里雪山主峰在连绵的卫峰中巍峨矗立，再加上日照金山的绝美景象，故有"世界最美雪山"之誉。
摄影：Jerry Long

梅里雪山位于云南省迪庆藏族自治州德钦县境内，地处滇、川、藏三省区结合部，怒江与澜沧江之间，如天神一般屹立在横断山脉的最深处，又称"太子雪山"。山体呈南北走向，连绵150多千米，雪峰林立，主峰卡瓦格博峰海拔6740米，是云南第一高峰。

在藏族文化中，梅里雪山的地位极为崇高，不仅是"藏区八大神山"之一，还是"藏传佛教四大神山"之一。它是信仰藏传佛教的信徒一生必去朝觐的神山，也是中国禁止攀登的神山之一。从13世纪开始，围绕梅里雪山的转山习俗已经持续七百多年。在这条路上，不仅能见到沿着顺时针方向转山的藏传佛教信徒，也能见到沿着逆时针方向转山的苯教信徒。他们或手拿转经筒，走路时一边转动经筒，一边颂唱经文；或身穿厚厚的衣物，不断叩拜前行。

12月2日

玉龙雪山

云南丽江

玉龙雪山与丽江黑龙潭相映成趣，纳西族人世代生活在这片美丽的土地上，人与自然共同构筑了这里的独特风情。

玉龙雪山位于云南省丽江市玉龙纳西族自治县，海拔5596米，是北半球最靠近赤道的雪山。玉龙雪山山顶有皑皑白雪、银装素裹，十三峰高耸云端、连绵不断，宛若一条玉龙腾越飞舞，因此得名。因为山上主要为石灰岩与玄武岩，黑白分明，所以又称为"黑白雪山"。

纳西族人称玉龙雪山为"伯使吉巫鲁"，意即"白沙之上的云间银石"，这一称谓体现了雪山在他们心中的圣洁与崇高。在纳西文化里，银、金、绿松石、黑玉并列为四大吉祥之物，而银列其首，足见玉龙雪山在纳西人心目中无可比拟的地位。纳西族信奉的保护神"三多"，实为玉龙雪山的化身，尊号"阿普三多"，寓意为"伟大的祖先三多"，象征着家族的庇护与自然的恩赐。纳西人自称"纳西三多若"，即"我们是三多的子孙"。至今，丽江古城仍保留着盛大的"三多节"，节日期间纳西族人会聚于玉龙山麓的三多庙，举行隆重的"三多颂"祭拜仪式。

12月3日

博格达峰

新疆昌吉

在天山的诸峰之中，博格达峰的海拔高度仅排名第三，然而名气却远在其他诸峰之上。

博格达峰位于新疆维吾尔自治区昌吉回族自治州阜康市，海拔5445米，是天山山脉东段的最高峰。"博格达"一词出自蒙语，是"神灵"的意思。长期以来，博格达峰是西部各少数民族文化中最有神性的山峰。相传，"一代天骄"成吉思汗曾登上博格达峰，并在此会见当时西来传道的长春真人丘处机。邱处机的"三峰并起插云寒"，李銮宣的"雪岭三峰矗"，宋伯鲁的"三峰绝倚傍"等，咏叹的就是博格达峰、帕格提峰与未万别克峰组成的"雪海三峰"。

博格达峰周围有113条现代冰川，其中有50条融水汇流成天山的天池。这个常年被冰雪覆盖的，深藏于雪峰怀抱中的"宝葫芦"，深受当地人敬仰。据说，不洁之人去天池必有雷雨阻挡，可见博格达峰和天山天池在当地民众心中的神圣地位。

12月4日

黎母岭

海南琼中

黎母岭位于海南省琼中黎族苗族自治县境内，地处海南三大山脉之一的黎母山山脉，海拔1412米，是海南黎族人民的始祖山。又名云黎母、黎婆山、阿婆山。相传，远古时天界雷公巡游至此，被这片土地的秀美所吸引，便藏下一枚神秘的蛇卵于山中。次年农历三月三日，天际忽现惊雷滚滚，蛇卵应声而裂，从中走出一位美丽的少女，雷公则化身为慈祥老者，赐她名"黎"。不久，一位勇敢的青年为寻觅珍稀沉香而入深山，当他偶遇黎姑娘时，被她深深吸引。后来，两人渐生情愫并结为连理，一起在这片土地上辛勤劳作，繁衍生息。为了纪念黎姑娘，后代的子孙尊她为"黎母"，这座山也被称为黎母山。黎母山上建有黎母庙，庙里供奉着黎母娘娘的神像，每年农历三月初三，海南黎族民众会登山祭拜黎母，表达感激与怀念之情。

黎母山山脉比五指山山脉更长、形态更为完整。它的山顶呈和缓起伏，由山顶发源流下的溪涧多形成小瀑布，盆地中曲流蜿蜒，其间有和缓的草地、树林和稻田。

12月5日

墨尔多山

四川甘孜

墨尔多山位于四川省甘孜藏族自治州丹巴县，地处大、小金川河之间，主峰海拔5105米，是藏区八大神山之一，被称为"嘉绒藏区神山之首"。墨尔多山山势呈南北走向，并向甘孜、阿坝两州境内延伸达数百千米。每年农历七月初十，山下会举办庙会，成千上万的信徒会到此烧香拜佛、转山朝圣。据藏传佛教传说，宁玛派祖师莲花生大师与著名大译师白若杂纳（亦称毗卢遮那）均曾在墨尔多山上潜心修行。此山不仅承载着宁玛派的深厚历史，亦是苯教信徒心中的伏藏圣地。史书记载，吐蕃王赤松德赞推广佛教、抑制苯教时，众多苯教徒迁徙至嘉绒地区。他们不仅在此地继续弘扬苯教教义，更将苯教的珍贵典籍秘藏于墨尔多山中，使之成为后世探寻与传承苯教文化的重要所在。

墨尔多山周边是嘉绒藏族最为集中的地区，当地藏民非常信奉墨尔多山神。

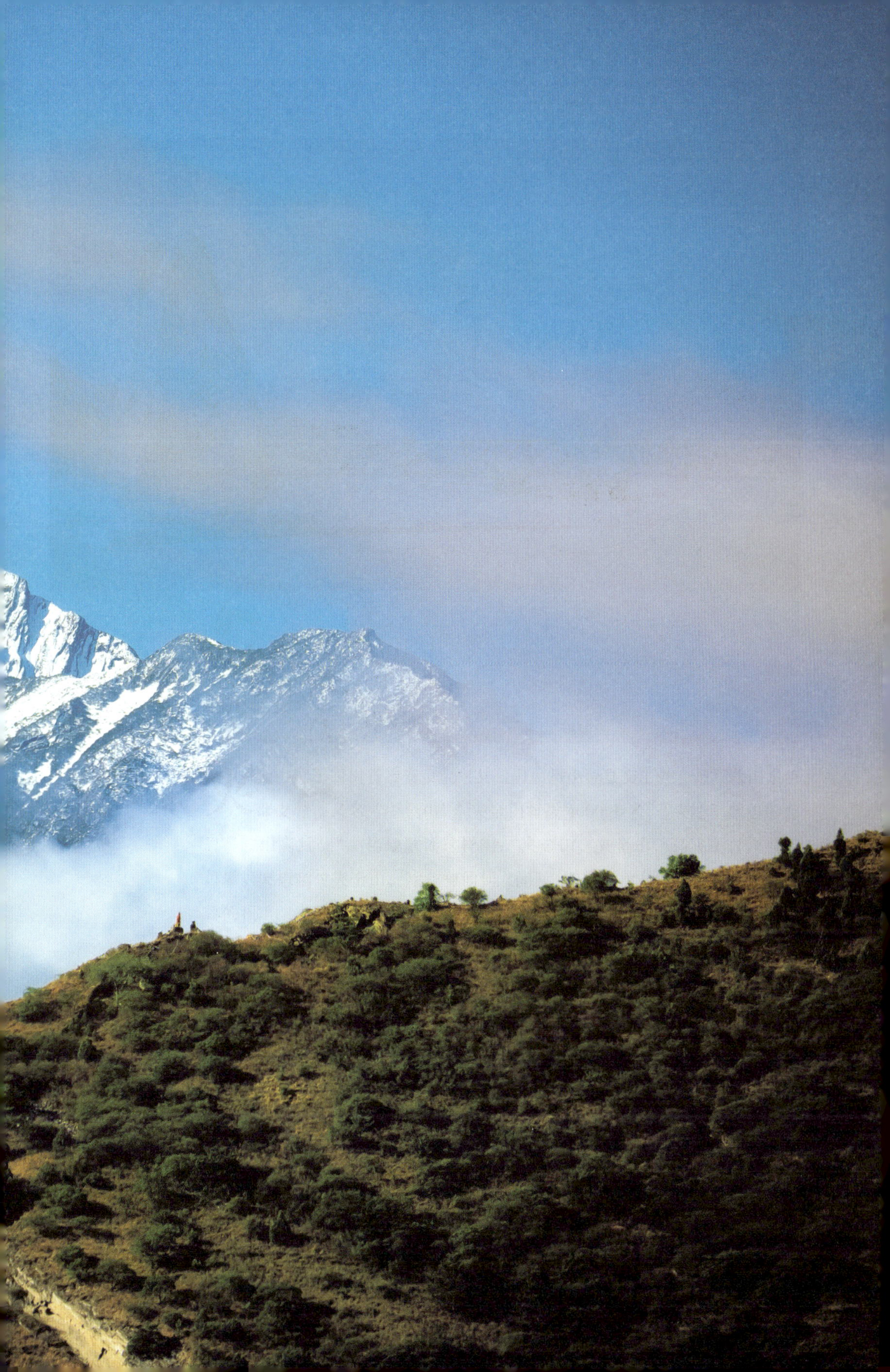

12月6日

雅拉香布雪山
西藏山南

雅拉香布雪山有方圆几百里的冰川，它也是雅砻河的源头。

雅拉香布雪山位于西藏山南市，海拔6636米。藏语"雅拉香布"意思是"上部守护之神"，在"世界形成之九山神"中排列第二位，仅次于"神山之父"沃德巩甲山神。在藏族民间的传统信仰中，藏地有四大神山：卫藏地区的神山雅拉香布、北方羌塘的神山念青唐古拉、南方神山库拉日杰和东方神山沃德巩甲，这四座神山是佛教传入以前藏地原始信仰中的神山。雅拉香布山神居住在雅拉香布雪山上，是所有本地神的首领，传说它常以白牦牛之形显身，口中不时喷出雪暴，后为莲花生大士收为佛教的护法神。雅拉香布雪山所在的雅砻河谷是吐蕃最古老的部落繁衍之地，雅砻部落奉其为最大山神。随着雅砻部落逐渐壮大并取得整个吐蕃的政权，他们崇奉的山神也成了所有部落共同敬仰的神祇。

12月7日

扁担山
贵州安顺

扁担山下的石头寨是著名的蜡染之乡，寨中的妇女大都会这种传统的民间工艺。

扁担山位于贵州安顺市镇宁布依族苗族自治县，南临黄果树风景区。两端小山突起，形似扁担，因此得名。这里是布依族的聚居区，布依族人口占总人口的95%以上。扁担山历来是布依族人民欢庆传统节日的天然广场。每年农历正月初一至十五，各寨青年男女盛装齐集于此。男子赛马比武，女子跳舞抛花，鼓乐喧天，人山人海。山脚下有石头寨，整个村寨呈阶梯状，全部用石头建成，与石山浑然一体。

12月8日

三神山
四川甘孜

三神山是藏族民众心目中的神山,在世界佛教二十四圣地中排名第十一位。

三神山位于四川甘孜州稻城县亚丁景区,由仙乃日、央迈勇、夏诺多吉三座雪峰组成,又称"三怙主"。公元8世纪,莲花生大师为三座雪峰开光,并以佛教中三怙主:观音菩萨(仙乃日)、文殊菩萨(央迈勇)和金刚手菩萨(夏诺多吉)命名加持,因此称为三怙主雪山。

仙乃日雪山是三座神山中的北峰,海拔5998米。这座雪山被视作藏传佛教中观世音菩萨的化身,山形就像菩萨端坐在莲花台上。山峰周围是冰蚀峰林地貌,冰川、冰川遗迹及高山湖泊遍及山野。央迈勇雪山位处南峰,海拔6033米,不仅是三座神山中的制高点,更象征着智慧与高远。其峰顶常年云雾缭绕,仿佛智慧之光在云端闪烁,引人向往。夏诺多吉雪山位处东峰,海拔5951米,为三棱锥状,接近金字塔造型。这座雪山被视为"金刚手菩萨"的化身,金刚手菩萨以除暴安良、护佑众生著称,为这片土地带来了坚定与安宁的力量。三座神山,各具特色,共同守护着这片土地,成为藏传佛教文化与自然景观完美融合的典范。

12月9日

八面山
湖南湘西

湘西八面山是船形的高山台地，山势险峻，四周几乎全是悬崖峭壁，与毗邻的山无牵连，平均海拔1200多米，当地有"八面山，离天三尺三"的俗语。

八面山位于湖南省湘西土家族苗族自治州龙山县南部，西面与重庆市酉阳县、秀山县接壤，隐藏在武陵山脉的怀抱中，有"南方呼伦贝尔草原""空中草原"的美称。春夏时节遍地绿草茵茵，深秋时枯萎的草恰似一层厚厚的地毯。每逢雨后，八面山还有壮观的云海。

八面山是土家族人的圣山。传说，远古时武陵山区遭遇了一场史无前例的大洪水，仅有土家族兄妹补所与雍尼凭借坚韧不拔的意志，攀上了八面山之巅，从而逃脱了这场浩劫。山上慈悲的神仙目睹了兄妹二人的艰难求生，心生怜悯并现身相告：为延续土家族的血脉，二人需结为连理。为了说服他们，神仙命兄妹推动两扇巨大的石磨，若石磨能在山下自然相合，便应遵天意。兄妹二人照做，果然石磨在山下相合，他们便结为夫妇，成为土家族祖先。八面山也因此成为土家族文化的重要象征。

12月10日

多拉神山

西藏昌都

图为多拉神山脚下的八宿县。"八宿"藏语意为"勇士山脚下的村庄"。

多拉神山位于西藏自治区昌都市八宿县，属于藏传佛教中的宁玛派（红教）。多拉神山的神秘之处在于满山遍野的石刻，山上的许多岩石上都刻有佛像、经文和六字箴言，石刻的规模之大、造诣之深，实属罕见。其中有些石刻已经历了上千年的风吹雨打，严重的风化使它们失去了人工雕琢的痕迹，更像是天然形成的。据说，多拉神山是梅里雪山的子山，每年藏历五月十五日，村民们都要来此转山。人们在山顶前方跪拜，祈祷当年的平安，还会举行盛大的歌舞比赛来助兴。

12月11日

轿子雪山
云南昆明

轿子雪山是离昆明最近的赏雪区。

轿子雪山位于云南省昆明市禄劝县，因最高峰形如花轿而得名，主峰海拔4223米。轿子雪山被誉为"滇中第一山"，也是彝族民众心中的圣山。彝族古籍《指路经》，是引领彝族人灵魂沿祖先迁徙路线返回发祥地的一部经书，在这部经书里，轿子雪山被称为"木阿落白"（又称"乐尼白"），那是一个山清水秀、美丽富饶的世外桃源，是彝族的发祥地，也是彝族人灵魂的归宿。时至今日，当地的彝族古歌中仍有这样的唱词："错多弄本乌，处多法戛咪"，意思是"太阳出在雪山顶，宗族出在岩上头"。在轿子雪山山顶处，屹立着一尊神情肃穆的石像，很像彝族的祖先"阿普笃慕"。阿普笃慕的6个儿子后来发展成6个古代彝族部落，古彝文典籍称为"六祖"。

轿子雪山每年都举行盛大的"祭山大典"，是时来自云南、四川、贵州等地的彝族宗教祭司"毕摩"齐聚，一起诵念经书，祈求风调雨顺、国泰民安。

12月12日

亚拉雪山
四川甘孜

深秋的傍晚，亚拉雪山被太阳的金光照亮。山巅之上升起的旗云，仿佛大自然神圣的旗帜。

亚拉雪山位于四川省甘孜州道孚、康定、丹巴三县交界处，藏语全称为"夏学雅拉嘎波"（意为"东方白牦牛山"），海拔5884米。亚拉雪山是《格萨尔王传》记载的四大神山之一，藏族古籍称其为"第二香巴拉"。它与西北方向的墨尔多神山、"蜀山之王"贡嘎山遥遥相望，山顶终年白雪皑皑、云雾缭绕，从远处望去犹如花瓣簇拥的莲花宝座，威严神圣。雪山周围风光秀丽，分布着峡谷、草原和寺庙。山的西南与康定塔公草原紧密相连，东南与康定木格措相接，东北毗邻道孚玉科大草原。木雅大寺、木雅金塔、塔公寺、惠远寺等著名寺庙，则静卧在它的脚下。

12月13日

三奥雪山

四川阿坝

三奥雪山的三座雪山皆为金字塔型山峰，呈"品"字形并列相连。

三奥雪山位于四川省阿坝藏族羌族自治州的黑水县境内，地处青藏高原东麓。三奥雪山由三座独立的雪山组成，地势险峻，美丽壮观，又称"奥太雪山"。主峰奥太基（藏语意为"群山之父"）海拔5286米，奥太美（"群山之母"）海拔5257米，奥太娜（"群山之子"）海拔5200米。

藏传佛教经典中，对主峰奥太基赋予了极具神秘色彩的描述："在嘉绒东面的措曲（黑水县），有一座称为奥太基的神山，活佛与神灵共栖，可谓神山之首。世人若怀虔诚之心，顶礼膜拜，则能驱散邪魔，消弭灾祸，解脱万般苦难。"每当节日、婚庆、收播之际，当地藏民都会对着三奥雪山祈祷。雪山旁的巴谷多峰，被当地藏民尊为奥太基的忠诚守护者。无数信徒不辞辛劳攀至巴谷多顶峰，朝拜奥太基，以祈求神山的庇护。

12月14日

洛格斯神山

四川阿坝

图为达古冰川的白塔和洛格斯神山。远眺神山，宛如一尊大佛矗立于天地间。

洛格斯神山位于四川省阿坝藏族羌族自治州黑水县境内，"洛格斯"在藏语里是"群山守护神"的意思。每年的5月和9月，村寨的藏民都要举行转山祈福活动，祈求来年风调雨顺。当地有一种很有气势的舞蹈"卡斯达温舞"，"卡斯达"指铠甲，"温"是"穿"的意思，这是古代黑水人出征前，勇士们祈祷胜利、亲人们为他们祈求平安的一种民间祭祀性歌舞。

洛格斯神山有全球海拔最低、面积最大、年纪最轻的现代山地冰川，有亚洲最大的红叶彩林观赏区，还有大小飞瀑流泉21条以及各类野生动植物。藏族作家阿来将此地誉为"最近的遥远"，认为这里依然保留着一份难以触及的原始与纯净。

12月15日

尕朵觉沃

青海玉树

尕朵觉沃是由一系列千姿百态的山峰组成的群山体，山势雄伟险峻。
摄影：舒小简

尕朵觉沃位于青海省玉树藏族自治州称多县，主峰海拔5470米，平均海拔4900米，是藏区的四大神山之一，也是玉树人的守护神，被誉为长江流域的"神山之王"。尕朵觉沃意为"上康区主神"，全称"觉沃久庆栋热"。传说，尕朵觉沃是一位智勇双全的大将军，他统率将士们捍卫着美丽富饶的玉树，使这里的人们安居乐业，人畜兴旺。主峰旁边是一片千古不化的冰川，传说那是尕朵觉沃将军洁白的帐篷。神山周围环绕的山峰中，有为觉沃神打造兵器的七位"铁匠"和为他缝制战袍的七位"裁缝"，还有觉沃的"奶奶""夫人""战刀"等山峰，形象逼真，似鬼斧神工。

12月16日

格姆女神山
云南丽江

格姆女神山海拔3770米，是泸沽湖四周最高的山峰。

格姆女神山位于云南省丽江市宁蒗彝族自治县，又称"狮子山"。当地的摩梭人自古以女性为尊，至今还保持着古老的走婚习俗。在摩梭人心中，泸沽湖是母亲湖，格姆山是女神山。相传，很久以前这里有位美丽的姑娘格姆，其美貌与智慧引来了天神的倾慕，欲将其带往天界。然而，就在她升空时，地上百姓们的呼唤却如同雷鸣般响彻云霄，天神震惊之下只得将她放在了狮子山的峰顶。从此，格姆就成了这座山的守护者，守护着脚下的土地与人民。摩梭人在格姆山脚下建了神龛，将格姆尊为众神之首。每逢农历七月二十五日，附近村寨的人们会穿上节日的盛装到格姆山朝拜。此时，山上会举行盛大的祭祀活动，表达对女神的崇敬与感激，也祈求女神的庇佑。

12月17日

阿尼玛卿山

青海果洛

阿尼玛卿山的山顶终年积雪，雪峰周围时常云雾缭绕。山腰处有广袤的高山草甸，每至盛夏绿草如茵，而山脚下的高寒湿地则波光粼粼，为这壮丽的山脉增添了灵动与生机。

摄影：舒小简

阿尼玛卿山位于青海省果洛藏族自治州玛沁县，地处昆仑山系东段，主峰"玛卿岗日"海拔6282米，是黄河流域的最高峰。整座山脉山势磅礴，13座山峰连绵不断，平均海拔在5900米以上。这里共有57条冰川，其中哈龙冰川最为壮观，长达7.7千米，是黄河流域最长和规模最大的冰川。

在藏族人民的心目中，阿尼玛卿山代表着开天辟地的九大造化神之一，是掌管"安多"地区的神山，和西藏的冈仁波齐、云南的梅里雪山和玉树的尕朵觉沃并称为藏传佛教的四大神山。藏族英雄史诗《格萨尔王传》称阿尼玛卿山神是"战神大王"，说它是史诗主人公格萨尔所在的神山。因此，藏区人民对阿尼玛卿山神怀有无比的崇敬与信仰，至今仍虔诚地供奉，祈求其庇佑与赐福。在青海藏区，经常可以看到阿尼玛卿山神的画像，他身着白盔、白甲、白袍，骑乘白马，手持银枪，英姿飒爽、武艺超群，以降魔济贫、智慧无穷的形象守护着这片土地上的生灵。

12月18日

巍宝山
云南大理

图为巍宝山上的南诏土主庙。这里供奉南诏历代先祖，由细奴逻之孙、南诏第三代王所建，为西南彝族地区最早、最大的土主庙。

巍宝山地处云南大理白族自治州巍山县境内，最高海拔2509米。巍宝山如一头蹲坐回首的青狮，峰岳起伏，古迹荟萃，是南诏国的发祥地、彝族民众心中的圣地，也是云南最大的道教名山。

彝族的先祖——南诏（蒙舍诏）第一代王细奴逻，在巍宝山耕牧和发迹。细奴逻因在部族祭祀之日有"金铸鸟"飞集，而得到首领的推举和让贤，成了部族的首领。此后，他因仰慕中原文化，派其子赴长安觐见，得到唐高宗加封的"巍州刺史"头衔，成为唐朝名义上的"地方大员"。他开创了南诏发展的辉煌时期，奠定了彝族兴旺发达的基础。每到农历二月初八，海内外的彝族儿女都会身着本民族的服装，来到巍宝山的土主庙前，进行"打歌"等活动，在祭祀先祖的同时，也期盼来年的好年景。

12月19日

跑马山
四川甘孜

跑马山有浅坡草坪，峰顶缭绕的白云时聚时散，颇富诗情画意。

跑马山位于四川省甘孜藏族自治州康定市城南，系贡嘎山向北延伸的余脉，是藏区神山之一。藏名"拉姆则"，意为"仙子山"。由城内攀登跑马山，山似无脊，所以取谐音名"南无脊山"。因山顶有高山湖泊五色海，所以又叫"五色海子山"。

"跑马溜溜的山上，一朵溜溜的云哟"，一曲《康定情歌》让跑马山蜚声中外，引人无限神往。跑马山是当地传统节日盛会"转山会"的聚集地。相传农历四月初八为释迦牟尼的生日，每年的这一天山上会举行"浴佛节"，当地的民众会相邀游山朝庙，并在跑马山上举行赛马会，进行各种骑术的竞技表演。

12月20日

大明山
广西南宁

环大明山地区也是壮族文化的重要发祥地。据考证，商周时代壮族先民建立的骆越古国最早的都城就坐落于大明山南麓。

大明山位于广西壮族自治区南宁市，主峰"龙头山"海拔1760米，是珠江流域的龙母文化的发祥地。龙母是战国时期南方百越民族的一位女首领，以高尚的品德受人敬仰。传说，她在溪边洗衣时偶得巨卵一枚，便带回家中细心照料。七七四十九日后，巨卵竟奇迹般孵出五条小龙，她也被尊称为了"龙母"。后来五龙长大，经常出入西江，一游千里，龙母经常教育五龙要适时施雨、为民播福。她还带领五龙帮助乡民疏浚河道、修堤筑坝，抵御西江洪水，为当地百姓开辟出一片安宁富饶的乐土。大明山脚下的壮族人民，世代传承着对龙母的崇敬之情。经考察，环大明山地区有龙母庙20余座，当地民众通过举办丰富多彩的祭祀活动，来表达对龙母的感激与颂扬。

12月21日

大瑶山

广西来宾

大瑶山主峰圣堂山海拔1979米，是广西中东部的最高峰。

大瑶山位于广西壮族自治区来宾市金秀瑶族自治县，是瑶族人心中的母亲山。大瑶山是中国瑶族支系分布最多、瑶族文化遗产保留最多的地区，周边居住着茶山瑶、盘瑶、坳瑶、花蓝瑶、山子瑶五个瑶族支系。山脚下的金秀县被称为"世界瑶都"，以金秀为中心，半径300千米的区域内，居住着约100万瑶族人民，占全国瑶族人口的70.8%。

1935年9月，大瑶山上发生了一段悲壮的故事。著名人类学家费孝通与新婚妻子王同惠，应广西省政府之邀深入大瑶山进行社会调查，希望能够尽快让世人了解这个边远的民族。调查途中费孝通不慎落入捕虎陷阱，夫人王同惠在出山求救的过程中不幸坠崖身亡。在被好心的瑶民营救后，费孝通与大瑶山结下了深厚的情缘。他先后六上大瑶山，倾注毕生心血进行社会调查，得出"世界瑶族文化的研究中心在中国，中国瑶族文化的研究中心在金秀"的结论，体现了他对大瑶山瑶族文化深厚底蕴的高度认可。

12月22日

哈巴雪山
云南迪庆

哈巴雪山海拔在4700米以上的部分终年积雪，这里完好地保存着现代冰川的壮丽景观。与玉龙雪山的冰川相似，哈巴雪山的冰川同样是我国纬度最南端的珍贵海洋性温冰川。

哈巴雪山位于云南省迪庆藏族自治州香格里拉境内，主峰海拔5396米，挺拔孤傲，终年积雪，周围有四座小山峰拱卫。"哈巴"为纳西语，意为"金子之花朵"。哈巴雪山与玉龙雪山隔虎跳峡相望，金沙江从两座高大挺拔的雪山中穿过。在当地古老的传说中，哈巴和玉龙是一对孪生兄弟，他们曾并肩对抗霸占了金沙江的魔王。哈巴在战斗中英勇战死，化作了哈巴雪山，也成为当地人民口中善良、勇敢的传奇。

哈巴雪山是世界高山植物最丰富的地区，仅以杜鹃花而言，这里就汇集了几乎整个滇西北的杜鹃种属，从山脚到山顶分布着200多个品种的杜鹃，占云南杜鹃种属的70%。因此，这里也被称为"世界花园之母"。

马牙雪山

甘肃武威

马牙雪山山脚有绵延10余千米的茵茵草场，宛如大地铺展的绒毯。草场上，马儿自由奔跑、牧歌随风飘荡，交织成一幅生动的田园牧歌图。

马牙雪山位于甘肃省武威市天祝县西部，因形似马的牙齿而得名，海拔4447米。本地人称"白嘎达山"，藏语称"伦布什则"，意为最高的须弥山。马牙雪山集雄、奇、险于一体，剑峰兀起，直插云霄，令人敬畏。当地藏族民众将马牙雪山视为神山，每年农历六月十三日，他们都会在这里举行盛大的祭祀活动。马牙雪山山顶有一巨石耸立，石中裂有一缝，仿佛利刃劈就。相传，格萨尔王当年出征时曾用此石试剑，故名"试剑石"。

12月24日

贡布日山
西藏山南

山南市泽当镇的雍布拉康是西藏历史上第一座宫殿，据史书记载始建于公元前2世纪，松赞干布时期改为寺庙。

贡布日山位于西藏自治区山南市泽当镇，地处雅鲁藏布江南侧，紧临泽当，是西藏著名的神山。贡布日山有三峰，第一峰是央嘎乌孜，第二峰是森木乌孜，第三峰是竹康孜，三座山峰上有洞穴相连。与西藏其他神山不同，贡布日山之神不在于它是山神的居住之地，而在于其预知未来的能力，在这座山上可以预知一切。

传说，竹康孜峰上的菩萨做媒，使猕猴与罗刹女结合，生下了6只小猴。后来，猴子越来越多，山中的果子却越来越少，众猴常常食不果腹。于是，菩萨从须弥山中取出五谷种子，撒在泽当附近的一片土地上。猴子们不断探索学会了种植，从此有了充足的食物。后来，劳动逐渐使猴进化成了人，即这片雪域的先民。每年吉日，信教群众从四面八方赶来此地转山，特别是藏历四月十五日转山会达到高潮。据说诚心拜佛者，就能从看到的景物中预见一生的祸福。

12月25日

格聂山
四川甘孜

格聂山主峰顶部终年积雪，山脊呈刀片状，裸岩峥嵘，多悬崖峭壁。

格聂山位于四川省甘孜藏族自治州理塘县境内，雄踞横断山脉中央，被称为"横断之心"。格聂山海拔6174.5米，是四川第三高峰，在藏语中被尊称为"呷玛日巴"。它是藏传佛教二十四座神山中的第十三座，与巍峨的喜马拉雅山并肩，共享圣地之名。

作为横断山脉的璀璨明珠，格聂山集众多高原极致景观于一身。这里雪岭簇聚，林草丰茂。夏季是格聂山最美的季节，七八月间，花海如潮，色彩斑斓，与高原上无垠的蓝天、洁白的云朵交相辉映，宛若仙境。六世达赖喇嘛仓央嘉措，对这片圣洁之地表达过深深地向往与眷恋："白羽的仙鹤呵，借给我你的翅膀，我不会飞得太远，只到理塘便折回。"

12月26日

石卡雪山
云南迪庆

远望石卡雪山，它巍峨耸立于天际之间，不时闪烁星星点点的灿烂光辉。

石卡雪山位于云南省迪庆藏族自治州香格里拉市，在藏语里的意思是"面对东方的雪山"。石卡雪山自古便是香格里拉的守护神山，当地的藏族群众常年祭拜。在当地传说中，祭拜此山可以祛除灾难，人畜兴旺。雪山脚下，有熠熠生辉的建筑群——松赞林寺，它由五世达赖喇嘛赐名，其建筑风格仿照了拉萨布达拉宫的布局，依山势层叠而建，故有"小布达拉宫"之称。

石卡雪山是迪庆高原唯一可乘坐缆车观光的雪山，缆车首先可达亚拉青波牧场。牧场的西南面是灵犀湖，又称"灵水"，传说是古时天上掉下来的一颗灵珠变成，湖水常年清澈如碧，是见证藏族青年爱情的圣湖。在海拔4449米的山顶极目远眺，可一览滇川藏地区的八大神山，即梅里雪山、玉龙雪山、哈巴雪山、白茫雪山、碧罗雪山及稻城亚丁的三座神山仙乃日、央迈勇、夏诺多吉。

12月27日

香炉山
贵州凯里

香炉山四面石崖绝壁，形如香炉，因此得名。

香炉山位于贵州省凯里市，因山形酷似香炉而得名，海拔1233.8米。香炉山是苗族古籍中所说的第七根金玉柱。相传，此山原本九层，直达南天门，是天地相往的通道。天王的七女儿阿碧顺山顶下至半山腰，与当地的苗族青年恋爱成亲。每天晚上他们在半山腰相会，凌晨鸡鸣三遍时，阿碧便按时回到天上。不久，阿碧有了身孕。一天晚上，阿碧在香炉山中生下女儿小阿彩。正当初为父母的年轻夫妇享受幸福时刻时，公鸡开始打鸣。阿碧无奈，只得匆忙飞回天庭。因心急脚重，踩倒了六层金玉石，从此香炉山只剩下了三层。

每年农历六月十九日，周边的苗族民众会云集于此，举行传统的"爬坡节"。其中，长者多祈福，青年男女则盛装出席，或欢快起舞，或围坐吟唱，歌颂友谊与爱情。

12月28日

吕洞山
湖南湘西

吕洞山山顶巨岩壁立，突兀摩天，有双洞如"吕"字横贯山体而得名。

吕洞山位于湖南省湘西土家族苗族自治州保靖县，被誉为武陵山区的"苗族祖山"，也是苗族向大西南迁徙的重要驿站。相传，吕洞山一带的苗族先民，在远古时期曾繁衍生息于黄河之畔的肥沃平原，那时他们的聚居地被称为"蚩尤坝"。后来，蚩尤部落在与另一强大部落的战争中战败，而不得不迁徙到南方的蛮荒之地。吕洞山的苗族乡民认为，他们的先民历经磨难来到这里，是这座圣山给了他们庇护，使牲畜不被山中野兽伤害，打猎平安顺利，子孙后代得以繁衍生息。因此，在一些重大活动或节日时，这里的乡民就会前往吕洞山祭拜山神。比如，每年的春分时节，当地苗寨的百姓会身着盛装，在圣山面前开封农具，祭古茶树、土地、桥，祈求新的一年平安顺遂、五谷丰登。

12月29日

萨普神山

西藏那曲

萨普群峰白雪皑皑，右侧最高山是萨普神山。

萨普神山位于西藏自治区那曲市比如县，主峰海拔6556米，是念青唐古拉山东段的最高峰，又称"萨普棍拉嘎布""色浦岗日"。萨普神山为苯教神山之一，在当地人眼中，萨普群峰组成了"一家人"，萨普神山是群山中的最高峰，也被尊为当地的"神山之王"；右侧排列的山峰依次是他的长子、次子、妻子等。另外，左侧还有几座无名的山峰，被视为萨普的医生和宝物。

山脚下的萨普圣湖由山上冰雪融化的雪水积蓄而成，分为两部分：靠近神山脚下的为冰川湖泊，叫作"撒木措"，终年不化；另一部分为主湖，湖水清澈洁净。据说，在每年的5月15日，主湖的湖水会全部解冻，当地人会在这一天相聚在圣湖附近，举行隆重的转湖祈福仪式。

12月30日

石宝山
云南大理

每年的石宝山歌会时，白族青年们都会齐聚石宝山，通过对歌寻找知心伴侣。届时，悠扬婉转的歌声在山间此起彼伏，处处洋溢着浓厚的民族风情与青春的活力。

石宝山位于云南省大理白族自治州剑川县，为丹霞地貌，球状风化石形成的奇峰异石如钟、如箭、如狮、如象，因此得石宝之名。白族的传统节日石宝山歌会，就在这里举行。歌会是最受当地白族青年喜爱的社交场合，而弹弦唱歌则是他们以歌为媒、寻找知心伴侣的独特方式。素不相识的青年男女，可以通过对歌结成伴侣；中年人和老年人也借歌会一展歌喉，抒发情怀，寄托对美好生活的向往与祈愿。

12月31日

苯日神山

西藏林芝

以苯日神山为中心的雅鲁藏布江与尼洋河的交汇河段，是古代林芝的核心区域。

苯日神山位于西藏自治区林芝市，地处冈底斯－念青唐古拉山脉东南段与喜马拉雅山脉东段之间。在西藏苯教的神山体系中，苯日神山是仅次于冈底斯神山的第二大神山。相传，苯日神山是由苯教的创立者敦巴辛饶亲自开光和加持的神山，当地信奉苯教的民众将现世安乐、来世解脱乃至一切愿景，皆系于苯日神山之上，年年按时虔诚转山，祈愿安康顺遂。

苯日神山以其独特的地理风貌著称，仅主峰就包括拉日江妥、穆日穆波、辛日德丹三座山峰。其中，辛日德丹峰是转山登顶的主峰，吸引着无数信徒攀登；穆日穆波峰自元代中期建有当地规模最大的苯教寺庙——色迦更钦寺；拉日江妥则以与早期赞普相关的历史文化遗迹而著名，被认为是天神之子、吐蕃第一代赞普聂赤赞普下凡之地，也是木赤赞普等继任赞普们的修行密法的圣地。

索 引

A
阿尔金山　83
阿里山　39
阿尼玛卿山　361
哀牢山　164，188

B
八大公山　187
八公山　230
八面山　314，329，353
八仙山　160
白马雪山　179
白石山　133
白塔山　57
白玉山　289
白云山（福建）149
白云山（广东）40
白云山（河南）137
白兆山　250
百花山　180
褒禅山　226
宝塔山　315，321
抱犊崮　328
北固山　210
北山　53，63，230，233
北武当山　111
苯日神山　375
碧罗雪山　156，370
扁担山　351
博格达峰　346
布喀达坂峰　76

C
苍山　28，47，243
苍岩山　275
藏山　279
嵖岈山　233
城子山　295
赤城山　249
翠华山　152
翠螺山　232
长白山　19，37，151，178，265，271，304，310
长板山　319

D
大别山　22，62，131，158，280，320，323
大黑山　271
大洪山　250，265
大茅山　338
大茂山　209
大帽山　99
大明山（浙江）153
大明山（广西）364
大青山　32，336
大蜀山　62

大秃顶子山　97
大瑶山　365
大泽山　339
戴云山　181
黛眉山　157
丹霞山　131，142，146，249
钓鱼山　272
鼎湖山　182
定军山　261
东猴顶　89
东灵山　94
斗篷山　183，187
多拉神山　354

E
峨眉山　15，106，115，148，165
二酉山　254

F
梵净山　21，185
方山　277
飞来峰　43
封龙山　269
凤凰山　58，233，315，321，325
凤凰山（辽宁朝阳）110
凤凰山（辽宁丹东）310
凤凰山（陕西）332
伏波山　145
佛顶山　26，185
佛子山　246
府山　343
覆卮山　238
覆舟山　293

G
尕朵觉沃　359，361
冈仁波齐峰　34，81
岗山　304
岗扎日峰　82
高黎贡山　156，161
歌乐山　326
格姆女神山　360
格聂山　369
各拉丹冬峰　80
公格尔峰　75
贡布日山　368
贡嘎山　36，136，356，363
孤山　196，231，257
鼓山　282
关帝山　212
关山　23，377
关山（河南）267
冠豸山　256
龟山　51，186，201，298
哈巴雪山　366，370

H
海上云台山　56
海坨山　138，287
海子山　144，363
贺兰山　283

黑茶山　334
恒山　12，13，209，285
衡山　13，130
红山　66
洪山　51，333
吼山　204
壶瓶山　171
花果山　235
华山　11，13，37，64，70，91，114，226
黄岗梁　87
黄连山　188
黄茅尖　95
黄山　14，54，96，102，153，181，222，244，291
惠山　41
火焰山　234
霍山　116，213，323

J
鸡公山　22
鸡足山　112
夹金山　317，318
尖峰岭　163
江郎山　132，142
将军山　337
焦山　210，290
角山　311
轿子雪山　355
碣石山　224
金佛山　165
金山　241
金山岭　305
缙云山　54，106，165
井冈山　314，329
景山　205
敬亭山　222
九宫山　114
九华山　100，244，293
九连山　175
九龙山　41，190
九嶷山　191
九真山　270
韭菜坪　98
军都山　287
君山　197，328

K
崆峒山　23
会稽山　192
昆嵛山　113

L
拉法山　178
烂柯山　260
狼山　32，49
狼牙山　316
琅琊山　223
崀山　132，146
崂山　25，56，114
老君山（河南）28

376

老君山（云南） 186
老鸦岔垴 91
雷公山 162，185，273
冷布岗日峰 81
冷龙岭 273，313
骊山 253
黎母岭 347
历山 41，45，193
莲花山 37，123
梁山 236
灵空山 213
灵岩山 245
玲珑山 242
六盘山 23，215
龙洞山 193
龙虎山 104，132
龙门山 207
芦芽山 139
庐山 16，114，129，130，226，244，322
鹿门山 122，200
罗浮山 327
螺髻山 147
洛格斯神山 358
珞珈山 51
吕洞山 372

M
麻姑山 127
马牙雪山 273，367
麦积山 268
邙山 220
芒砀山 208
莽山 172
蟒岭 335
猫儿山 92
茅山 104，192，330
梅花山（福建） 168
梅花山（江苏） 214
梅里雪山 344，354，361，370
梅岭 259
梦笔山 318
绵山 213，255
妙峰山 276
鸣沙山 48
摩天岭 251
磨山 51，169
莫干山 30
墨尔多山 348
幕府山 286

N
南迦巴瓦峰 35
南山 24，54，152，161，204，233，271
年保玉则 84
念青唐古拉峰 72
鸟鼠山 258
牛背梁山 166
牛背山 148

牛首山 109

P
盘山 218
跑马山 363
缥缈峰 266
普陀山 26，309

Q
七星岩 60
栖霞山 206
齐山 244
齐云山 53，102
祁山 296
千佛山 45
千山 37，63，271
黔灵山 42
乔戈里峰 73
青城山 103，106，165，249
青虚山 118
清凉峰 96
清凉山 315，321
清源山 53
穹窿山 247

R
人祖山 199
日月山 153，264

S
萨尔浒山 294
萨普神山 373
三奥雪山 357
三清山 QY6，105，138
三神山 352
佘山 58
蛇山 51，201，298
神农顶 70
神农峰 88
神农山 195
神女峰 252
神仙居 243
圣灯山 189
圣峰山 173
狮子山 322，360
狮子山（江苏） 312
狮子山（香港） 68
十二烈士山 342
石宝山 374
石卡雪山 370
石坑崆峰 90
石棚山 248
石钟山 225
双峰山 280
司空山 303
四姑娘山 136，143
四面山 174
四明山 101，322
嵩山 10，13，207
苏门山 281

苏仙岭 239

T
太白山 7，19，69
泰山 9，10，56，86，195，276，308，324，328
桃源山 121
腾冲地热火山群 154
天桂山 140
天姥山 227，243
天门山 232，240
天目山 30，41，58，96，176，266
天台山 128，227，229，249
天柱山（安徽） 131
天柱山（山西） 297
天柱山 303，339
天子山 134
铁刹山 119
桐柏山 22，320，323，335
团结峰 79
托木尔峰 74

W
瓦屋山 115
万佛山 143
万山 15，306
万寿山 217，219
王屋山 108
望天鹅山 151
巍宝山 362
委羽山 125
乌鞘岭 273
梧桐山 50
五大连池火山群 150
五峰山 308
五鹿山 177
五松山 237
五台山 17，71，111，221
五指山 38，347
武当山 18，102，111，114，141
武功山 130
武夷山 27，95，159，168，190，256
雾灵山 160，274

X
西岭雪山 228
西樵山 257
西塞山 299
西山 120，217，232，276
西山（江西） 126
西山（云南） 64
析城山 203
仙姑顶 59
仙华山 155
岘山 200
香炉山 371
香山（北京） 29
香山（陕西） 117
象鼻山 46，175

377

象头山　184
崤山　284
小孤山　292,302,342
小五台山　71
小武当山　141
鞋山　302
兴隆山　120
熊耳山　263
雪宝顶　85
雪窦山　101

Y

雅拉香布雪山　350
亚拉雪山　356
烟台山　65
焉支山　291
雁荡山　31
雁门山　285
阳明山　124
阳曲山　300

杨岐山　107
尧山　194
姚家山　340
药王山　67，221
医巫闾山　262
沂蒙山　324，328
崌山　278
阴山　32，262，336
阴条岭　93
英雄山　316，341
鹦哥岭　167
友谊峰　86
于山　61，88
虞山　52，196
玉华山　159
玉龙雪山　345，366，370
玉泉山　217
玉山　39，78
玉珠峰　77
岳麓山　13，33

越秀山　301
云顶山　212,288
云居山　129
云龙山　216
云门山　211
云梦山　307
云丘山　202
云石山　331
云台山　56，135
云雾山　54，158

Z

招宝山　309
赭山　55
终南山　24，152
珠穆朗玛峰　20，73，75，94
紫金山　44，109，214
左江花山　170

后　记

　　我生在甘肃天水，少年时便离家去北京求学、工作，途中需坐车经过陇山，古称关山。旧时人称"关山难越"，现在的高铁却可轻松穿越它的腹地。

　　关山风景很好，尤其是初夏，林木葱郁，云雾缭绕，宛如江南。冬日归乡，晨曦初现时就可看到远处的山银装素裹，十分好看。山中的隧道昼夜灯火通明，宛如山的明眸。

　　我的家乡是典型的黄土高原地貌，山峦叠嶂，大多无名。村庄，就隐匿在山峦之间的狭缝里。我自幼便酷爱爬山，常常边攀登边遐想山中的故事。及至山顶，我总会为这座山赋予一个名字，或自创，或借鉴他山之名。于我而言，山因有了名字和人的足迹，便不再荒凉孤寂。亿万年前，它因地壳运动而崛起，如今则矗立于人们的记忆深处。

　　介绍三百六十多座形态万千的山峰并搜集它们的图片，并非易事，但我乐此不疲。此书得以出版，我衷心感谢编辑张耀方老师的悉心指导，以及朋友孙璐和摄影师舒小简的支持。还有许多朋友为我详细描述山的细节，慷慨提供图片，在此一并感谢大家。

　　我曾写过一首诗来表达对故土的深情，其中一段是：

周口店有留给我的粮食，
昆仑山有养育我的积雪，
我深爱这片金黄的麦地，
这土地有炎黄奔走过的脚印。

　　完成此书，对我而言，既是一次心灵的洗礼，也是一次精神的攀登。如今，我不再为其中的每座山取名，因为它们早已声名远扬。有的成为当地人心中难以忘怀的家乡象征，有的则是全体中国人共同敬仰的名山大川。

　　每个人心中都有一座属于自己的山，它如同灯塔一般指引着我们。愿山护佑着每一个心中有山的人。

李博涵
2024 年 9 月

甘肃平凉崆峒山

青海果洛藏族自治州的年保玉则